自動運転・MaaSビジネスの法務

第2版

森・濱田松本法律事務所
弁護士 戸嶋浩二
佐藤典仁 編著
秋田顕精

中央経済社

第2版はしがき
～自動車ビジネスの未来に向けて～

　自動車が発明されてから約250年，史上初の量産車といわれるＴ型フォードが登場してから約110年が経ち，自動車は我々の生活になくてはならないものになった。世界の乗用車保有台数は10億台を超えた。全世界をコロナ禍が襲い，温室効果ガスの削減が叫ばれても，自動車の重要性は未だ揺るぎない。

　そのような自動車が，100年に一度の変革期を迎えていることは，本書を手に取られた方ならばご存じであろう。「自動運転」，「EV」，「CASE」，「MaaS」，「コネクテッドカー」などの言葉を新聞で見ない日はない。

　当事務所では，編著者の佐藤典仁および秋田顕精が国土交通省自動車局において執務するなど，かなり早い段階からこの分野に着目し注力してきた。そして，自動車産業や移動サービスなどのビジネスに携わる方々に役立ち，制度改正の議論にも貢献すべく，自動車分野に関連する法務全般について解説する書籍として2020年に本書が出版された。これまで類書も見当たらないからか，おかげさまで大変ご好評を頂いている。

　初版出版から３年が経ったが，この間に自動運転・MaaSに関する状況も法制度も目まぐるしく変わっている。

　日本政府は目標としていた自動運転レベル４を実現すべく，道路交通法を改正した。同じく道路交通法の改正により，電動キックボードや自動宅配ロボットの規制が緩和された。ライドシェアに関する議論も喧しくなってきている。世界に目を向ければ，サンフランシスコでは有料の完全無人タクシーの終日運行が解禁された。

　そこで，第2版では，道路交通法の改正についてはもちろん，全般的にその内容を見直している。既に自動運転は実証実験の段階から実装の段階へと移り始めている。これは単に技術の進歩というだけではなく，ヒトやモノの移動自体を大きく変えることとなるであろう。そのような自動車ビジネスの未来に本書が少しでも貢献できれば，筆者らとしてうれしい限りである。

　最後に，本書の刊行に際しては中央経済社の皆様に大変なご尽力を頂いた。

この場を借りてお礼申し上げたい。

2023年10月

著者を代表して　　森・濱田松本法律事務所

弁護士　戸嶋　浩二

目　次

第 1 章　自動車ビジネスの進展

第 2 章　自動運転

第3章　新しいモビリティサービス

第4章　コネクテッドカーとデータ

凡　例

■法令等

道交法	道路交通法
2019年改正道交法	「道路交通法の一部を改正する法律」（令和元年法律第20号）による改正後の道路交通法
改正道交法	「道路交通法の一部を改正する法律」（令和4年法律第32号）による改正後の道路交通法
道交法施行令	道路交通法施行令
道交法施行規則	道路交通法施行規則
運送法	道路運送法
運送法施行令	道路運送法施行令
運送法施行規則	道路運送法施行規則
車両法	道路運送車両法
車両法施行規則	道路運送車両法施行規則
保安基準	道路運送車両の保安基準
自賠法	自動車損害賠償保障法
自動車運転死傷処罰法	自動車の運転により人を死傷させる行為等の処罰に関する法律
PL法	製造物責任法
個情法	個人情報の保護に関する法律
個情法律施行規則	個人情報の保護に関する法律施行規則

■公表物

ロードマップ2017	高度情報通信ネットワーク社会推進戦略本部・官民データ活用推進戦略会議「官民ITS構想・ロードマップ2017」（2017年5月30日）
ロードマップ2018	高度情報通信ネットワーク社会推進戦略本部・官民データ活用推進戦略会議「官民ITS構想・ロードマップ2018」（2018年6月15日）
ロードマップ2019	高度情報通信ネットワーク社会推進戦略本部・官民データ活用推進戦略会議「官民ITS構想・ロードマップ2019」（2019年6月7日）
ロードマップ2020	高度情報通信ネットワーク社会推進戦略本部・官民データ活用推進戦略会議「官民ITS構想・ロードマップ2020」（2020年7月15日）
ロードマップ2021	高度情報通信ネットワーク社会推進戦略本部・官民

VIII

	データ活用推進戦略会議「官民 ITS 構想・ロードマップ」(2021年 6 月15日)
制度整備大綱	高度情報通信ネットワーク社会推進戦略本部・官民データ活用推進戦略会議「自動運転に係る制度整備大綱」(2018年 4 月17日)
制度整備小委員会報告書	国土交通省自動車局「交通政策審議会陸上交通分科会自動車部会自動運転等先進技術に係る制度整備小委員会報告書」(2019年 1 月15日)
研究会報告書	国土交通省自動車局「自動運転における損害賠償責任に関する研究会報告書」(2018年 3 月)
安全技術ガイドライン	国土交通省自動車局「自動運転車の安全技術ガイドライン」(2018年 9 月)
警察庁報告書(道交法関係)	警察庁「技術開発の方向性に即した自動運転の実現に向けた調査研究報告書(道路交通法の在り方関係)」(2018年12月)
警察庁報告書(新技術関係)	警察庁「技術開発の方向性に即した自動運転の実現に向けた調査研究報告書(新技術・新サービス関係)」(2019年 3 月)
警察庁報告書(2018年)	警察庁「技術開発の方向性に即した自動運転の段階的実現に向けた調査研究報告書」(2018年 3 月)
警察庁公道実証実験ガイドライン	警察庁「自動走行システムに関する公道実証実験のためのガイドライン」(2016年 5 月)

■会議体

WP.1	国際連合欧州経済委員会内陸輸送委員会　道路交通安全グローバルフォーラム(WP.1)
IGEAD	自動運転に関する非公式専門家グループ
WP.29	国際連合欧州経済委員会内陸輸送委員会　自動車基準調和世界フォーラム(WP.29)

■判例集・雑誌

民(刑)集	最高裁判所民(刑)事判例集
集民	最高裁判所裁判集民事
高刑集	高等裁判所刑事判例集
最判解刑事篇平成○年度	最高裁判所判例解説刑事篇平成○年度
判時	判例時報
判タ	判例タイムズ

第 1 章

自動車ビジネスの進展

1　自動車産業とCASE

(1)　これからの自動車産業

「CASE こそ業界を一変させる力を持っている」

　2016年のパリモーターショーにおいて，独ダイムラーAG の取締役会会長の
ディーター・ツェッチェ氏は，「CASE」と名付けた中長期戦略を発表しました。

　「CASE」は，接続性（connected），自動運転（autonomous），シェアリン
グサービス（shared & service），そして電動化（electric）という自動車産業
の4つのキーワードの頭文字を取った，ダイムラー社による造語です。

　自動車産業は，フォードが史上初の量産車と呼ばれるモデル T を1908年に
販売開始して以来，大きな成長を遂げてきました。今や自動車がない世界は考
えられません。その自動車産業が今，大きな転換点を迎えようとしています。
「CASE」は，これからの自動車産業のキーとなる4つの要素を表す単語として，
定着しました。そして「CASE」の流れは，世界中の自動車メーカーだけでは
なく，自動車部品や材料などの関連メーカー，サービス提供者やさらにはIT
企業も巻き込んで，業界地図を大きく塗り変えようとしています。

　そして，この「CASE」の流れは，産業界だけではなく，我々の生活や社会
インフラも大きく変えようとしています。これまで自動車は自家用車を購入し
て運転することが当たり前でした。しかし，自動運転で走り回る自動車が，通
信によりすぐに乗れるようになれば，高額な駐車場代などの費用をかけて自動
車を保有しなくともよくなり，自動車は社会全体でシェアされるものへと変
わっていきます。もし完全な自動運転が実現すれば，高齢者や未成年者，外国
人観光客などの運転できない人が気軽に外出できるようになります。現在，国
内で年間2,600人あまりいる交通事故による死者も減少し，より安全で快適な
移動を我々は手に入れることになるかもしれません。

　他方で，このような大きな変革は，その基礎となる法制度が変わることに
よって初めてもたらされるものです。自動運転により運転者がいなくなれば，
運転免許はどうなるのでしょうか，自動運転車が事故を起こしたら誰の責任で

しょうか，これまで参入が厳しく制限されていたタクシーはどうなるのでしょうか。そういった1つひとつの問題を解決して，初めて「CASE」を実現することができるのです。

　また，これまで，自動車や自動車サービスの法規制は，自動車メーカーやバス・タクシー事業者といった，特定の業界と，国土交通省をはじめとする「お上_{かみ}」の間でわかっていればよいものでした。ですので，自動車・自動車サービスに関する規制は，行政庁内部の命令にすぎないはずの通達でそのほとんどが決められてきました。このような方法は，限られた事業者を対象としていくのであれば十分でしたが，自動車産業とこれまで縁のなかった事業者が次々と参入し，新しいサービスを生み出していくという場面では，指針として不明確な部分が多くあります。

　本書は，これまで例のない自動運転と自動車サービスに関する法規制をまとめた書籍です。第2章では，自動運転の実現に関連する法規制の概要と改正の状況について説明します。第3章では，新しいモビリティサービス（広義のMaaS）に関連する法規制について説明します。第4章では，コネクテッドカーとデータに関する法規制について説明します。

(2)　CASE とは

　法規制の説明に入る前に，まず自動車産業が直面している「CASE」の変化について見ていきましょう。

(i)　「C」＝接続性

　スマートフォンが普及し，通信網が発展していくことで，自動車も外部と「接続」することが可能となってきました。第5世代移動通信システム，いわゆる5Gの提供も開始されており，これによりさらに大容量のデータを高速でやりとりすることが可能になります。このような通信網を利用して外部と接続する自動車を「コネクテッドカー」と呼びます。

　コネクテッドカーは，通信網を通じた外部からの情報の取得と，自動車に搭載された数多くのセンサなどにより収集された情報の提供を双方向に行うことにより，これまで実現できなかったサービスを可能とします。また，コネク

図表1-1-1　コネクテッドカー

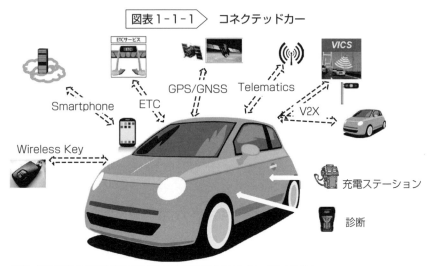

出所：経済産業省「自動走行システムにおけるサイバーセキュリティ対策」

テッドカーの機能は，自動運転やシェアリングにとっても不可欠といえます。たとえば，自動運転を遠隔監視で行う場合，通信により監視システムと自動車をつなぐことは不可欠です。また，自動車がその運転状況を外部に対して提供することにより，運転データをもとに運転の安全性を測り保険料を決定するテレマティクス保険のようなサービスの提供が可能となります。

　コネクテッドカーについては，第4章で詳細に取り上げます。

(ⅱ)　「A」＝自動化

　「自動運転」という言葉は，私たちが生活する中で耳にしない日はないといってもよいほど，現代における重要なテーマの1つとなっています。自動車が発明されてから140年ほど経ちますが，「ヒト」ではなく「AI」が運転をするということは，自動車の歴史上大きなターニングポイントになることは間違いないでしょう。交通事故の削減，高齢化社会の到来，渋滞の緩和等，現代社会の様々な問題を解決する観点から，早期の実用化が期待されているところです。

　自動運転については，第2章で詳細に取り上げます。

図表 1-1-2 ＞ AI 搭載の自動運転車

出所：NTT コムリサーチ「AI 搭載の自動運転車と IoT 活用商品に関する国際調査」
（https://research.nttcoms.com/database/data/002119/）

(ⅲ) 「S」＝シェアリングサービス

　一昔前までは，自動車を購入し，自分で所有した上で自由に乗りこなすのが当たり前でしたが，現在では自分で自動車を「所有」することではなく，好きなときに好きなだけ自動車を「利用」することを重視する発想が広がっています。また，そのような自動車の共同利用が「サービス」として提供され，注目を集めています。

　Fiat Chrysler と PSA の統合により設立された Stellantis 傘下の Free2move が運営する自動車シェアリングサービス「SHARE NOW」は，乗り捨て自由で，会員登録さえしていれば予約なしに利用でき，利用料金は分単位で計算される

You don't pay for parking, fuel, or insurance

Our rates are all-inclusive and are as flexible as pay-per-minute. No monthly fees, no commitments. Before each drive, simply choose the rate you want in the app and pay only for what you use. Insurance? We've got you covered.

You can drive whenever you feel like

We don't do car rental stations. That means: No closing hours, ever. Our cars are available 24/7 so you don't have to plan ahead of time. If you see an available SHARE NOW car, you can always simply hop in and drive.

You can find and park our cars anywhere within the city

Free-floating car-sharing means our cars are everywhere! Pick a car near you and start your trip with just the app. When you're done, simply park the car back onto a different street. Easy as that.

出所：SHARE NOW （https://www.share-now.com/）

という特徴を有しており，まさに自動車の共同利用を「サービス」として提供
している例だといえます。

　シェアリングサービスを含むモビリティサービスについては，第3章で詳細
に取り上げます。

⒤ 「E」＝電動化

　自動車の電動化については，各国で普及に向けた取組みが進められています。
中国では2019年にNEVクレジット規制を導入し，メーカーに対し，電気自動
車（EV）の販売により獲得できるクレジットの取得を義務づけています。毎
年2％ずつ増加し，2023年までに8％取得するよう義務づけており，EV普及
を国家政策として捉えています。

　また，EUでは，ドイツの反対を受け合成燃料を利用するエンジン車の例外
は許容されましたが，2035年までに全ての乗用車・小型商用車の新車をゼロエ
ミッション化することが決定されています。専用の充電機を用いて充電し，ガ
ソリンやディーゼルを全く用いない電気自動車は，走行時には二酸化炭素を排
出せず環境にやさしいなどのメリットがあり，世界中で政策的に普及が進めら
れています。

出所：一般社団法人次世代自動車振興センター「EV・PHV充電インフラレポート2015」
（http://www.cev-pc.or.jp/event/pdf/casestudy_2015.pdf）

⑶ 「CASE」それぞれのつながり

「我々はモビリティプロバイダになる」――。

　上記のとおり，「C」，「A」，「S」，「E」はそれぞれが現代の自動車産業を象

徴するキーワードであり，業界に革命的な変化をもたらしますが，ツェッチェ会長はこれらを複合的に継ぎ目なく組み合わせることで，自動車の価値に革命的な変化が起き，従来の自動車メーカーの立場からモビリティサービスプロバイダになるということを主張しました。

　たとえば，自動運転が実現するためには，多くのデータが必要になります。自動運転車が直接取得する自動車の周囲の情報に加え，信号情報や進路の道路状況，渋滞状況などの交通情報，雨や雪・霧など天候，歩行者の数や動きの予測など，あらゆる情報がなければ安全な自動運転は実現できません。そして，そのような情報は，自動車が外部と接続されていて初めて取得することが可能となります。自動車の接続性（「C」）と自動運転（「A」）とは切っても切り離せない関係にあります。

　自動車がインターネットと「接続されている」状態になれば，それぞれの自動車の稼働状況を他の人がリアルタイムで捉えることができます。私たちはインターネットを用いて，自動車が稼働していない時間帯をリアルタイムで把握することができ，状況に応じて 1 台の自動車を何人もの人が効率的に用いることも可能になります。自動車が空いている時間をお互いに融通し合うことで，数人で 1 台の車を利用できるようになり，自動車の共同利用（「S」）が実現するのです。

　また，主にモーターで動く EV は，高精度な電子制御が可能であり，電気だけを動力源とするため，エンジン車と比較して，遠隔操作による制御や各種センサ，ECU（電子制御装置）の活用に適しています。

　また，自動運転（「A」）の実現は，自動車をいつでもどこでも誰でも利用できるものとし，交通のプラットフォームを実現することにつながります。これにより，個別に自動車を所有することから，自動車を共同利用（「S」）することへの転換を促すこととなります。

　このように，現在の自動車産業は，自動車の接続性，自動化，共同利用，電動化を目指して，各自動車メーカーに加えて，Waymo（Google の兄弟会社）や Apple などの主要 IT 企業や通信企業など，これまで自動車産業にかかわってこなかった企業も含めて，しのぎを削っている状況です。

2　MaaS

(1)　MaaS とは何か

MaaS とは，「Mobility as a Service」の略です。

MaaS とは，一般には，移動について，その交通手段や運営主体にかかわらず，一元的に検索・予約・決済が可能な1つのサービスとして提供するという概念をいいます。本書ではこのような意味での MaaS を「狭義の MaaS」と呼ぶことにします[1]。MaaS はフィンランドで広められた概念であり，同国における「Whim」というアプリがよくその代表例として挙げられます。

Whim には，その地域の公共交通機関をはじめ，タクシーや鉄道，カーシェアリング，ライドシェアリング，レンタルサイクルなどのあらゆる移動サービスが一元的に登録されています。Whim の利用者が目的地を設定すると，目的地までの最適な移動手段や経路が自動で提案され，利用者は提案された移動手段を利用して，よりスムーズに移動をすることができます。

これに対して，近年，IoT や AI といった ICT を活用した新しいモビリティサービスのことを広く MaaS と呼ぶことも少なくありません。このような広い意味での MaaS を本書では「広義の MaaS」と呼ぶことにします。ICT の活用により，移動側（ヒト・モノ）や車両等から得られる膨大なデータを利用することができ，リアルタイムでの需給マッチングと高度なフリートマネジメント（車両の運用・管理）が可能となります。これにより，ユーザーにとっては移動時間・費用の最適化が，供給者にとっては稼働率の最大化が可能となります。

このような新しいモビリティサービスの代表例として，Uber のようなライドヘイリング（配車アプリ等を利用した一般のドライバーによる有償運送サービス。詳細は，下記第3章3(3)をご参照ください）が挙げられます。また，そのほかにも，行程や時間を利用者の希望に応じてより柔軟に決めることができる乗合サービス，旅客運送と貨物運送の融合，シェアリングエコノミーの潮流を反映したカーシェアなど，様々な新しいサービスが登場してきています。さらに，電動キックボードや自動配送ロボットといった新しい移動・配送の手段

も利用可能となってきています。

　このような広義および狭義の MaaS については，第3章で詳しく取り上げます。

⑵　MaaS と自動運転

　MaaS は，AI の進化に代表される情報処理能力の向上と，5G に代表される通信技術の進化により，交通サービスの新たな形として登場したものです。

　自動運転も，MaaS に大きな影響を与える可能性があります。中国のライドヘイリング大手の Didi Chuxing が自動運転技術の開発を行っていることはそのよい例といえるでしょう。現在は運転手の運転に頼っている自動車が，いつかは自動運転となり，これが MaaS と一体となったとき，自動車産業にかかわるプレイヤーの構造に大きな変化がもたらされ，そのあり方すら大きく変える可能性があるのです。

＊　　　＊　　　＊

1　経済産業省「「IoT や AI が可能とする新しいモビリティサービスに関する研究会」中間整理」4頁。

3　自動車ビジネスと法規制の全体像

　自動車関連の法律は多岐にわたります。大きく分けると，①自動車の運転・事故責任・車体に関する法律と，②運送サービスに関する法律に分けることができます（**図表1-3-1**）。

　自動車の運転・事故責任・車体に関する法律（①）は，自動車の運転に関する道路交通法（道交法）など，自動車の事故責任に関する自動車損害賠償保障法（自賠法）や自動車の運転により人を死傷させる行為等の処罰に関する法律など，さらに自動車の車体の規格を定める道路運送車両法（車両法）などに分けることができます。これらについては，主に自動運転に関する第2章で詳しく説明しています。

　運送サービスに関する法律（②）は，さらに道路運送法（運送法）に代表される旅客の運送に関する法律と，貨物自動車運送事業法に代表される貨物の運送に関する法律に分けられます。これらについては，主にMaaSに関する第3章で説明しています。

図表1-3-1　自動車関連の主な法律

自動車の 運転・事故責任・車体	運送サービス
交通ルール ・道路交通法 ・自動車の保管場所の確保等に関する法律　等 事故責任 ・自動車損害賠償保障法　・製造物責任法 ・自動車の運転により人を死傷させる行為等の処罰に関する法律　等 車両 ・道路運送車両法　・大気汚染防止法 ・スパイクタイヤ粉じんの発生の防止に関する法律　・騒音規制法　等 その他 ・自動車抵当法　等	旅客運送 ・道路運送法 ・タクシー業務適正化特別措置法 ・特定地域及び準特定地域における一般乗用旅客自動車運送事業の適正化及び活性化に関する特別措置法 ・自動車運転代行業の業務の適正化に関する法律　等 貨物運送 ・貨物自動車運送事業法 ・運輸事業の振興の助成に関する法律 ・土砂等を運搬する大型自動車による交通事故の防止等に関する特別措置法　等 その他 ・貨物利用運送事業法　等

第2章

自動運転

1　自動運転技術の進展

(1)　自動運転技術の開発状況

(i)　実用化に向けた2つのアプローチ

　自動運転は，第1章で説明した「CASE」の中でも特に重要な部分を占めます。自動運転技術の開発では，トヨタ自動車や日産自動車，BMWやVolkswagenといった自動車メーカー（OEM）から，Googleのグループ企業であるWaymoや中国のインターネット検索サービス大手である百度（バイドゥ）といったIT企業まで，様々な企業がしのぎを削っています。

　自動運転技術の開発におけるアプローチは，大きく2つに分けることができます。1つは，運転支援技術を徐々に自動化させ，段階的に発展させていくアプローチです。現在の自動運転技術では，道路環境などあらゆる条件下で自動運転を行うことは困難です。そこで，現在使用されている自家用車と同様の走行環境で使用することを前提に，エリアや時間帯を限定することなく，自動化のレベルを徐々に上げていこうとする戦略です。主に自家用車を想定した戦略といえます。

　このような戦略は，広いODDに対応することを優先する戦略ということができます。この「ODD」というのは，自動運転技術の説明においてよく使用される専門用語ですが，Operational Design Domainの略で，日本語では「運行設計領域」などと訳されます。ODDとは，自動運転システムが機能するように設計されている特定の条件のことです。狭いODDとは，たとえば高速道路における昼間の走行においてのみ，自動運転システムが機能するよう設定するようなことをいいます。反対に，広いODDとは，一般道も走行できる，夜間も走行できる，一定の降水量にも対応するといったように，様々な走行環境において自動運転システムが機能するよう設定することをいいます（ODDとして設定される走行環境条件の具体例は，**図表2-1-1**を参照）。

図表2-1-1 ODD として設定される走行環境条件

- 道路条件（高速道路，一般道，車線数，自動運転車の専用道路等）
- 地理条件（都市部，山間部，ジオフェンスの設定等）
- 環境条件（天候，夜間制限等）
- その他の条件（速度制限，信号情報等のインフラ協調の要否，特定された経路のみの運行に限定すること，保安要員の乗車要否等）

　もう1つのアプローチは，レベル4以上の無人自動運転の実現を優先して，狭いODDから開始し，その後，そのODDを徐々に拡大していくアプローチです。主に，時間・場所等を制限してサービスを提供することが可能である事業用自動車（地域公共交通，貨物輸送など）での自動運転システムの戦略です。

　たとえば，トヨタ自動車は，前者については「ガーディアン（Guardian）（高度安全支援）」，後者については人による運転を前提としない「ショーファー（Chauffeur）（自動運転）」という開発アプローチに沿って開発を進めています。

図表2-1-2 究極の自動運転社会実現へのシナリオ

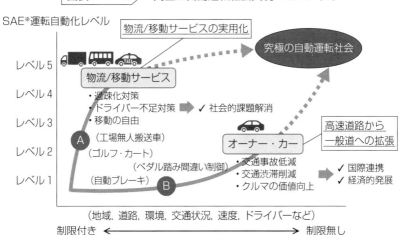

注：SAE（Society of Automotive Engineers）：アメリカ自動車技術会（米国の標準化団体）
出所：内閣府「SIP（第2期）研究開発計画の概要」6頁

(ii)　運転支援技術を発展させていくアプローチ

　上述のとおり，このアプローチは，様々な ODD で走行することが想定される自家用車において，運転支援技術を徐々に発展させることにより，最終的に完全自動運転を目指すアプローチです。自家用車においては，従来から安全性の向上，ドライバーのサポートのための技術開発が既存の自動車メーカーにより取り組まれてきましたので，自動車メーカーが主体となって，このようなアプローチで開発を進めています。既に多くの市販車に運転支援機能が搭載されており，たとえば，衝突被害軽減ブレーキについては，新車の乗用車等を対象とする搭載の義務化が，2021年11月以降に発売される新型の国産車への適用を皮切りに，順次進められています[1]。また，より高度な運転支援機能として，一定条件下で運転中にハンドルから手を放すことが可能になるハンズフリー機能が搭載された自動車が，自動車メーカー各社より発売されています[2]。たとえば，日産自動車は，複数車線の高速道路上で，ナビゲーションシステムと連動して設定したルートを走行し，ドライバーが常に前方に注意して道路・交通・自車両の状況に応じ直ちにハンドルを確実に操作できる状態にある限りにおいて，同一車線内でハンズオフが可能となる先進運転支援技術「プロパイロット2.0」を搭載した自動車を，2019年9月から販売しています[3]。

　さらに，自動車メーカー各社はより高度な自動運転機能を備えた車両の開発，市場化を目指している段階にあります。たとえば，本田技研工業は，同社の開発する自動運転技術を「Honda SENSING」と銘打ち，2021年3月には，レベル3の自動運行装置（渋滞運転機能）を搭載した自動運転車に世界初となる型

出所：本田技研工業ウェブサイト[4]

式指定を受けて発売しており[5,6]，また，2023年中には，自動運転開発で得られた技術を活かし，より高度な運転支援機能「Honda SENSING 360」を搭載する自動車を発売する予定です[7]。

(ⅲ) レベル4以上の無人自動運転の実現を優先するアプローチ

　2つ目のアプローチは，自動運転技術を段階的に発展させるのではなく，まずは狭いODDにおけるレベル4以上の無人自動運転を実現した上で，ODDの拡大を目指すアプローチです。自家用車と比較して，ルート，エリアや時間が限定されているロボットタクシーや高速道路での貨物輸送などの事業用自動車の開発において実現が期待されています。

出所：Waymo ウェブサイト[8]

　このようなアプローチでは，AIの研究開発とデジタル地図の製作技術を持つGoogle系のWaymo等，IT系企業が中心となって開発を進めています。また，車両の制御技術や走行制御技術に長けた自動車メーカーと，データ解析に強みを持つIT企業とが連携し，自動運転技術の開発に取り組む動きも見られます。たとえば，百度（バイドゥ）は，2017年7月に，大規模な自動運転車の開発連合である「アポロプロジェクト」を開始しました。同プロジェクトにおいては，オープンソースの手法で，同社が持つ核心技術である高精度かつ広範囲の地図や，運転路線の決定，障害物感知，シミュレーション等のツール等がパートナー企業に提供され[9]，2023年9月時点で，トヨタ自動車，Volkswagenやマ

イクロソフトをはじめとする220以上の企業等が参画しています[10]。

　また，米国カリフォルニア州においては，完全自動運転の実現を目指した自動運転車の公道実証実験やサービス展開が積極的に行われており，39社（2023年11月1日時点）が公道実験（セーフティードライバーあり）の許可を，6社（2023年10月24日時点）が公道実験（セーフティードライバーなし）の許可をそれぞれ得ており，Waymoなど3社（2023年10月24日現在）がサービス展開の許可を得ています[11]。同州では，公道実証実験を行う企業は，年に1回，自動走行中に人間のドライバーが運転に介入した回数について報告することが義務づけられています。たとえば，Waymoの報告（2021年12月～2022年11月）によると，人間が運転に介入した割合は約27,449kmに1回の割合でした（走行距離の合計は約467万km）[12]。各社で実験内容も異なりますので，人間が介入する頻度はあくまで1つの指標にすぎませんが，自動運転の開発の進展を示す1つの例といえます。

(2)　自動運転技術がもたらすもの

　自動運転技術の開発，普及が進むことにより，我々の生活，社会はどのように変化するのでしょうか。

①　交通事故の削減

　まず，自動運転技術は交通事故を削減することが期待されています。死亡事故の約9割はドライバーの法令違反[13]，すなわちドライバーのミスに起因するとされていますが，自動運転技術の進展および普及により，人間が運転に介在する機会も減り，ドライバーのミスが生じる場面も減ることから，交通事故の大幅な削減につながるとされています。

②　運転手不足の解消

　現在，物流業界では，物流量が増大している一方で，ドライバーの高齢化等による運転手不足が深刻な問題となっています。また，タクシーやバスの運転手も同様に不足しています。将来的に自動運転技術が進展し，ドライバーの負担が軽減されたり，無人化が進んだりすることにより，運転手不足の課題を解

決することが期待できます。

③　移動弱者問題の解決

　高齢者による交通事故の増加を受け，運転免許証の自主返納制度の周知が進んでいます。また，人口減少・過疎化が進む地域においては，運転手不足と相まって地域公共交通ネットワークが衰退してきており，自ら移動手段を持たない高齢者をはじめとした住民の移動手段の確保が問題となっています。将来的に無人自動運転のバスやタクシーなどの移動サービスが実現されれば，これらの住民の移動手段が確保されるとともに，運転支援技術の進展により，高齢者も自身で運転を継続することが可能となり，移動弱者問題を解決することも期待できます。

④　交通渋滞の緩和，環境負荷の低減

　自動運転技術によって交通渋滞が緩和されることも期待されています。そもそも，渋滞が起きる主な原因は，トンネル入口やサグ部（勾配が上りに変わる場所）での速度低下のほか，交通事故・工事や分合流部での車線減少による交通容量を超過する交通需要の集中および速度低下にあるとされています。そこで，自動運転技術や車車間通信，路車間通信により，急激な速度変化のない円滑な交通流が生み出されることで，交通渋滞が緩和されることが期待されています。交通渋滞の削減は，物流を含む輸送を効率化するとともに，環境負荷の低減にも資するものです。

　このように，自動運転技術の普及によりもたらされる社会的効用や利益は大きく，自動運転技術の開発を推し進める原動力となっています。

(3)　運転自動化レベルの定義

(ⅰ)　レベル分けの基準

　自動車を運転する際には，路上等の周辺環境における他車や人・物を監視し，「認知」した上で，それらの今後の動きを「予測」しつつ，運転者がどのような経路を通過するかを「判断」した上で，アクセルやブレーキを踏む，ハンド

ルを切るといった「操作」を行い，縦方向・横方向の車両の制御を行います。自動運転においては，自動運転車を走行させる周囲の道路環境や交通状況によって，これらの車両の制御に求められる技術水準も異なります。

この点について，アメリカ自動車技術会（SAE: Society of Automotive Engineers）が発表したSAE J3016は，自動車を運転する際に人間が行う動作のうち，どの範囲を運転自動化システムが代替するか，また，運転自動化システムが作動するODDを設定するか否かを考慮し，運転自動化レベルを以下の0から5の6段階に分類しています[14]。この分類は，欧米でも採用され，日本でも「官民ITS構想・ロードマップ（以下「ロードマップ」といいます）2017」から採用されています。

なお，**図表2-1-3**で用いられている関連用語のSAE J3016における定義は，**図表2-1-4**のとおりです。

図表2-1-3 運転自動化レベルの定義の概要

レベル	概要	操縦[注]の主体
運転者が一部または全部の動的運転タスクを実行		
レベル0 運転自動化なし	・運転者が全ての動的運転タスクを実行	運転者
レベル1 運転支援	・システムが縦方向または横方向のいずれかの車両運動制御のサブタスクをODDにおいて実行	運転者
レベル2 部分運転自動化	・システムが縦方向および横方向両方の車両運動制御のサブタスクをODDにおいて実行	運転者
自動運転システムが（作動時は）全ての動的運転タスクを実行		
レベル3 条件付運転自動化	・システムが全ての動的運転タスクをODDにおいて実行。作動継続が困難な場合は，システムの介入要求等に適切に応答	システム （作動継続が困難な場合は運転者）
レベル4 高度運転自動化	・システムが全ての動的運転タスクおよび作動継続が困難な場合への応答をODDにおいて実行	システム
レベル5 完全運転自動化	・システムが全ての動的運転タスクおよび作動継続が困難な場合への応答を無制限に（すなわち，ODD内ではない）実行	システム

注：認知，予測，判断および操作の行為を行うこと
出所：ロードマップ2020・23頁を筆者らにおいて加筆

　レベル1とレベル2は，アクセルペダル・ブレーキペダルによる「縦方向」の制御と，ステアリング操作による「横方向」の制御に関して，システムが車両の制御を行う自動運転システムを定義するものです。レベル1の場合，「縦方向」または「横方向」の制御のいずれか一方のみをシステムが行いますが，レベル2の場合にはこれらを同時に行うことが可能です。たとえば，レベル1の運転システムの場合，前の車との車間距離を一定に保つ（縦方向の制御），または車線からはみ出ない（横方向の制御）といったことが可能になり，レベル2の場合には，これらの技術を組み合わせて，車線を維持しながら前走車との適切な距離を維持しつつ追従するといったことも可能になります。もっとも，

| 図表2-1-4 | SAEJ3016における関連用語の定義 |

語句	定義
動的運転タスク (DDT：Dynamic Driving Task)	・道路交通において，行程計画ならびに経由地の選択などの戦略上の機能は除いた，車両を操作する際に，リアルタイムで行う必要がある全ての操作上および戦術上の機能。 ・以下のサブタスクを含むが，これらに制限されない。 　1）操舵による横方向の車両運動の制御 　2）加速および減速による縦方向の車両運動の制御 　3）物および事象の検知，認識，分類，反応の準備による運転環境の監視 　4）物および事象に対する反応の実行 　5）運転計画 　6）照明，信号および身ぶり手ぶりなどによる被視認性の向上
対象物・事象の検知および応答 (OEDR：Object and Event Detection and Response)	・運転環境の監視（対象物・事象の検知，認識および分類ならびに必要に応じて応答する準備）およびこれらの対象物・事象に対する適切な応答（動的運転タスクおよび/または動的運転タスクの作動継続が困難な場合への応答を完了するために必要に応じて）を実行することを含む動的運転タスクのサブタスク
限定領域 (ODD：Operational Design Domain)	・ある自動運転システムまたはその機能が作動するように設計されている特定の条件（運転モードを含むが，これには限定されない）。 注1：限定領域は，地理的，道路面の，環境的，交通の，速度上の，および/または時間的な制約を含んでもよい。 注2：限定領域は，1つまたは複数の運転モードを含んでよい。

J3016より内閣官房情報通信技術（IT）総合戦略室作成

出所：ロードマップ2020・24頁を筆者らにおいて加筆

レベル1，2に相当する機能はあくまで運転支援であり，ドライバーが自動車の走行状況，外部の道路環境等を把握し，自動車を制御することを前提としていますので，安全運転のための監視，対応の責任を負うのはドライバーとなります。そのため，自動運転の実現に必要な先進安全技術について，開発・実用化の指針を定めることを念頭に，具体的な技術の要件等について産学官で検討を行う先進安全自動車（ASV）推進検討会（ASV推進検討会）で，レベル1と2については，自動運転という用語は用いず，運転支援という用語を用いていくこととされました[15]。

　他方で，レベル3以上の自動運転システムでは，その作動時に，ドライバーが車両や運転状況の監視，対応を行うことなく，システムが全ての動的運転タスクを行うこととされています。その中で，レベル3では，システムの作動継続が困難な場合に，システムから運転者に対して介入要求が出され，運転者はこれに対して適切に応答することが求められますが，レベル4以上では，システムの作動継続が困難な場合にもシステムが対応します。また，レベル4以下では，ODDが設定されており，高速道路上のみ，時速40km未満，日中のみといった，システムが作動する条件が付されています。

　具体的には，レベル3では，下記(ii)のホンダ・レジェンドのように，高速道路での渋滞による低速走行時というODD内において，システムが車両の走行に必要な運転操作を全て行い，ドライバーはその間ナビ画面でのテレビの視聴等が可能となりますが，高速道路を降りるなどODDから出る場合には，システムから運転者に対して介入要求が出され，運転者がそれに応答して運転操作を行う，といったことが想定されています。

　レベル4では，ドライバーへの介入要求は出されず，ドライバーが運転操作に一切関与することなく，全ての運転操作をシステムが行い，システムの作動継続が困難な場合への応答もシステムが行います。レベル4の場合にはODDが設定されますが，レベル5の場合には，ODDという限定がなく，あらゆる状況でシステムが運転操作を全て行うこととされています。

　このように，レベル2以下の自動運転（運転支援）の場合には，従来と同様，安全運転のための監視，対応の責任を負うのは運転者となりますので，運転者を前提とした従来の道交法でも実現可能でした。しかし，レベル3以上の自動

運転では，そのシステムを作動させて周囲の監視や運転操作を委ねて走行する場合には，ドライバーが車両や運転状況の監視や運転操作を行わないため，人間の運転者が監視等を行うことを前提とした道交法に違反することとなります。そこで，下記 4 (3)(ii)のとおり，レベル 3 の自動運転を可能とする改正道交法が2020年 4 月に施行され，また，下記 4 (4)(ii)のとおり，レベル 4 の自動運転を可能とする改正道交法が2023年 4 月に施行されました。

(ii)　実用化の状況

　レベル 1 または 2 に該当する上述の衝突被害軽減ブレーキ，アダプティブ・クルーズ・コントロール（先行車との車間距離を一定に保ち，自動的に加減速の支援等を行う機能）およびレーンキープ・アシスト（あらかじめ設定した車線内の走行を維持する機能）といった機能は，既に普及段階に入っています。

　また，レベル 3 については，2020年11月に，本田技研工業の「レジェンド」が，自動運行装置を搭載した自動運転車として世界初となる型式指定を国土交通省から受け[16]，2021年 3 月に発売されました[17]。同車に搭載された自動運行装置は「トラフィックジャムパイロット（渋滞運転機能）」といい，高速道路などの渋滞時（時速50km 以下）など一定の走行環境条件を満たした場合に，ドライバーに代わってシステムが周辺の監視ならびにアクセル，ブレーキおよびステアリングの操作を行い，先行車の車速変化に合わせて車間距離を保ちながら，同一車線内を走行，停車，再発進するものです[18, 19]。また，メルセデス・ベンツの，自動運転システム（DRIVE PILOT）が搭載された「S-Class」と「EQS」は，2021年12月に，乗用車の自動運行装置（高速道路等における60km/h 以下の渋滞時等において作動する車線維持機能に限定した自動運転システム）に係る国際基準（詳細は下記 6 (2)(iii)(e)参照）に基づき，ドイツ連邦自動車運輸局（KBA）から世界で初めてシステム承認を受けており[20]，2022年 5 月に，同基準を満たした自動運転システム（DRIVE PILOT）を搭載した自動運転車がドイツで発売されました[21]。さらに，メルセデス・ベンツは，2023年 6 月に，同年 1 月に認可を受けた米国ネバダ州に続いて，カリフォルニア州においても，同社の自動運転システム（DRIVE PILOT）が自動運転レベル 3 の認可を受けたと発表しました[22]。

　レベル4についても，上記のWaymoが，2020年10月に米国アリゾナ州フェニックスにおいて無人の配車サービスを開始しており[23]，また，Cruiseも，2022年6月に米国カリフォルニア州当局から無人の配車サービスを有料で展開するための認可を初めて取得するなど[24]，実用化が始まっています。

　レベル5は，ODDを設定せずに，あらゆる場所において，いかなる条件下でも自動運転が可能となる技術ですが，実現は当分先と考えられていますし，ODDを一切設定しないというのはやや理念的な前提のようにも思われます。下記(4)の「デジタルを活用した交通社会の未来2022」においても，レベル5の市場化等期待時期は示されていません。

⑷ 政府の目標

　政府はこれまで，自動運転技術進展の方針をロードマップで定め，①自家用車，②物流サービス，③移動サービスの3つの観点から，技術開発目標を定めてきました。2022年8月には，デジタル庁のデジタル社会推進会議幹事会により，これまでのロードマップを発展的に継承するものとして「デジタルを活用した交通社会の未来2022」が決定されましたが，かかる決定においても，従前のロードマップにおける技術開発目標が引き継がれています。その内容は**図表2-1-5**のとおりです。

　なお，ロードマップについては，デジタル庁のデジタル社会推進会議の下に，新たにモビリティワーキンググループを設置し，2024年春に「モビリティ・ロードマップ」として再起動・策定し，「デジタル社会の実現に向けた重点計画」の一部として閣議決定を行い，各府省庁が一体となって，得られた解決策の政策への落とし込みと実現を図っていくことが想定されています。

図表 2−1−5　自動運転に係る政府の技術開発目標

自動運転・運転支援(2)

デジタルを活用した交通社会の未来

取り組み	年度	短中期				長期
		2022	2023	2024	2025	2026～2030

【移動サービス】

- 限定地域での遠隔監視のみの無人自動運転移動サービスの実現
- 全国各地域での無人自動運転移動サービスの実現
- 高速道路での自動運転移動サービス・自動運転市場化
- 「25年40ヵ所」無人自動運転移動サービス実現に向けたステップ・施策具体化
- ロボットタクシー：自動運転レベル5を活用したモビリティサービスの実現に向けた技術や運行形態の調査
- BRT等の公共交通システムの導入促進
- 混在空間レベル4自動運転移動サービス協調型システム・事業モデル・データ連携スキーム検討、国際連携拠点構築
- 限定地域、遠隔監視無人自動運転移動サービス　インフラ整備の在り方その他の技術的制度的課題の解決
- 車両の技術開発・ODD類型化、事業モデルの実証

ルール　利活用環境/連携基盤・データ/データ標準
交通安全対策や路車協調システムの検討（実証実験等）

インフラ・アセット

【物流サービス】
限定地域での無人自動運転配送サービス実現

ルール　利活用環境/連携基盤・データ/データ標準
自動配送ロボットの技術開発
自動配送ロボットの社会受容性の向上

インフラ・アセット
高速道路自動運転レベル4自動運転トラック車両技術開発/運行管理システム/インフラ等検討

高速道路（東京−大阪間）での後続無人隊列走行システムの商業化

高速道路での後続車有人隊列走行システムの商業化（発展型）
サービス展開
走行可能範囲の拡大等
【民間】サービス展開

高速道路での自動運転トラックの隊列走行
1　導入型：先行車両を追従し、車線維持により走行。ただし、車線変更等は後続車の運転手が車両を操作
2　発展型：導入型により高度な車群維持機能（割込車、登坂路、車線変更等への対応を加えたもの）

自家用自動運転（レベル4）の技術の応用等

高速道路での自動運転トラック（レベル4）
高速道路自動運転配送サービス実現

自動配送サービス
限定地域での無人自動運転配送サービス実現

※「官民ITS構想・ロードマップ2020」における移動サービスのロードマップを参照

自動運転・運転支援(3)

デジタルを活用した交通社会の未来

取り組み	短期 2022	中期 2023 / 2024 / 2025	長期 2026～2030
【自家用車】			
ルール	自家用車自動運転レベル3への高度化に向けた道筋の検討		
利活用環境・連携基盤・データ/データ標準	交通線の管理目安や、合流支援を含む先読み情報提供に関する共同研究		
インフラ・アセット			
安全運転サポート車	安全運転サポート車（サポカーS、サポカー）の普及啓発／性能認定制度（申請・結果公表）装備義務付（国産新、輸入新、国産継続）		
運転支援システム	高度な運転支援市場化	市場の拡大と更なる高度化	
一般道路での運転支援（レベル2）	市場の拡大、機能の高度化		
高速道路での運転支援・自動運転			
・レベル2	（SIP）実用化に向けた実証実験	レベル2市場の拡大、機能の高度化	
・レベル3	研究開発・実用化の推進	市場の拡大、機能の高度化	
・レベル4	ITS技術を活用した円滑、安全・安心な道路交通等の実現への取組	高速道路での自動運転（レベル4）市場化	
・ETC2.0	市場化された先進安全技術に関する保安基準等の拡充・強化検討		
・ドライバー異常時対応システム等	自動車アセスメントによる先進安全技術搭載車両の評価		
・その他の取組	先進安全自動車に関する先進安全技術の検討／交通規制情報の収集・提供の高度化		

出所：デジタル庁「デジタルを活用した交通社会の未来2022」36～37頁

(i) 自家用車における目標

自家用自動車については，2020年を目途に高速道路におけるレベル3自動運転を市場化する目標が，上記(1)(ii)のとおり達成されました。引き続き，2025年を目途に，高速道路の入口から出口まで自動運転が可能であるレベル4の自動運転システムの市場化の実現を目指しています。

他方で，運転支援については，歩行者，交差点，信号等の影響で，高速道路よりも高度な技術が必要な一般道において，2020年までに主要幹線道路（国道，主な地方道）において直進運転が可能な運転支援（レベル2）を実現することが目標とされていましたが，信号や交差点の通過支援機能は未実装となっています。

また，自動運転システムの普及に関連する取組みとしては，高齢運転者の交通事故防止策等を踏まえ，衝突被害軽減ブレーキや，ペダル踏み間違い時加速制限装置等を搭載した車両である「安全運転サポート車（サポカー）」[25]の普及・啓発に取り組んでいます。特に，衝突被害軽減ブレーキについては，上記(1)(ii)のとおり，新車の乗用車等を対象とする搭載の義務化が段階的に進められています。

(ii) 物流サービスにおける目標

物流サービスにおいては，まずは高速道路でのトラックの隊列走行の実現を目指しています。2021年3月に，高速道路（新東名）での後続車無人隊列走行システムが技術的に実現されており[26]，2025年度以降の高速道路でのレベル4自動運転トラックの実現のため，車両の技術開発に加え，道路情報等を活用した運行管理システムの構築や必要なインフラなど事業化に必要な事業環境について検討を行うとしています。

(iii) 移動サービスにおける目標

移動サービスにおいては，2022年度を目途に，限定地域での遠隔監視のみの無人自動運転移動サービス（レベル4）を実現することを目標としており，2023年3月に，かかる無人自動運転移動サービス（レベル4）の実証実験に用いられる車両について，国内初の認可がなされました[27]。その後，ODDの拡

大を含む技術レベルの向上，サービス内容の拡大を図りつつ全国展開を進め，2025年を目途に，全国各地域（50カ所程度）での無人自動運転移動サービスの実現を目指すとしています。また，2023年以降に，高速道路でのバスの運転支援・自動運転（レベル2以上）の市場化を目指すとしています。

＊　　　＊　　　＊

1　国土交通省2020年1月31日付プレスリリース「乗用車等の衝突被害軽減ブレーキに関する国際基準を導入し，新車を対象とした義務付けを行います。～道路運送車両の保安基準の細目を定める告示等の一部改正について～」（https://www.mlit.go.jp/report/press/jidosha08_hh_003618.html）。

2　国土交通省・自動走行ビジネス検討会事務局「自動走行ビジネス検討会報告書 version 6.0」27頁（https://www.mlit.go.jp/jidosha/content/001480321.pdf）。

3　日産自動車2019年7月16日付プレスリリース「日産，世界初の先進運転支援技術「プロパイロット　2.0」を搭載した新型「スカイライン」を発表」（https://global.nissannews.com/ja-JP/releases/release-743ff69dba084c619cb333c1470ba1b0-190716-01-j）。

4　https://www.honda.co.jp/automateddrive/auto/

5　国土交通省2020年11月11日付プレスリリース「世界初！　自動運転車（レベル3）の型式指定を行いました」（https://www.mlit.go.jp/report/press/jidosha08_hh_003888.html）。

6　本田技研工業2021年3月4日付プレスリリース「Honda SENSING Elite搭載　新型「LEGEND」を発売」（https://www.honda.co.jp/news/2021/4210304-legend.html）。

7　本田技研工業「Hondaの安全運転支援技術　進化と普及の取組み」10頁（https://www.mlit.go.jp/jidosha/content/001583990.pdf）。

8　Waymo「Media resources」（https://waymo.com/press/）。

9　総務省「平成30年版　情報通信白書」97頁。

10　アポロプロジェクト公式ホームページ（https://www.apollo.auto/）。

11　カリフォルニア州車両管理局「Autonomous Vehicle Testing Permit Holders」（https://www.dmv.ca.gov/portal/vehicle-industry-services/autonomous-vehicles/autonomous-vehicle-testing-permit-holders/）。なお，ゼネラル・モーターズ傘下のCruiseの許可は2023年10月24日に停止されました。

12　カリフォルニア州車両管理局「2022 Autonomous Vehicle Disengagement Reports（CSV）」および「2022 Autonomous Mileage Reports（CSV）」をもとに筆者らにおいて計算（https://www.dmv.ca.gov/portal/vehicle-industry-services/autonomous-vehicles/disengagement-reports/）。

13　内閣府「令和5年版　交通安全白書」60頁，62頁。

14　Society of Automotive Engineers「Taxonomy and Definitions for Terms Related to Driving Automation Systems for On-Road Motor Vehicles J3016_202104」（https://www.sae.org/standards/content/j3016_202104/）。

15　国土交通省「自動運転車両の呼称」（https://www.mlit.go.jp/report/press/content/

001377364.pdf）。
16　前掲注（5）。
17　前掲注（6）。
18　国土交通省2020年11月11日付プレスリリース「世界初！　自動運転車（レベル3）の型式指定を行いました」報道発表資料別紙3「自動運行装置の概要」。（https://www.mlit.go.jp/report/press/content/001371535.pdf）
19　前掲注（6）。
20　Mercedes-Benz Media2021年12月9日付プレスリリース「Mercedes-Benz receives world's first internationally valid system approval for conditionally automated driving（https://media.mercedes-benz.com/article/d3a581fd-b297-4045-afc9-d2149f5cac7e）」。
21　Mercedes-Benz Media2022年5月6日付プレスリリース「Conditionally automated driving：Mercedes-Benz announces sales launch of DRIVE PILOT（https://media.mercedes-benz.com/article/37f8acd0-df37-4755-acec-9534308c8e7b）」。
22　Mercedes-Benz Media2023年6月9日付プレスリリース「Conditionally automated driving：Mercedes-Benz DRIVE PILOT further expands U.S. availability to the country's（https://media.mercedes-benz.com/article/81a29ac5-4d02-4b58-be74-b85368067a95）」。
23　Waymoブログ「Waymo is opening its fully driverless service to the general public in Phoenix」（https://blog.waymo.com/2020/10/waymo-is-opening-its-fully-driverless.html）。
24　Cruiseブログ「We're going commercial」（https://getcruise.com/news/blog/2022/were-going-commercial）。
25　サポカー/サポカーS公式ホームページ（https://www.safety-support-car.go.jp/）。
26　経済産業省2021年3月5日付プレスリリース「高速道路におけるトラックの後続車無人隊列走行技術を実現しました」（https://www.meti.go.jp/press/2020/03/20210305003/20210305003.html）。
27　経済産業省2023年3月31日付プレスリリース「国内初！　自動運転車に対するレベル4の認可を取得しました」（https://www.meti.go.jp/press/2022/03/20230331002/20230331002.html）。

2　自動運転中の事故

(1)　自動運転・運転支援機能に関連する事故の特徴・傾向

(i)　自動運転の実証実験中の事故

　「自動運転中の事故」と聞けば，多くの読者は，システムエラーやハッキング等により引き起こされる死亡事故のような重大事故を想像するかもしれません。しかし，現在までに報道・公表されている自動運転の実証実験中の事故は，必ずしもこのような重大事故が多いわけではなく，むしろ安全性を重視し慎重に走行した結果発生した比較的軽微な事故等が多いといえます。

　たとえば，カリフォルニア州では盛んに実証実験が行われており，事故を起こした場合には車両管理局（DMV：Department of Motor Vehicles）に交通事故報告書を提出する必要がありますが，公表されている同報告書によれば，下記(2)(iv)のとおり，自動運転実証実験中の事故の多くは，安全性を重視し慎重に走行した結果発生した比較的軽微な事故です。

(ii)　運転支援機能使用中の事故

　レベル2以下の運転支援機能については，米国，日本，中国等において機能を使用中に死亡事故が発生したとの報道もありますが，たとえば下記(2)(ii)のように米国国家運輸安全委員会（NTSB：National Transportation Safety Board）により事故報告書が公開されている事例や下記(3)(i)のように裁判例として報じられている事例などを除いて，詳細は必ずしも明らかではありません。

　運転支援機能のうち，衝突被害軽減ブレーキに関しては，たとえば，2016年11月に，試乗車の走行中に，自動車販売店店員の誤った認識に基づく指示によりブレーキをかけずに走行した結果，衝突被害軽減ブレーキが作動せず前方停止車両に追突し，同車両に乗車中の2名が負傷する事故が発生しました[1]。

　自動運転車の普及に伴い，国土交通省に寄せられる衝突被害軽減ブレーキに関する不具合情報は増加傾向にあり，たとえば，2022年4月～2023年3月で不具合情報は514件（事故につながったものは少なくとも144件）あり，自動車

メーカーに報告されたもののうち2割程度は，運転者に起因するものではなく，誤検知・誤作動や設計・製造など，車両・システムに原因があったとされています[2]。

⑵　米国における自動運転車関連の事故事例

米国運輸省道路交通安全局（NHTSA：National Highway Traffic Safety Administration）のウェブサイト[3]によれば，2021年7月〜2023年9月の期間に，レベル2先進運転支援システム（ADAS）搭載車に関する事故が計1,115件発生したとNHTSAに報告されており，そのうち死亡事故が28件，重症傷害事故が15件発生しています。また，計1,115件の事故のうち939件はテスラのADAS搭載車によるものであったことが判明しました。このようなデータが限定的・不完全である可能性には留意する必要がありますが，NHTSAがテスラに対して2022年2月17日にモデル3およびモデルYの計約41万6,000台を対象として正式な調査を開始することを発表するなど，継続的な調査を行っていることは再三報じられており，世間の注目を集めています。

以下では，NTSBが調査を行い，事故報告書を作成・公表した，米国における死亡事故のうちの3件（Uberによる実証実験中の事故1件，TESLAモデルSおよびモデルXの事故）を紹介します。

⒤　Uberによる実証実験中の歩行者死亡事故（2018年3月18日）

Uberの自動運転開発部門（Advanced Technologies Group of Uber Technologies, Inc.）が，アリゾナにおいて，2017 Volvo XC90を改造した実験車両を用いて自動運転の実証実験を行っていたところ，当該車両が，自転車を押しながら4車線道路を横断していた女性に衝突し，女性は死亡しました。事故時には，自動運転システムが適切に作動しない場合に備えて安全を担保するための操作者が着席していましたが，適時に歩行者を認識できなかったため，減速せずに女性に衝突しました。当初は，事故の発生時間帯が午後10時頃であったこともあり，地元警察からは，実験車両の車載カメラ映像を踏まえ，被害女性が暗がりから道路に出てきたため自動運転システムおよび乗車していた操作者のいずれにおいても事故の回避は困難であった旨のコメントがあったとの報道がなさ

事故現場

出所：https://www.ntsb.gov/investigations/AccidentReports/Pages/HWY18MH010-prelim.aspx

事故車両

事故発生1.3秒前の認識状況

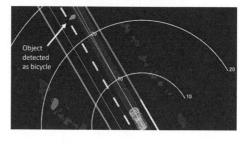

出所：https://www.ntsb.gov/investigations/AccidentReports/Pages/HWY18MH010-prelim.aspx

れました。

　しかし，NTSBによる2019年11月19日付事故報告書[4]によれば，自動運転システムは，衝突の5.6秒前には歩行者を検知し，追跡し続けていましたが，歩行者であると正確に分類できず，また，歩行者の進行方向を正確に予測できませんでした。そして，衝突が差し迫っていると判断した時には，自動運転システムのブレーキシステムでは対応できない状況にありました。また，衝突被害軽減のための緊急ブレーキは作動しないように設計されており，緊急時の介

入・対応等は操作者に委ねられていましたが，操作者は，歩行者に接近するまでの間も含め，センターコンソールの下に置いたスマートフォンに気を取られ，長時間にわたって道路から目を離していたとのことです。また，報道によれば，地元警察は，上記コメントの後に見解を改め，操作者がスマートフォンでテレビ番組を視聴していた可能性があり，仮に注意を払っていれば，事故は完全に回避可能であったと考えられるという内容の報告書を公表しました。

　NTSBは，事故原因として，自動運転車の操作者が，上記のとおり運転環境や自動運転システムの作動状況の監視を怠ったことに加え，Uberの，①安全リスク評価の手続が不十分であったこと，②操作者の監視が不適切であったこと，③自動化に対する操作者の過信に対応する適切なメカニズムを欠いていたことも指摘しました。さらに，薬物使用により認知判断能力の低下した可能性のある歩行者による現場の道路の横断が適切でなかったことやアリゾナ州運輸省による自動運転の実証実験に対する監督が不十分であったことについても指摘しています。

　操作者は過失致死罪で起訴されましたが，検察との司法取引に応じ，2023年7月に3年間の保護観察処分が言い渡されました。

(ii)　TESLA モデル S とトレーラーの衝突事故（2016年5月7日）

　TESLA モデル S は，米国のテスラ社が製造・販売しているセダンタイプの電気自動車であり，定速走行・車間距離制御装置（Traffic-Aware Cruise Control）および車線維持支援機能（Autosteer lane-keeping system）のついたオートパイロット（レベル2）を使用してフロリダのハイウェイを走行中に，反対車線から左折（米国の車道は右側通行であり，日本の車道における右折に相当します）してきたトレーラーの側面に衝突しました。TESLA モデル S はトレーラーの下を通過したため大破し，TESLA モデル S の運転者は死亡しました。

　NTSB による2017年9月12日付事故報告書[5]によれば，走行データ記録を解析した結果，TESLA モデル S の運転者は，自動車からの警告があったにもかかわらず，37分間オートパイロットを使用して運転している中で25秒しかハンドルを握っていなかったことが判明しました。このような事実等を踏まえ，NTSB は，死亡事故の原因について，①トレーラー運転者が TESLA モデル S

事故現場

出所：https://www.ntsb.gov/investigations/AccidentReports/Reports/HAR1702.pdf

事故車両　　　　　　　　衝突したトレーラー

出所：https://www.ntsb.gov/investigations/AccidentReports/Reports/HAR1702.pdf

に道を譲らなかったことと，②TESLA モデル S の運転者の運転自動化（運転支援機能）への過信による不注意の結果，トレーラーに対して反応できなかったことの組み合わせであると結論づけました。また，テスラ社のシステム設計が，運転自動化（運転支援機能）への運転者の過信につながるとともに，運転者による長時間の運転行動からの離脱，ガイダンス・警告に違反する方法での使用を許容したと指摘しています。TESLA モデル S のマニュアル上，高速道路やハイウェイ等の出入口があり交差点がない道路においてのみオートパイロットを使用すべき旨記載されていたものの，このような限定領域外でも運転

者がオートパイロットを使用可能であり，現に本件の事故でも交差点のある道路で使用されていました。NTSBは，システムにより自動的に限定領域内でのみ使用できるようにしない限り，運転者による誤用のリスクが残るとも指摘しています。

　さらに，TESLAモデルSのシステムは，横切るトレーラーを特定し，または差し迫る衝突を認識する仕様になっておらず，かつ，認識できなかった結果，オートパイロットによる減速はされず，前方衝突警報（Forward Collision Warning）および緊急自動ブレーキ（Automatic Emergency Braking）は作動しなかったと指摘しています。

ⅲ TESLAモデルXによる高速道路走行中の衝突事故（2018年3月23日）

　テスラが製造・販売しているSUVタイプの電気自動車であるTESLAモデルXが，上記ⅱと同様のオートパイロット（レベル2）を使用してカリフォルニア州マウンテンビューのハイウェイを走行していたところ，中央分離帯の衝撃緩和用バリアに時速約71マイルの速度で衝突し，近くを走行していた自動車2台を巻き込む事故を引き起こし，TESLAモデルXの運転者は死亡しました。

事故車両・事故現場の状況

出所：https://dms.ntsb.gov/public/62500-62999/62693/627331.pdf

　NTSB による2018年 6 月 7 日付予備的調査報告書[6]および2020年 2 月25日付
事故報告書に関する概要資料[7]によれば，運転者は，衝突の60秒前から 3 回に
わたって合計34秒間ハンドルを握っていたものの，最後の 6 秒間は握っていた
ことが確認されていません。衝突の 7 秒前から，（運転者ではなく）オートパ
イロットによりハンドルを左に切る動作が行われ，衝突の 4 秒前には前走車両
を追従していなかったため，TESLA モデル X は定速走行・車間距離制御装置
（Traffic-Aware Cruise Control）の設定上限速度に向けて加速しましたが，運
転者は，衝突を回避するための操作をしませんでした。これは，運転者が携帯
電話のゲームアプリに気をとられていたことと，オートパイロットを過信して
いたことが原因と結論づけました。

　また，NTSB は，運転者によるハンドル操作を監視する方法によるドライ
バーモニタリングは有効ではないこと，また，TESLA モデル X が衝撃緩和用
バリアを検知する仕様にはなっておらず，検知できなかったため，前方衝突警
報等は機能しなかったことも指摘しています。

(iv)　米国におけるその他の事故事例

　上記のほかにも，米国では，各社が開発・実証実験を行っている自動運転車
について，軽微なものを含めると多数の事故事例が公表・報道されています。

　たとえば，DMV に提出された交通事故報告書，その他報道等によれば，自
動運転の実証実験中の事故事例が多数報告されており，その中でも特に
Google 系の Waymo やゼネラル・モーターズの GM Cruise に関する事故が多
数に上ります。これらの事故の多くは，低速走行中のいわゆるもらい事故のよ
うなものであり，安全性を重視して慎重に走行した結果発生した比較的軽微な
事故に位置づけられます。

　NHTSA のウェブサイト[8]によれば，2021年 7 月〜2023年 9 月の期間に，レ
ベル 3 以上の自動運転システム（ADS）搭載車の実証実験中の事故として，
NHTSA に計431件の事故報告がありましたが，そのうち368件の事故では負傷
者の報告がありませんでした。また，計431件の事故の中では，特に Waymo
（180件），Transdev（97件），Cruise（126件）などの ADS 搭載車の事故が多
く報告されています。もっとも，ADS 搭載車の一般消費者への販売が広がれば，

このような傾向も変わる可能性があります。なお，Cruise については，2023年10月24日，安全への懸念からカリフォルニア州 DMV により自動運転車の配備と無人運転試験に係る許可が停止されました。

(3)　日本における自動運転車関連の事故事例

次に，日本における近時の事故2件（東名高速道路での事故および東京オリンピック・パラリンピック選手村での事故）について紹介します。

(i)　東名高速道路での TESLA モデル X による死傷事故（2018年4月29日）

神奈川県綾瀬市の東名高速道路において，2018年4月29日午後2時49分頃，TESLA モデル X が走行中に，停車していた普通自動二輪車に衝突するなどして，1名が死亡，2名が重軽傷を負う事故を引き起こしました。TESLA モデル X の運転者は，当該事故発生の数分前から強い眠気を覚え，前方注視が困難な状態に陥ったにもかかわらず，自動運転システム（レベル2）の機能により走行を続けた結果，当該事故を引き起こしています。なお，TESLA モデル X は，衝突した普通自動二輪車の手前約45.6m の地点を時速約13.1km で走行していたものの，前方の自動車が車線変更を開始し，前方との車間距離が開くことに対応して加速したところ，加速の開始時から当該普通自動二輪車に衝突するまでの最高時速は時速約38.1km であったことがわかっています。この速度を前提に，当該普通自動二輪車の約19m 手前の地点に到達するまでに衝突の危険を感知して急制動の措置を講じていれば，普通自動二輪車に衝突することなく手前で停止することができたと判断されています。

当該事故に関する刑事裁判では，主に，①運転中止義務違反の有無および②運転中止義務違反と結果との間の因果関係の有無が争点となりましたが，裁判所は，①および②のいずれも認められるとして，運転者に係る過失運転致死傷罪の成立を認め，禁固3年（執行猶予5年）に処する判決を下しました[9]。

(ii)　東京オリンピック・パラリンピック選手村での自動運転バスによる接触事故（2021年8月26日）

東京都中央区晴海の東京オリンピック・パラリンピック選手村において，

2021年 8 月26日午後 1 時58分頃，選手村内でトヨタ自動車製の自動運転 EV（e-Palette）が巡回モビリティサービスを提供していたところ，信号のない交差点の横断歩道を渡ろうとしていた視覚障害のある日本人柔道選手と接触し，当該選手に全治 2 週間の怪我を負わせた事故が発生しました。事故現場となった交差点には信号機が設置されていなかったため，e-Palette の自動運転（レベル 2 の運転支援），オペレーターおよび交差点内の誘導員が併せて安全を確保していました。そして，下記(4)(iv)の自動運転車事故調査委員会が2023年 9 月 5 日に公表した本件に関する自動運転車事故調査報告書[10]などの公表情報によれば，信号機のない交差点を e-Palette が右折する際に，横断歩道の手前で一時停止した e-Palette を，オペレーターが安全確認を行った上で手動で再度発進させたところ（車両停止の 8 秒前，車両は C），e-Palette の左前方から当該選手が交差点の横断を開始したため（車両停止の 4 秒前，車両は D，選手は d），

車両および被害者の動きと誘導員の位置

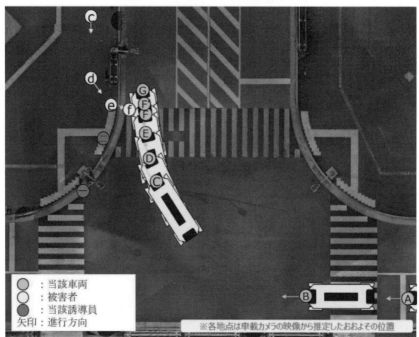

出典：https://www.mlit.go.jp/jidosha/content/001628504.pdf

オペレーターが通常ブレーキをかけるとともに（車両停止の2.21秒前，車両はE，選手はe。減速開始は車両停止の約1.6秒前），e-Paletteのシステムにより通常ブレーキ（車両停止の1.28秒前，車両はF）および緊急ブレーキ（車両停止の0.98秒前，車両はF'）を作動させたが，完全に停止する前に当該選手と接触したとのことです。

　同報告書は，事故原因について，①運転者（オペレーター）の予測・判断の遅れ，②交通誘導員・被害者の挙動，③関係者による安全対策（信号機の設置の見送りなど）と交通の運用ルールに関する認識共有の不足などの複合的な要因が重なったことによるものと考えられるとしています。

　当該接触事故を起こしたe-Paletteに同乗していたオペレーターは，自動車運転処罰法違反（過失傷害）の疑いで書類送検されましたが，2022年3月4日，不起訴処分（起訴猶予）となったことが報道されています。

⑷　日本の事故調査体制の現状と課題

　自動運転では，運転者自身が運転操作を行うタイミングと自動運転を行うタイミングが混在することとなるとともに，システムトラブルや外部からのサイバー攻撃等が事故原因となる可能性も否定できないため，事故の原因究明等が従来の自動車よりも難しくなる可能性があり，開発者でなければわからない部分もあると指摘されています[11]。自動運転は，交通事故の削減など様々なメリットが期待されますが，他方で，このような新しい技術の社会的受容性の確保を図るためには，自動運転に関連する事故が発生した場合に，正確かつ詳細な調査結果を公表することにより，事故原因や，自動運転技術の機能および限界に対する正確な認識を広めることが極めて重要です。そこで，以下では，日本における事故調査体制の現状および今後の課題について簡単に述べます。

⒤　警察による事故捜査

　自動運転に限らず，自動車事故が発生した場合には，警察機関により運転者，自動車メーカー等の関係者に対する捜査が行われ，その過程で事案の真相の究明も行われます。

(ii)　事業用自動車事故調査委員会

　公益財団法人交通事故総合分析センターを事務局として，人間工学，健康医学，自動車工学，法学，労働科学等の専門家から構成される事業用自動車事故調査委員会が設置されています。当該委員会は，事業用自動車の重大事故について事故要因の調査分析を行い，調査結果の報告書を作成しています。この報告書は，事業用自動車事故調査委員会で審議し，議決され，最終的には国土交通省のウェブサイト等で公表されます。

(iii)　運輸安全委員会

　上記のほか，独立性の高い行政委員会（いわゆる3条委員会）である運輸安全委員会が，国土交通省の外局として設置されています。現時点において，当該委員会の調査対象は，航空，鉄道および船舶の事故および重大インシデントに限定されており，米国のNTSBとは異なり，自動車事故はその調査対象とされていません。

(iv)　自動運転車事故調査委員会

　さらに，2020年には，①自動運転車に係る交通事故の原因究明のための調査分析，②同種事故の再発防止，被害軽減に資する施策・措置等の提言などを目的として，国土交通省・警察庁などの関係省庁が連携し，自動運転車事故調査委員会が設立されました。同委員会は，2023年9月5日に上記(3)(ii)の事故に関する自動運転車事故調査報告書を公表しました。報告書では，上記(3)(ii)に記載した原因分析に加えて，再発防止等に資する提言として，たとえば，自動運転移動サービスの運行の計画段階から，自動運転車の運行に関わる関係者間で安全対策に関する情報および認識を正しく共有し，関係者全員で総合的に安全を確保する必要があることや，事故原因の究明に必要なデータを確実かつ正確に記録，保持し，また，各種データを最大限活用するために可視化することが望まれることなどが言及されています[12]。なお，公表されている報告書は，2023年10月31日現在，上記1件のみです。

(v) 今後の課題

　上記のとおり，新たな技術である自動運転の社会的受容性を確保する観点からは，事故発生後，早期に正確かつ詳細な事故調査を実施し，当該調査結果を公表することが重要となります。米国においては，NTSB がこのような役割を担い，自動運転車による重大事故について詳細な事故報告書を公表し，将来の事故予防のための安全勧告（safety recommendations）を出しています。

　他方で，上記(iv)の自動運転車事故調査委員会の報告書では，NTSB の報告書と比べると収集可能なデータや証言などに限界があり，完全に同様の役割を期待するのは難しいようにも思われます。また，日本の警察機関による捜査は，あくまで刑事責任追及の観点から実施されるため，原因究明ができたとしても，その調査結果を広く公表したり，安全勧告等を行い今後の自動車の開発に役立てたりすることは想定されていません。事業用自動車事故調査委員会については，多様な専門家により構成される組織ではあるものの，その調査対象が事業用自動車による事故に限定されていること，調査目的が事故の再発防止にあり，その事故調査は事故の背景にある自動車運送事業者の組織的・構造的問題の解明が中心になること等から，現時点では，米国における NTSB のような役割を担うのは難しいといえます。日本の運輸安全委員会は，現時点では，そもそも自動車事故を調査対象に含んでいません。

　なお，国土交通省は，自動運転の実証実験・実装運行中に生じた交通事故の実例について，事業者の協力のもと，ウェブサイトにおいて公表し，自動運転車の技術開発の促進，社会受容性の向上を図る取組みを行っています。

　制度整備大綱においても，「事故原因の明確化のためのデータ記録や原因究明体制を構築する必要性が高い。また，事故原因の究明は，社会受容性を高める観点からも必要不可欠である。」とされており，万が一事故が発生した場合にも，スムーズかつ迅速に当該事故の正確かつ詳細な原因究明を行い，当該調査結果を公表することができるような事故調査体制の一層の充実が望まれます。

＊　　＊　　＊

1　https://www.mlit.go.jp/report/press/jidosha07_hh_000244.html
2　https://www.mlit.go.jp/jidosha/carinf/rcl/data.html

3 https://www.nhtsa.gov/laws-regulations/standing-general-order-crash-reporting

4 https://www.ntsb.gov/investigations/AccidentReports/Reports/HAR1903.pdf

5 https://www.ntsb.gov/investigations/AccidentReports/Reports/HAR1702.pdf

6 https://dms.ntsb.gov/public/62500-62999/62693/627331.pdf

7 https://www.ntsb.gov/news/events/Documents/2020-HWY18FH011-BMG-abstract.pdf

8 前掲注（3）。

9 横浜地判令和2年3月31日判例集未登載（平成30年㈹第1459号）

10 https://www.mlit.go.jp/jidosha/content/001628504.pdf

11 警察庁報告書（道交法関係）19頁。

12 前掲注（10）。

3　自動運転に関する法制度

(1)　自動運転社会における法制度のあり方

　自動運転社会の実現のためには，車内に運転者が存在して運転操作を行うことを前提としているこれまでの交通関係法令・法制度の見直しが必要になります。政府は，自動運転車の導入初期段階である2020年から2025年頃の，公道において自動運転車と自動運転システム非搭載の従来型の車両が混在し，かつ，自動運転車の割合が少ない，いわゆる「過渡期」を想定した法制度のあり方について，政府全体の方向性を取りまとめた制度整備大綱（IT 総合戦略本部，2018年4月）を決定・公表しています。この中では，主に，①交通ルール，②責任関係，③自動運転車の安全確保という3つの観点に分けて，法制度のあり方について取りまとめています。

　②責任関係については，2018年3月に「自動運転における損害賠償責任に関する研究会」の報告書が公表されており，この結論が制度整備大綱に取り込まれました。①交通ルールと③自動運転車の安全確保については，制度整備大綱を受けて車両法と道交法が順次改正されています。

　また，このような法制度整備の必要性は，国内法の改正等にとどまらず，国際ルールの策定においても同様に妥当します。

　以下では，上記①～③の観点から特に重要な交通関係法令と制度整備の進捗状況を簡単に紹介します。詳しくは，下記4～6をご覧ください。

<table>
</table>

| 図表2-3-1 | 国内外の交通関係ルールの整理 |

		国内法	国際ルール
(i)	交通ルール	・道交法　等	・ジュネーブ条約 ・WP.1の決議　等
(ii)	責任関係	・自賠法，PL法，民法 ・刑法，自動車運転死傷処罰法等	
(iii)	自動運転車の安全確保	・車両法 ・安全技術ガイドライン　等	・WP.29で策定される国際基準　等

(2)　自動運転に関する交通ルール

　交通ルールについては，国内法として道交法が，国際条約としてジュネーブ条約（1949年道路交通に関する条約）およびウィーン条約（1968年道路交通に関する条約）がそれぞれ存在し，日本はジュネーブ条約のみ批准しています。

　ジュネーブ条約は，運転者が走行中の車両に存在し，常に車両を制御しなければならないとする規定がありますが（8条1項・5項），自動運転システムの導入により，システムが運転者に代わり周囲の監視や運転操作を行うようになった場合や，車内に運転者が存在しなくなった場合の整合性が問題となります。そこで，ジュネーブ条約およびウィーン条約の主要な加盟国やEU等が参加して，道路安全の向上を取り扱う唯一の国連の機関で道路交通ルールの協調を目指すWP.1（道路交通安全グローバルフォーラム）と，WP.1に設置された，完全自動運転等とジュネーブ条約・ウィーン条約との整合性を図るための措置等について議論する「自動運転に関する非公式専門家グループ」（IGEAD）で議論が進められてきました。その中で，2018年に，「道路交通における高度・完全自動運転車両の展開に係るWP.1決議（非拘束文書）」が採択されています。

　道交法についてもジュネーブ条約と同様の規定があることから，レベル3の自動運転を可能とするために，2019年に，(a)改正車両法上の「自動運行装置」を使用して運行する場合が「運転」に含まれることの明記，(b)自動運行装置を使用する運転者の義務の見直し・追加，(c)自動運転車の走行中のデータに関する記録・保存の義務づけ等を内容とする道交法改正が行われました（2020年4

月1日施行）。

　また，無人自動運転移動サービス（レベル4）を可能とするために，2022年に，(a)運転者がいない状態での自動運転の定義としての「特定自動運行」，(b)「特定自動運行」の許可制度，(c)「特定自動運行」に関与する各主体（特定自動運行実施者等），(d)「特定自動運行実施者」の遵守事項，(e)特定自動運行実施者等による法令違反時の行政処分等を定める道交法改正が行われました（2023年4月1日施行）。

　交通ルールについては，下記4で詳しく説明します。

(3)　自動運転による事故等に関する責任関係

　法的な責任関係は，民事・刑事に大別することができます。交通事故に関する責任関係を規律する国内法として，主に，損害賠償責任等の民事責任については自賠法，PL法，民法等が，刑事責任については刑法，自動車運転死傷処罰法等がそれぞれ存在します。他方で，交通事故に関する責任関係は各国法で規律されているので，国際ルールは存在しません。

　責任関係については，制度整備大綱において，自動運転システム利用中の事故についても，自動車の保有者が自賠法上の運行供用者責任を負うとの整理や，ソフトウェアの不具合が原因で事故が発生した場合には，自動車メーカー等はPL法の現行法の解釈に基づき自動運転車の車両としての欠陥と評価される限り製造物責任を負い，ソフトウェア開発者は別途不法行為責任等を追及される可能性があるとの整理が示されました。他方で，ソフトウェアの更新に係る責任，PL法上の「通常有すべき安全性」と使用上の指示・警告等の関係等は，技術的動向を踏まえて引き続き検討されています。

　刑事責任については，交通ルール，運送事業に関する法制度等により様々な関係主体（運転者，利用者，車内安全要員，遠隔監視・操作者，サービス事業者等）に期待される役割や義務を明確化していくこと等を踏まえて検討を行うとされており，今後の検討に委ねられています。

　責任関係については，下記5で詳しく説明します。

(4) 自動運転車の安全確保

　車両法は，自動車の安全性の確保および環境の保全のために，その構造，装置および性能について，最低限度の技術水準として保安基準を定めています。そして，自動車が保安基準に適合していることを担保するために，自動車のライフサイクル（設計・製造過程および使用過程）の各過程において，保安基準適合性を担保するための制度（型式認証，点検・整備，検査およびリコール）を設けています。

　他方で，自動車の保安基準（安全基準）について国際的な整合性を図り自動車の安全性等を確保するために，国連欧州経済委員会（UNECE）のWP.29（自動車基準調和世界フォーラム）において，保安基準における国際基準の策定が進められています。自動運転技術についても，WP.29に各種会議体があり，その全てにおいて，日本は議長や副議長などの重要な役職を務めて基準づくりをリードしています。

　また，国際基準策定には一定の時間がかかる一方で，適切に安全性を考慮した自動運転車の開発・実用化を促進する必要があることから，2018年9月に，自動運転車が満たすべき安全性の要件や安全性確保策を定めた，自動運転車の安全技術ガイドラインが策定および公表されました。

　車両法については，2019年に，(a)いわゆる自動運転システム（自動運行装置）の保安基準対象装置への追加，(b)分解整備の範囲の拡大および点検整備に必要な技術情報の提供の義務づけ，(c)自動運行装置等に組み込まれたプログラム改変による改造等に係る許可制度の創設等を内容とする改正が行われました（(c)を除き2020年4月1日施行）。また，具体的な自動運行装置の保安基準，サイバーセキュリティおよびソフトウェアのアップデートに関する保安基準等は，新たな国際基準の成立や無人自動運転移動サービス（レベル4）を可能とするための改正道交法（2023年4月1日施行）等を踏まえ，順次改正・施行されています。

　車両の安全確保については，後記6で詳しく説明します。

4 交通ルールのあり方

(1) 自動運転と交通ルール

　道路交通に関するルールには，国際条約としてジュネーブ条約（1949年道路交通に関する条約）とウィーン条約（1968年道路交通に関する条約）が，日本の国内法として道交法がありますが，これらにおいては，運転者自身が交通状況を常時監視し，運転操作を行うことを前提に，運転者に対して安全運転に関する義務が課されてきました。しかし，自動運転車両が導入されると，自動運転システムが運転者に代わり周囲の監視や運転操作を行うようになり，さらには，車両に運転者が存在しなくなることも想定されます。そのような場合に，これらの交通ルールをどのように定めるかが問題となります。そこで，2019年にはレベル3の自動運転を，2022年には無人自動運転移動サービス（レベル4）を，それぞれ可能にするための道交法の改正が行われました。以下詳細を見ていきます。

(2) 国際条約およびWP.1での議論

(i) 国際条約（ジュネーブ条約・ウィーン条約）

　ジュネーブ条約とウィーン条約は，加盟国と成立時期が異なり，日本はジュネーブ条約のみ批准しています（1964年に批准・効力発生）。

　国家間で締結される条約は，国内法よりも優先すべきルール（上位規範）ですので，日本の道交法はジュネーブ条約の範囲内で制定する必要があります。

図表2-4-1 ▷ 各条約の加盟国[1]ならびに WP.1 および IGEAD の参加国

ジュネーブ条約（98カ国）　　　　　　　　　　　　　　　　ウィーン条約（79カ国）

		IGEAD	WP.1
	日本 カナダ アメリカ スペイン	イギリス　フランス フィンランド　ベルギー スウェーデン　オランダ	ドイツ スイス
	アイルランド キプロスほか	オーストリア　ロシア イタリア　ポルトガルほか	トルクメニスタン クロアチアほか
オーストラリア シンガポールほか		アラブ首長国連邦 ベトナム　フィリピンほか	イラン　イラク ケニアほか

ジュネーブ条約（抜粋）
8条
　1項　一単位として運行されている車両又は連結車両には，それぞれ運転者が
　　　　いなければならない。
　5項　運転者は，常に，車両を適正に操縦し，又は動物を誘導することができ
　　　　なければならない。運転者は，他の道路使用者に接近するときは，当該他
　　　　の道路使用者の安全のために必要な注意を払わなければならない。
10条
　　　車両の運転者は，常に車両の速度を制御していなければならず，また，適切
　　かつ慎重な方法で運転しなければならない。運転者は，状況により必要とされ
　　るとき，特に見とおしがきかないときは，徐行し，又は停止しなければならない。

(ii)　自動運転と国際条約

　レベル3の自動運転中は，運転者自身が交通状況を監視せず，運転操作をシ
ステムに委ねることが許されます。より進んで，レベル4や5の自動運転では，
そもそも車両内に運転者が存在しないことがあり得ます。これらの場合に，「運
転者は，常に，車両を適正に操縦し」（ジュネーブ条約8条5項）であるとか，「運
行されている車両……には，……運転者がいなければならない」（同条1項）

といった規定との整合性が問題となります。

　そこで，国連欧州経済委員会（UNECE：The United Nations Economic Commission for Europe）のWP.1と，WP.1に設置された「自動運転に関する非公式専門家グループ」（IGEAD：Informal Group of Experts on Automated Driving）で議論が進められてきました。

　2014年3月のWP.1の第68回の会合で，ウィーン条約の改正案が採択され[2]，その後，改正されました。同改正では，自動運転システムが1958年協定等に適合するものであるか，または，運転者がオーバーライドもしくは機能停止が可能である場合には，走行中の車両等に運転者が存在し，運転者が常に車両を制御しなければならないとする規定に適合しているものとみなす旨の規定が加えられました（ウィーン条約8条6項）。

　さらに，2020年9月のWP.1の第81回の会合で，ウィーン条約の改正案が採択され[3]，その後2022年7月14日付で改正されました。同改正では，「自動運転システム」および「動的制御」の定義が定められるとともに，車両が，国内の技術基準や国際文書，作動に関する国内法に適合する自動運転システムを使用する間は，「あらゆる走行中の車両か連結車両には，運転者がいなければならない」との要件（ウィーン条約8条1項参照）は，満たしているものとみなす旨の規定が加えられました（ウィーン条約34条の2）。

ウィーン条約（抜粋）
8条（運転者）
　1項　あらゆる走行中の車両か連結車両には，運転者がいなければならない。
　5項　あらゆる運転者は，常に，車両を制御するか，又は動物を誘導しなければならない。
　6項　車両の運転方法に影響を及ぼす車両のシステムが多国間協定の構造，部品及び仕様に適合する場合には，本条5項及び13条に適合しているとみなす。多国間協定の構造，部品及び仕様に適合しない場合であっても，運転者がオーバーライド又は機能停止が可能な場合は，本条5項及び13条に適合しているとみなす。
34条の2（自動運転）
　車両が，以下に掲げる法規に適合する自動運転システムを使用する間は，「あらゆる走行中の車両か連結車両には，運転者がいなければならない」との要件

は，満たしているものとみなす。
- ⓐ　車輪付車両又はそれに装着・使用される機器・部品に関する国内の技術基準および適用ある国際文書
- ⓑ　作動に関する国内法
   本条の効果は，当該国内技術基準や作動に関する国内法が適用される締結当事者の領域に限定される。

　他方で，ジュネーブ条約については，第70回 WP.1会合でジュネーブ条約の改正案が採択されましたが[4]，改正には締結国の3分の2の賛成が必要であるため，改正は実現していません[5]。そこで，2018年9月に開催された第77回 WP.1会合で，「道路交通における高度・完全自動運転の展開に係る WP.1決議（非拘束文書）」[6]が採択されました[7]。同決議は，ジュネーブ条約およびウィーン条約を補完する位置づけで，高度・完全自動運転車両の安全で世界的な展開を促進するため，両条約の締結国に対し，高度・完全自動運転車両は安全を優先し，交通ルールを守り，ODD 内でのみ作動すべきであると勧告しています。

　その後の WP.1では，ジュネーブ条約の改正の要否が議論されており，2019年3月に開催された第78回 WP.1会合で，フランスがジュネーブ条約8条の改正提案を行い，スウェーデン等も改正が必要との立場を示したのに対し，ドイツやアメリカ等は，改正は必須でないとの立場を示しています[8]。なお，日本は，両条約の調和の重要性と，改正の必要性を検討する重要性を強調しつつ，2019年9月に開催された第79回 WP.1会合では，ドイツ等とともに，自動運転中に運転者が行うことのできる行動（activities other than driving）の考え方を示す決議案を提案しています[9]。

　車両内に運転者が存在しないことが想定されているレベル4の自動運転（下記(4)参照）とジュネーブ条約の整合性については，このような自動運転であっても，自然人たる運転者が車両内に存在する従来の状態と同等の安全性が確保される場合にはジュネーブ条約に抵触しないと考えられています。そして，2022年の道交法改正によって可能となる特定自動運行（レベル4の無人自動運転移動サービス）は，自然人たる運転者が車両内に存在する状態と同等の安全性が確保されるように制度設計がなされているため，ジュネーブ条約に抵触するものではないと整理されています[10]。

　なお，遠隔型自動運転の実証実験は，下記 7 のとおり，現在日本でも行われていますが，この点については，既に2016年 3 月開催の第72回 WP.1会合で，車両のコントロールが可能な能力を有し，それが可能な状態にある者がいれば，その者が車両内にいるかどうかを問わず，現行条約の下で実験を行うことが可能であることが確認されています[11]。

(3)　レベル 3 の自動運転を可能とする道交法の改正

(i)　概　　要

　レベル 3 の自動運転を可能にするための「道路交通法の一部を改正する法律」（令和元年法律第20号）が第198回国会で成立し，2019年 6 月 5 日に公布されました（以下，2019年の改正後の道交法を「2019年改正道交法」といいます）。2019年改正道交法は，改正車両法の施行日である2020年 4 月 1 日に施行されています。以下，レベル 3 の自動運転を可能にした2019年改正道交法についてその概要を説明します。

(ii)　レベル 3 の自動運転を可能とする道交法の改正

　2019年改正道交法では，レベル 3 の自動運転車が安全に公道を走行することを可能とするために，主に，(a)「運転」行為等の定義，(b)自動運行装置（自動運転システム）を使用して自動車を運転する場合の運転者の義務，および(c)作動状態記録装置によるデータ記録等に関する道交法の改正が行われました。

(a)　「運転」行為等の定義

　まず，「運転」に，車両法で「自動運行装置」として定義される自動運転システム（道交法 2 条 1 項13号の 2 ，車両法41条 1 項20号）を使用して自動車を用いる場合が含まれる旨を規定しました（道交法 2 条 1 項17号）。

　レベル 3 の自動運転システムを備えた自動車では，運転者が常に存在し，自動運転システムの作動継続が困難な場合には運転を引き継ぐことが求められるという意味において，自動運転システムを使用している間も，運行を支配し，自動車の挙動について責任を負っている立場にあるといえ，義務を課すことが必要かつ適当であるとされています[12]。

(b)　自動運行装置を使用して自動車を運転する場合の運転者の義務

　道交法の下，運転者は，（A）安全運転義務等の運転操作に係る義務，（B-1）携帯電話の保持通話の禁止等の（A）の安定した履行を確保するための義務，および（B-2）救護義務等のその他の義務を負っています。2019年改正道交法は，レベル3の自動運転を可能にするために，自動運転車の運転者の遵守すべき義務のうち上記（A）および（B-1）を整理しています。

　自動運転中は，走行環境条件（自動車メーカーが設定したODDに対して自動運行装置の安全性を確保する上で妥当かを判断して国土交通大臣が付した条件）内では，自動運行装置が全ての動的運転タスクを自動的に実行し，運転者に代わって，安全に，すなわち，（A）の義務に反することなく自動的に自動

図表2-4-2　自動運転中の運転者の義務

【前提となる自動運転システムの要件】　※当該要件を満たすことが法制度上確保されたもの
①　ODD内では，交通ルールに関する法令を遵守した運転制御を行う。
②　ODD外となることや自動運転車の故障により自動運転の継続が困難とシステムが判断した場合に，運転操作の引継ぎを求めるため，運転者が確実に認知可能な「警告」を発する。

【道路交通法上の運転者の義務（現行）】		【自動運転中の運転者の義務】
A　運転操作に係る義務 ・安全運転義務　・制限速度遵守義務 ・信号等遵守義務　・車間距離保持義務　等	要件①を満たすシステムは，ODD内で自動運転中は，義務Aを自動的に履行	システムを適切に使用することにより，義務Aの履行が可能に（運転者は引き続き義務Aを負う）
B　運転操作以外に係る義務 　B-1）Aの安定した履行を確保するための義務		システムを適切に使用することにより，従来義務Aの履行に必要とされた運転者自身による常時監視や運転操作不要となるため，保持通話及び画像注視の禁止を解除
・無線通話装置　　　・画像表示用装置 　（例：携帯電話）の　（例：カーナビ）の 　保持による通話禁止　注視の禁止		
・飲酒運転の禁止　等		運転者自身が運転操作を引き継ぐ可能性は常にあるため，引き続き禁止
B-2）その他の義務 ・事故時の救護義務　・故障時停止表示 ・運転免許証提示義務　器材表示義務　等		システムが担う動的運転タスク以外の義務であるため，引き続き義務付け

※　システムの使用はODD内に限る必要。
※　ODD内で自動運転中は，少なくとも，「警告」を認知することができる注意を払い，警告時にシステムの使用を中止して自らの運転操作に切り替えられる態勢を保持することが必要。

出所：警察庁報告書（道交法関係）27頁

車を運行することができることから[13]，運転者自らが交通状況の常時監視や運転操作を行わなくても，（A）の義務を履行することが可能になります。もっとも，これは自動運行装置が適切に作動し，走行環境条件内で交通ルールに関する法令を遵守した運転制御を行うことが前提です。また，レベル3の自動運行装置が安全運転義務等の法律上の義務に反することなく自動運転できることが担保されているのは，走行環境条件内においてのみですので，走行環境条件外では，当該自動運行装置を使用して当該自動車を運転してはならないとされています（道交法71条の4の2第1項)[14]。下記6(4)(ii)(c)のとおり，この走行環境条件には，一般道または高速道路のいずれかといった道路条件に加えて，交通状況や天候に関する条件が含まれることが想定されています[15]。

また，一般に，前方および周囲の状況の確認やハンドル操作に支障が生じるため，（B-1）の義務の一内容として，運転中に携帯電話等の無線通話装置を保持して通話することや，カーナビ等の画像表示用装置に表示された画像の注視を行うことは禁止されています（道交法71条5号の5）。

しかし，自動運転中は，自動運行装置を使用することにより（A）の義務を履行でき，運転者が常に前方および周囲を確認しハンドル操作を行う必要はなくなることから，保持通話の禁止および画像注視の禁止が解除されます（道交法71条の4の2第2項）。

ただし，自動運行装置が適切に使用されることが前提となりますので，この義務の解除は，Ⓧ自動運転車が整備不良車両に該当しないことや，Ⓨ走行環境条件を満たしていることに加え，Ⓩこれらに該当しなくなった場合に，運転者が，直ちにこれを認知し，適切に対処できる状態にいることという条件を満たす場合に限定されています。自動運行装置が故障した場合や走行環境条件を満たさなくなる場合に運転者に対して音や光などにより運転の引継ぎを要請するレベル3のシステムであれば，運転者は，この引継要請を確実に気付くことができ，気付いた場合に，走行環境条件外になった時点から間髪を置かずにハンドル等を適切に操作することができる状態にある必要があります。

したがって，眠ったり，運転席でない席に座ったりすることは，禁止されますし，介入要求に応じることができないほどに読書やスマートフォンの操作に没頭することも禁止されるものと考えられます[16]。また，飲酒運転については，

自動運行装置を用いた自動運転中であっても，運転者自身が運転操作を引き継ぐこととなる可能性は常にあることから，従来の運転者と同様に禁止されています。

　他方で，2019年改正道交法の文言上は，自動運転車が道交法に違反する走行や不安定な走行，あるいは異音を発するなど，整備不良車両に当たる場合（上記Ⓧ）や，走行環境条件外を走行する場合（上記Ⓨ）には，運転者は，これを直ちに認識する必要があると読めます。引継要請には気付くことができる程度に読書などをしていたが周囲の監視などはしておらず，走行環境条件外を走行していることや道交法に違反した走行をしていることに気付くことができなかった場合には，文言上は上記Ⓩを満たさず，道交法71条の4の2第2項の要件を満たさないことになり，道交法71条5号の5等に違反することになる可能性もあります。下記(d)のとおり，過失の有無は事案ごとに個別具体的に判断されることになりますが，ユーザーが安心して自動運転車を使用することができるように，違反となる場合について，より明確化する必要があると思われます。

　また，自動運行装置が車両法等の規定に適合しないため交通の危険を生じさせ，または他人に迷惑を及ぼすおそれがある整備不良車については，自動運行装置を使用して運転することだけでなく，自動運行装置を使用しないで運転することも道交法62条の規定に基づき禁止されます[17]。その理由は，自動運行装置の欠陥・故障が他の装置にも影響を与え，交通の危険が生じるおそれがあると考えられるためとされています。

　なお，レベル3の自動運転の運転者は，直ちに適切に対処できる状態にいることが必要とされるのみで，運転操作の引継ぎ後の運転行為は通常の運転操作と全く同じであり，特に高度な技能等を必要とするものではないことから，レベル3の自動運転について新たな運転免許や教習などは創設する必要はないと整理されました[18]。

(c)　作動状態記録装置による記録等

　警察庁報告書（道交法関係）では，自動運転車に係る不具合の早期発見や事故・違反の原因究明の観点から，走行データの保存が必要との検討結果が示されています。そこで，運転者に自動運転システム作動状態の確認に必要な情報の記録および保存を義務づけるとともに（道交法63条の2の2），警察官が運転

者に対し，記録の提示を求めることができることとしました（道交法63条１項前段）。警察官は，当該記録を確認することにより整備不良車に該当するか否かを判断し，該当する場合には運転の継続を禁止する命令（道交法63条２項）を発するなどの措置をとることにより，システムの不具合の早期発見による事故の未然防止が可能となり，交通の安全を確保することが期待されます。

　また，作動状態記録装置に記録される内容は暗号化等により一義的に第三者に明らかでないことも想定されますので，警察官は，記録を視覚または聴覚により認識できる状態にするための措置が必要と認めるときは，自動車メーカー等に対して，そのような記録を認識できる状態にするための措置を求めることができるとされています（道交法63条１項後段）。

　求められる措置の具体例としては，当該記録を表示するための装置の持込みや，暗号化された記録を判読することができるように出力するために必要な情報の提供等が考えられます。

　なお，自動運行装置を備えている自動車については，自動運行装置を使用して運転するか否かを問わず，当該自動車を運転している間の全体にわたり，作動状態記録装置により正確に記録することができる状態にあることが求められるので，自動運行装置を使用しない場合であっても，同装置が正確に記録できない状態で自動運行装置を備えている自動車を運転することも禁止されます（道交法63条の２の２第１項）[19]。

(d) 罰　　則

　走行環境条件外での使用禁止に違反した場合には罰則があります（道交法119条１項９号の３）。介入要求に気付いて走行環境条件外であることを認識した上で，なお自動運行装置を使用する故意犯に加えて，漫然と運転しており介入要求に気付かずに結果的に走行環境条件外で自動運行装置を使用するといった過失犯も処罰の対象となります（同２項）[20]。

　また，仮に，自動運転中に道路交通法令に違反する走行を行った場合に，運転者に違反が成立するかが問題となります。警察庁報告書（道交法関係）では，万が一の故障・不具合等により，自動運転中に道路交通法令に反する走行を行った場合の過失については，事案ごとに個別具体的に判断されるとの検討結果が示されています。下記５(3)(i)(b)に記載のとおり介入要求を気付くことがで

きる注意を払っていたが不安定な走行や異音等もなく自動運行装置の不具合や異変に気付くことができなかったような場合には，過失はなかったと判断されると考えられます。

⑷　無人自動運転移動サービス（レベル4）を可能とする道交法の改正

(i)　概　　要

無人自動運転移動サービス（レベル4）を可能にするための「道路交通法の一部を改正する法律」（令和4年法律第32号）が第208回通常国会で成立し，2022年4月27日に公布され，2023年4月1日に施行されました（以下「改正道交法」といいます）。

(ii)　改正道交法の概要

政府が策定した「官民ITS構想・ロードマップ2020」において，2022年度頃に廃線跡等の限定地域で遠隔監視のみの無人自動運転移動サービスを開始することが目標として掲げられています。この無人自動運転移動サービス（レベル4）は，上記⑶記載のレベル3の自動運転と異なり，「運転者」の存在を前提としないものです。道交法はこれまで運転者の存在を前提としていましたが，運転者の存在を前提としないレベル4の自動運転を可能とするため，警察庁の調査検討委員会における検討[21]も踏まえ，道交法が改正されました。

改正道交法では，無人自動運転移動サービス（レベル4）を対象に，主に，⒜特定自動運行等の定義，⒝特定自動運行の許可制度の創設，⒞特定自動運行に関与する主体，⒟特定自動運行実施者の遵守事項等および⒠行政処分等に関する改正が行われました。

⒜　特定自動運行等の定義（改正道交法2条）

改正道交法では，運転者がいない状態での自動運転を「特定自動運行」と呼び，以下のとおり定義することで，特定自動運行は「運転」にあたらないとしています（改正道交法2条1項17号）。これによりレベル3以下の「運転」とレベル4の「特定自動運行」を区別し，「運転者」なしで無人自動運転ができることおよび無人自動運転を行う者には「運転者」に課されている道交法上の義

務が直ちには課されないことが明確化されました。

　また，レベル4相当の自動運行装置の要件も特定自動運行の定義の中で以下のとおり規定していますが，「直ちに自動的に安全な方法で当該自動車を停止させること」を含め，レベル4相当の自動運行装置の機能，性能等については，具体的には保安基準において定められることが想定されており[22]，2023年1月4日にレベル4相当の自動運行装置の保安基準が改正されました（下記6(4)(ii)(d)参照）。

■　特定自動運行

　道路において，自動運行装置（当該自動運行装置を備えている自動車が整備不良車両に該当することとなったときまたは当該自動運行装置の使用が当該自動運行装置に係る使用条件を満たさないこととなったときに，直ちに自動的に安全な方法で当該自動車を停止させることができるものに限ります）を当該自動運行装置に係る使用条件で使用して当該自動運行装置を備えている自動車を運行すること（当該自動車の運行中の道路，交通および当該自動車の状況に応じて当該自動車の装置を操作する者がいる場合のものを除きます）

(b)　特定自動運行の許可制度の創設（改正道交法75条の12〜75条の17）

　改正道交法では，特定自動運行が道路交通の危険と障害を生じさせるおそれがないかを審査するため，特定自動運行を許可制としました。特定自動運行に関する許可制度の概要は**図表2-4-3**のとおりです。

　まず，特定自動運行を行おうとする者は，特定自動運行に関する計画（以下「特定自動運行計画」といいます）等を記載した申請書を公安委員会に提出し，当該公安委員会の許可を受ける必要があります（改正道交法75条の12第1項）。特定自動運行を複数の都道府県にわたって行おうとする場合には，それぞれの公安委員会から許可を受ける必要があります。当該特定自動運行計画には，下記(d)の特定自動運行実施者の遵守事項に関する実施要領等を記載することが求められています。なお，特定自動運行計画には，「特定自動運行により運送される人又は物」（改正道交法75条の12第2項2号ロ(3)）を記載することが求められており，特定自動運行では移動サービスまたは物流サービスを行うことが念頭に置かれています。公安委員会は，許可をするにあたり，特定自動運行計画が一定の基準に適合するかを審査します。当該許可基準の概要は**図表2-4-4**

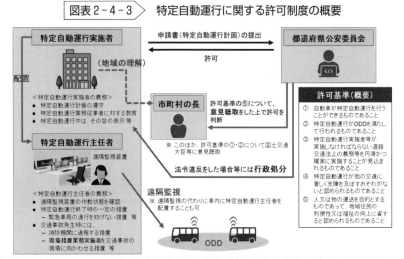

図表2-4-3　特定自動運行に関する許可制度の概要

出所：警察庁 HP　道路交通法の一部を改正する法律（令和4年法律第32号）概要資料（https://
www.npa.go.jp/bureau/traffic/selfdriving/L4-summary.pdf）を基に作成

図表2-4-4　特定自動運行計画の許可基準の概要

	許可基準の概要
1.	特定自動運行用自動車が特定自動運行を行うことができるものであること
2.	特定自動運行がその使用条件（ODD）を満たして行われるものであること
3.	特定自動運行実施者等が実施しなければならない道路交通法上の義務等を円滑かつ確実に実施することが見込まれるものであること
4.	特定自動運行が他の交通に著しく支障を及ぼすおそれがないと認められるものであること
5.	人又は物の運送を目的とするものであって，地域住民の利便性又は福祉の向上に資すると認められるものであること

のとおりです。

　上記基準1.は，自動運行装置が，特定自動運行計画に従って特定自動運行が行われる場合においてレベル4相当の機能，性能等を有していることを担保するための基準であり，公安委員会は，当該自動運行装置が車両法に基づく保安基準に適合する旨の審査を受けたものか否かを確認することが想定されています[23]。

　上記基準5．の判断にあたっては，公安委員会は，特定自動運行の経路をその区域に含む市区町村の長の意見を聴かなければならないとされています（改正道交法75条の13第2項2号）。これは，公安委員会が当該許可基準の適合性を判断するにあたっては，当該特定自動運行が移動サービスまたは物流サービスとして行われ，地域住民の利便性の増進に資するものであること等についての事実を収集する必要があるところ，市区町村における無人自動運転移動サービスの需要の有無等について知悉していると考えられる当該市区町村の長の意見を聴くことが必要と考えられたためです。この許可基準は，特定自動運行が円滑な交通に支障を及ぼす程度と地域住民の利便性または福祉の向上に資する程度を比較衡量して判断するとされています[24]。

(c)　特定自動運行に関与する主体

　特定自動運行に関与する各主体の定義は**図表2-4-5**のとおりです。

図表2-4-5　特定自動運行の各主体者

名称	概要
特定自動運行実施者	特定自動運行に係る許可を受けた者（改正道交法75条の16第1項）
特定自動運行主任者	特定自動運行実施者により指定された，特定自動運行が終了した場合の措置や交通事故があった場合の措置（同法75条の21等）を講ずる一定の要件を備える者（同法75条の19第2項）。遠隔又は車内に配置される。
特定自動運行主任者等	交通事故があった場合の措置等を実施するため，同法75条の20第1項2号の規定により特定自動運行用自動車に乗車させられた特定自動運行主任者その他の乗務員（同法75条の23第3項）
現場措置業務実施者	特定自動運行主任者を遠隔に配置して特定自動運行を行う場合に，交通事故があったとき，現場に駆け付け，道路における危険を防止するため必要な措置を講ずる，特定自動運行実施者が指定した者（同法75条の19第3項）
特定自動運行業務従事者	特定自動運行主任者，現場措置業務実施者その他の特定自動運行のために使用する者（同法75条の19第1項）

(d) 特定自動運行実施者の遵守事項等

■ 特定自動運行を行う前の措置（改正道交法75条の19）

改正道交法では，特定自動運行実施者は，特定自動運行が終了した場合の措置等を講じさせるため，「特定自動運行主任者」を指定しなければならないとされています（同条2項）。また，特定自動運行主任者を遠隔に配置する場合には，交通事故があった場合の措置等を講じさせるため，「現場措置業務実施者」を指定しなければなりません（同条3項）。

そして，特定自動運行実施者は，特定自動運行主任者，現場措置業務実施者その他の特定自動運行のために使用する者（特定自動運行業務従事者）に対し，道交法上求められる必要な措置等を円滑かつ確実に実施させるため，教育を行わなければなりません（同条1項）。必要な教育は，それぞれの特定自動運行業務従事者の役割に応じて規定され[25]，たとえば，特定自動運行主任者に対しては，特定自動運行業務の適正な実施に必要な法令や特定自動運行計画の内容，自動運行装置の仕様等を教育する必要があります（改正道交法施行規則9条の27）。また，特定自動運行主任者は運転免許は不要ですが，特定自動運行にあたり一定の義務を負うことから，監視装置の作動状況等を確認するために必要な視力・聴力を有していること，遠隔監視装置その他の特定自動運行を行うために必要な設備を適切に使用できること，実施しなければならない措置を円滑かつ確実に実施する上で支障があると認められないことが要件とされています[26]（改正道交法施行規則9条の28）。

■ 特定自動運行中の遵守事項（改正道交法75条の20）

特定自動運行では，信号機の信号に従う義務（道交法7条）や最高速度の遵守（同法22条）など，定型的・一般的な交通ルールについては，自動運転システムが代替することが前提となっています（**図表2-4-6**）。

他方で，特定自動運行が適切に行われているかを監視するため，特定自動運行実施者は，特定自動運行用自動車の周囲の道路および交通の状況ならびに当該特定自動運行用自動車の状況を映像および音声により確認することができる装置（以下「遠隔監視装置」といいます）を特定自動運行を管理する場所に備え付け，かつ，当該場所に特定自動運行主任者を配置する必要があります。遠隔監視装置は，大要，カメラ等により特定自動運行用自動車の内外の状況（鮮

明な映像および明瞭な音声）および位置情報が常時かつ即時に受信することができるものであること，特定自動運行主任者が特定自動運行用自動車の内外と双方向で音声の通話ができるものであること等の要件を満たす必要があります[27]（改正道交法施行規則9条の29）。そして，遠隔に配置された特定自動運行主任者は，当該装置の作動状態を特定自動運行中監視していなければならず，装置が正常に作動していないことを認めたときは，直ちに，当該特定自動運行を終了させるための措置を講じなければなりません（なお，遠隔監視の代わりに，特定自動運行主任者を特定自動運行用自動車に乗車させる措置を講じることも可能です）。なお，この義務は，遠隔監視装置の作動状態を監視する義務があるという意味であり，自動運行装置の作動状態や自動車の挙動を監視する義務が遠隔に配置された特定自動運行主任者に課されているというわけではありません。

　また，特定自動運行実施者は，「自動運行中」の文字を自動運行装置の作動状態と連動して見やすく表示する装置を，車体の前方および後方から見やすい位置に取り付け，当該装置を作動させる方法により特定自動運行中である旨の表示を行う必要があります（改正道交法施行規則9条の30）。

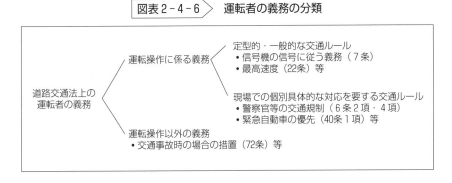

図表2-4-6　運転者の義務の分類

■　特定自動運行が終了した場合の措置（改正道交法75条の22）

　特定自動運行では，従来は運転者が遵守すべきであった交通ルールのうち，定型的・一般的な交通ルールに関するものは前記のとおり自動運転システムが代替する一方，警察官等の交通規制（道交法6条2項・4項）や緊急自動車の

優先（同法40条 1 項）などについては，自動運転システムによる対応は期待でき
ず，人による現場での個別具体的な対応が必要となることを前提としていま
す。

　そこで，改正道交法では，特定自動運行主任者は，道路において特定自動運
行が終了したときは，直ちに，特定自動運行用自動車または特定自動運行主任
者に対して警察官による措置または命令が行われているか，また交通事故が
あったかを確認することとされています。また，特定自動運行用自動車を警察
官の指示等に従って通行させるための必要な措置や緊急自動車または消防用車
両の通行を妨げないようにするための必要な措置を講じることとされています。
緊急自動車または消防用車両の通行を妨げないようにするための必要な措置と
は，道交法40条 1 項に規定されているような，交差点を避け，かつ道路の左側
に寄って一時停止するようなことまでを求めているのではなく，個別の状況に
応じて，緊急自動車または消防用車両の進行を妨げなければ足りると考えられ
ています。

　また，特定自動運行主任者は，高速自動車国道等において特定自動運行が終
了した場合に，当該自動車を運転し，または運転させることができないときは，
一定の条件を満たす記号の表示など特定自動運行用自動車が停止しているもの
であることを表示する装置（当該特定自動運行用自動車の後面その他の後方か
ら進行してくる自動車の運転者が見やすい位置に取り付けられたものに限りま
す）を作動させることにより，当該自動車が停止していることを表示する必要
があります（改正道交法75条の24，同法75条の11第 1 項，改正道交法施行令27条の 6 ，
同施行令27条の 8 ，改正道交法施行規則 9 条の32）。なお，特定自動運行主任者が
特定自動運行用自動車に乗車している場合は，停止表示器材を，後方から進行
してくる自動車の運転者が見やすい位置に置いて行うことになります。

■　交通事故があった場合の措置（改正道交法75条の23）

　交通事故に際しての救護義務（道交法72条）も，自動運転システムが代替す
ることができない運転者の義務です。そこで，交通事故があった場合，遠隔に
いる特定自動運行主任者は，直ちに事故の現場の最寄りの消防機関に通報し，
「現場措置業務実施者」を当該交通事故の現場に向かわせる措置等を講じるこ
ととされています（なお，特定自動運行主任者が特定自動運行用自動車に乗車

している場合は，特定自動運行主任者等は，直ちに，負傷者を救護する等必要な措置等を講じ，警察官に報告することになります）。また，交通事故の現場に到着した「現場措置業務実施者」は，当該交通事故の現場で，道路における危険を防止するため必要な措置を講じなければならないとされています。

(e) 行政処分等（改正道交法75条の26〜75条の28）

公安委員会は，特定自動運行実施者等が法令に違反したときは，指示，許可の取消し等を行うことができます。指示の対象は特定自動運行実施者であり，必要な人員を配置する措置や特定自動運行計画を見直す措置等が指示されることが想定されています。特定自動運行の許可が取り消されたときは，公安委員会によりその旨が公示されます。

また，特定自動運行用自動車に係る交通事故があった場合や特定自動運行実施者等が法令に違反した場合において，道路における危険を防止するため緊急の必要があるときは，警察署長は，許可の効力の仮停止ができます。

(iii) 今後の道交法の制度整備

2022年の道交法改正では，限定地域において人または物を運送する無人自動運転移動サービスのみが想定されているため，政府が2025年目途に実現することを目標に掲げている自家用車の高速道路でのレベル4の自動運転の実現のためには，さらなる法改正が必要となります。

＊　　＊　　＊

1　各条約の加盟国数は United Nations Treaty Collection に依拠。
（https://treaties.un.org/Pages/Home.aspx?clang=_en）
（https://treaties.un.org/pages/ViewDetailsV.aspx?src=TREATY&mtdsg_no=XI-B-1&chapter=11&Temp=mtdsg5& clang=_en）
（https://treaties.un.org/Pages/ViewDetailsIII.aspx?src=TREATY&mtdsg_no=XI-B-19&chapter=11&Temp=mtdsg3& clang=_en）
2　ECE/TRANS/WP. 1/145 (https://unece.org/fileadmin/DAM/trans/doc/2014/wp1/ECE-TRANS-WP1-145e.pdf)
3　ECE/TRANS/WP.1/173 (https://unece.org/sites/default/files/2021-01/ECE-TRANS-WP.1-173-Add1e.pdf)
4　ECE/TRANS/WP.1/149 (https://unece.org/DAM/trans/doc/2015/wp1/ECE-TRANS-WP1-149-e.pdf)

5　C.N.91.2016.TREATIES-XI.B.1 dated March 22, 2016 (https://treaties.un.org/doc/Publication/CN/2016/CN.91.2016-Eng.pdf)

6　Global Forum for Road Traffic Safety (WP.1) resolution on the deployment of highly and fully automated vehicles in road traffic

7　ECE/TRANS/WP.1/165 (https://unece.org/fileadmin/DAM/trans/doc/2018/wp1/ECE-TRANS-WP1-165e.pdf)

8　ECE/TRANS/WP.1/167 (https://unece.org/DAM/trans/doc/2019/wp1/ECE-TRANS-WP1-167e.pdf)

9　ECE/TRANS/WP.1/169 (https://unece.org/DAM/trans/doc/2019/wp1/ECE-TRANS-WP1-169e.pdf)

10　北村俊博（外務省大臣官房参事官）の発言。「第208回国会衆議院内閣委員会会議録第19号」（2022年 4 月15日）31頁。

11　ECE/TRANS/WP.1/153 (https://unece.org/DAM/trans/doc/2016/wp1/ECE-TRANS-WP.1-153e.pdf)

12　砂田武俊「自動車の自動運転の技術の実用化に対応するための規定の整備」警察学論集72巻 8 号26頁。

13　砂田・前掲注（12）26頁。

14　砂田・前掲注（12）38頁。

15　北村博文（警察庁交通局長）の発言。「第198回国会参議院内閣委員会会議録第 8 号」（2019年 4 月11日） 2 頁。

16　北村博文（警察庁交通局長）の発言（前掲注（15）会議録 6 頁, 15頁）。警察庁報告書（道交法関係）25頁。

17　砂田・前掲注（12）46頁。

18　北村博文（警察庁交通局長）の発言（前掲注（15）会議録16頁）。

19　砂田・前掲注（12）35頁。

20　北村博文（警察庁交通局長）の発言（前掲注（15）会議録 3 頁）。

21　「令和 3 年度自動運転の実現に向けた調査検討委員会　検討結果報告書」（2021年12月）

22　江間輝裕「第 2　特定自動運行に係る許可制度の創設に関する規定の整備」警察学論集75巻 8 号35頁。

23　江間・前掲注（22）42頁。

24　二之湯智（国家公安委員会委員長）の発言。「第208回国会衆議院内閣委員会会議録第19号」（2022年 4 月15日）33頁。

25　令和 4 年10月付「道路交通法の一部を改正する法律の施行に伴う関係政令の整備に関する政令案」に対する意見公募要領の別紙 2 の 3 (14)

26　令和 4 年10月付「道路交通法の一部を改正する法律の施行に伴う関係政令の整備に関する政令案」に対する意見公募要領の別紙 2 の 3 (15)

27　令和 4 年10月付「道路交通法の一部を改正する法律の施行に伴う関係政令の整備に関する政令案」に対する意見公募要領の別紙 2 の 3 (16)

5　責任関係

(1)　自動運転車による事故と法的責任

　自動運転技術の目覚ましい発展により，今後，運転者が自動車の運転に関与する度合いは，徐々に減少していくものと思われます。その一方で，運転者は，運転を自動運転システムに委ねて，これに依存していくことになります。このような変化は，運転者による運転を前提としていた責任関係に，どのような影響を与えるのでしょうか。また，自動運転車は，従来の自動車よりも複雑かつ多様な通信を用いるため，データの誤り，通信遮断，ハッキング等が新たな事故原因となることも想定されます。このような新たな事故原因の出現は，上記の責任関係に，どのような影響を与えるのでしょうか。

　たとえば，自動運転システムのソフトウェアに何らかのバグやデータの誤りがあり，事故が発生したというケースを想定してみましょう。この場合，自動運転車の運転者や所有者の責任の有無が問題となることはもちろんですが，自動運転車の販売店，メーカー，ソフトウェアの開発者，データの提供者といった自動運転車にかかわる各者の民事・刑事責任はどのように考えるのでしょうか。

　このような自動運転車をめぐる責任関係については，政府も含め，各所で検討されています。ここでは，それらの検討も踏まえ，全体像を見ていきます。民事責任については(2)を，民事責任のうち，代表的な責任として所有者等が負う運行供用者責任については(2)(ii)を，メーカー等の負う製造物責任については(2)(iii)を，具体的事例については(2)(iv)を，刑事責任については(3)を，それぞれご参照ください。

(2)　自動運転車による事故の民事責任

(i)　事故に基づく民事上の責任

　現行法上，自動運転車が，事故を起こして他人や他人の所有物に損害を与えた場合，理論的には以下の民事上の責任が発生する可能性があります（**図表2**

| 図表2-5-1 | 事故における代表的な民事上の責任 |

責任主体	代表的な責任
運転者（所有者）	人損：被害者に対する運行供用者責任
	物損：被害者に対する不法行為責任
販売店	所有者に対する債務不履行責任
自動車メーカー	被害者に対する製造物責任
部品メーカー	被害者に対する製造物責任 自動車メーカーに対する債務不履行責任
ソフトウェア開発者	被害者に対する不法行為責任 自動車メーカーに対する債務不履行責任
外部データ提供者	被害者に対する不法行為責任 自動車メーカーに対する債務不履行責任 ユーザーに対する債務不履行責任
道路管理者	被害者に対する営造物責任

-5-1参照）。

　なお，以下で見ていくとおり，これらに関する法改正は特に予定されていません。

(ii)　運行供用者責任

(a)　運行供用者責任と自動車保険

　自動車による人身事故に関する法律として，自賠法があります。被害者が加害者に対して損害賠償請求をする場合には，一般的には民法上の不法行為責任を追及することになります。その場合，被害者は，加害者の故意または過失を立証しなければなりませんが，事故の態様によってはその立証が困難な場合もあります。そこで，自賠法は，交通事故の被害者の救済を目的として，①運行供用者および運転者に過失がなかったことに加え，②被害者または運転者以外の第三者に故意・過失があったこと，③自動車に構造上の欠陥または機能の障害がなかったこと，という3つの要件を運行供用者が立証できなければ，運行供用者に賠償責任を負わせるとしています。このような意味で，自賠法により，運行供用者は事実上の無過失責任を負っているといわれています。通常，何ら

図表 2-5-2	不法行為責任と運行供用者責任の比較	
	不法行為責任（民法709条）	運行供用者責任（自賠法3条）
故意・過失の立証責任	被害者側	加害者側
責任	過失責任	（事実上の）無過失責任
位置づけ	一般法	特別法

かの事故を起こした場合，不法行為による損害賠償に関する民法709条が適用され，加害者は，故意または過失がある場合にのみ被害者に対する損害賠償責任を負いますが，自賠法は，自動車による人身事故についてのみ適用される民法709条の特則を定めているのです（**図表2-5-2**参照）。

　このような運行供用者責任を負う主体は，自己のために自動車を運行の用に供する者（運行供用者）です。具体的には，自動車の運行についての支配権（運行支配）とそれによる利益（運行利益）が帰属する者のことをいいます[1]。

　運行供用者責任の特徴として，運行供用者責任と自動車損害賠償責任保険（以下，自動車損害賠償責任共済とあわせて「自賠責保険」といいます）が紐づけられていることも挙げられます。具体的には，自動車を運転する場合には自賠責保険への加入が義務づけられており，加害車両の保有者に運行供用者責任が発生した場合，その車両に付保されている自賠責保険から被害者に補償がなされる仕組みになっています。

　ここで，簡単に自動車保険について触れておきます。日本の自動車保険は，自賠責保険と任意保険で構成されています。自賠責保険は，交通事故被害者の迅速，確実な救済と基本的な保障を実現するという趣旨から，強制保険とされており，対象は被害者の人的損害のみに限られている上，その補償額にも上限があります（被害者1人につき死亡：3,000万円，後遺障害：4,000万円，傷害：120万円）（自賠法13条1項，同法施行令2条）。そのため，被害者の人的損害のうち自賠責保険の補償額の上限を超える範囲，運転者自身の人的損害や物的損害をカバーする場合には，任意保険を利用することとなります。これを表にすると，以下のようになります（**図表2-5-3**参照）。

図表2-5-3　自賠責保険と任意保険の位置づけ

	被害者のための保険		自分のための保険
人身事故	自賠責保険（強制）	対人賠償保険（任意）	人身傷害保険（任意）
物損事故	対物賠償保険（任意）		車両保険（任意）

⒝　自動運転における運行供用者責任

　上記のように，自賠法は，被害者の救済を目的として，運行供用者に事実上の無過失責任を負わせています。これをそのまま自動運転に適用すると，一定の操作を完全に自動運転システムに委ねてよいとされ，所有者等に過失がなく，自動運転システムの欠陥により発生した事故についても，運行供用者が欠陥の不存在を立証できない結果，運行供用者が責任を負うこととなります。しかし，このような運行供用者が従来どおり責任を負担することが妥当か，また，そもそも運行供用者に運行支配を認めることができるのか，といった疑問もあります。

　そこで，国土交通省は，自動運転における損害賠償責任に関する研究会において，自動運転システム利用中の事故に関し，自賠法に基づく損害賠償責任のあり方を検討し，2018年3月に「自動運転における損害賠償責任に関する研究会報告書」（研究会報告書）[2]を取りまとめ，その結果は制度整備大綱に盛り込まれました。

　上記のとおり，運行供用者は，運行支配と運行利益が帰属する者をいいますが，運行利益については，自動車が自動運転車であっても問題なく認められると考えられます。他方，運行支配については，自動運転車の場合には，自動車のコントロールの主体が自動運転システムに移行するため，これを認めることができるのかが問題となります。

　この点に関し，同研究会では，自動車メーカーに自賠責保険料の一部や無過失責任を負担させる仕組みづくりなども検討されましたが，結論としては，2020年から2025年頃の当面の過渡期においては「従来の運行供用者責任を維持」することが適当とされました。その理由としては，自動運転車であっても，自動車所有者・自動車運送事業者等に運行支配[3]および運行利益を認めることができ，運行供用に係る責任は変わらないということや，迅速な被害者救済のた

めに，運行供用者に責任を負担させるという現在の制度の有効性が高いことなどが挙げられています。

　もっとも，自動運転システムの欠陥により生じた事故について運行供用者（実際には保険会社等）が損害賠償金を支払った場合，その後に，保険会社等から本来欠陥について責任を負うべき自動車メーカー等に対して支払った分を請求する（求償する）ケースが考えられます。研究会報告書では，この求償権行使の実効性確保が必要と指摘されています。

　その後，2020年４月に施行された2019年改正道交法および改正車両法により，自動運行装置を備えた自動車は，作動状態の確認に必要な情報を記録するための装置（作動状態記録装置）を備え，かかる情報を記録・保存することが義務化されました。また，下記6⑷ⅱ⒟のとおり，2021年９月30日に保安基準が改正・施行され，乗用車等（自動運行装置を備える自動車に限りません）には，事故時に車両に関する情報（車速，加速度，シートベルト着用有無等の情報）を記録する事故情報計測・記録装置（EDR：イベント・データ・レコーダー）を備える必要があるとされています。さらに，保険会社と自動車メーカー等の協力体制のあり方等も，関係者間で，作動状態記録装置に記録されるデータ項目も踏まえ，検討すべき事項（データ提供の対象となる事故の条件やユーザーからの同意の取得方法等）を整理し，検討が進められています[4]。

　また，政府は，上記2⑷ⅳのとおり，①自動運転車に係る交通事故の原因究明のための調査分析，②同種事故の再発防止，被害軽減に資する施策・措置等の提言などを目的として，自動運転車事故調査委員会を2020年に設立するとともに，上記装置で記録されたデータを事故時の原因究明，システムの不具合発見によるリコールや保安基準の改善に活用するとしています[5]。

⒞　**自損事故**

　運行供用者は，「他人」の生命または身体を害して損害を発生させたときに，その損害を賠償する責任を負います。「他人」の意義について，自賠法上に定義はありませんが，一般的には，自己のために自動車を運行の用に供する者（運行供用者）および当該自動車の運転者を除く，それ以外の者をいうと解されています[6]。そのため，自損事故を起こした場合には，運行供用者または運転者は，自賠責保険から損害のてん補を受けることができません。しかしなが

ら，運行供用者または運転者が運転に関与する度合いが減少することとなる自動運転車においても，これを同様に解してよいのか，それとも，自動運転車の場合には，自賠法の保護の対象とすべきなのか，問題となります。

　この点に関して，研究会報告書では，自賠法の保護の対象とはせずに，従来どおり，自動車メーカー等への製造物責任の追及，販売者への契約不適合物を給付したことによる債務不履行責任の追及（民法562条等）や，任意保険（人身傷害保険）を活用した対応が適当とされました。その理由としては，自動車の運行に無関係な被害者を保護するという自賠法のそもそもの趣旨や，現在，自損事故による損害が任意保険（人身傷害保険）等によりてん補されていることなどが挙げられています。

(d)　運行供用者および運転者の過失

　自賠法上の免責3要件の1つである，運行供用者および運転者が「自動車の運行に関し注意を怠らなかったこと」について，従来の自動車では，運行供用者等の注意義務の内容として，関係法令の遵守義務，自動車の運転に関する注意義務，自動車の点検整備に関する注意義務，運転者の選任監督に関する注意義務等が含まれています。自動運転において，これをどのように考えるか，という点が問題となります。

　研究会報告書では，自動運転システムに自動車の運行を委ねることができれば，自動車の運転に関しては，現在と同等の注意義務は負わなくなると考えられるとした上で，自動車の点検整備に関する注意義務等は引き続き負うと考えられると指摘しています。そして，この点検整備に関する義務として，従来の点検整備に加えて，自動運転システムのソフトウェアやデータのアップデートをする義務が含まれることも考えられると指摘しています。

　また，上記4(3)(ii)のとおり，2019年道交法改正により，レベル3の自動運転では，自動運行装置に係る使用条件を満たさなくなった場合に，直ちにそのことを認知し，自動車の装置を確実に操作することができる状態にあること等の義務が運転者に課されています。

　他方，上記4(4)(ii)のとおり，2022年の改正道交法において，レベル4の自動運転（特定自動運行）はレベル3以下の「運転」と区別されており，無人自動運転移動サービスを行う者には「運転者」に課されている道交法上の義務が直

ちには課されないことが明確化されています。

(iii) 自動車メーカー等の製造物責任

(a) PL法の概要

自動運転技術の発展に伴って，安全性が向上する一方，運転者が自動車の運転に関与する度合いが徐々に減少する結果，事故が発生すれば自動車自体が原因と疑われるケースが増える可能性があります。自動車自体の瑕疵に起因する交通事故が発生した場合には，自動車メーカー等の製造物責任が問題となります。

PL法では，被害者の保護を図るため，製造過程の詳細を知らない被害者にとって立証が困難な，製造業者等の「過失」の有無ではなく，製品の客観的性状である「欠陥」を要件とする，無過失責任を採用しています（**図表2-5-4**参照）。

図表2-5-4 〉 不法行為責任と製造物責任の比較

	不法行為責任（民法709条）	製造物責任（PL法3条）
責任要件	故意または過失	欠陥
責任	過失責任	無過失責任
位置づけ	一般法	特別法

(b) 製 造 物

製造物責任の対象である「製造物」とは，「製造又は加工された動産」のことをいいます（PL法2条1項）。この製造物といえるためには，有体物であることが必要であるとされています。

ソフトウェア自体は無体物であるため，製造物にはあたりませんが，ソフトウェアを組み込んだ部品または自動運転車については，製造物にあたります。したがって，自動運転システムのソフトウェアの不具合に起因する事故が発生し，ソフトウェアの不具合が当該部品または自動運転車自体の欠陥と解される場合には，部品メーカーまたは自動車メーカーに対して，製造物責任が認められる可能性があります[7]。

　制度整備大綱も，自動運転システムのソフトウェアの不具合が原因で事故が発生した場合には，PL法の現行法の解釈に基づき，自動運転車の車両としての欠陥と評価される限り，自動車メーカーが製造物責任を負うとしています。

　他方，ソフトウェア開発者は，被害者に対して製造物責任は負いません。もっとも，被害者に対する不法行為責任や，自動車メーカー等との契約の債務不履行責任を負う可能性はあります。

(c)　欠　　陥

■　欠陥の意義

　「欠陥」とは，当該製造物が通常有すべき安全性を欠いていることをいいます（PL法2条2項）。この欠陥の判断要素として，PL法2条2項は，当該製造物の特性，その通常予見される使用形態，その製造業者等が当該製造物を引き渡した時期その他の当該製造物に係る事情を挙げています。

　一般に，欠陥は，3つの種類に分類することができるとされています[8]。第1に，製造物が設計・仕様どおりに作られず安全性を欠く場合，すなわち製造上の欠陥です。第2に，製造物の設計段階で十分に安全性に配慮しなかったために，製造物が安全性に欠ける結果となった場合，すなわち設計上の欠陥です。第3に，有用性ないし効用との関係で除去しえない危険性が存在する製造物について，その危険性の発現による事故を消費者側で防止・回避する適切な情報を製造者に与えなかった場合，すなわち指示・警告上の欠陥です。

■　欠陥の判断要素

　自動運転システムのプログラムの欠陥の有無の判断が，どのような形でなされるべきかは，必ずしも自明ではありません[9]。たとえば，ある自動運転システムのプログラムが，人間の運転者では避けられない事故を9,999回防ぐことができる一方，人間が避けることのできる事故を1回防げないとした場合，このプログラムには欠陥があるといえるでしょうか。このプログラムは，事前的・平均的には，人間の運転者による運転よりも安全ではあるものの，人間が避けることのできる事故を起こした場合には，事後的・個別的に見ると，人間の運転者以下の運転しかできていないことになります。そうすると，人間の運転者の過失についてなされてきた判断手法と同様の手法でプログラムの欠陥の有無，すなわち安全性を判断するならば，上記の例では，欠陥があると判断さ

れることになりそうです。他方，このようなケースにおいて欠陥はなかったというためには，個別具体的な場面における平均的な運転者との比較をするのではなく，自動運転システムのプログラムを全体として見て平均的な運転者と比較することにより欠陥の有無を判断するという考え方をとる必要があるように思われますが，そのような考え方は，これまでにはなかった新たな考え方といえるでしょう。

　ここで，欠陥の有無の判断の1つの指標になると思われるものとして，安全技術ガイドラインにおける，自動運転車が満たすべき車両安全の定義が挙げられます。安全技術ガイドラインは，安全の定義として「許容不可能なリスクがないこと」，すなわち「設定されたODDの範囲内において，自動運転システムが引き起こす人身事故であって合理的に予見される防止可能な事故が生じないこと」と定義しています。安全技術ガイドラインは，自動車の安全性等の確保のため，国が定める最低限度の技術基準である保安基準の基礎となる考え方を示したものですので，この定義を満たしていなかったことで事故を引き起こした自動運転車に関しては，通常有すべき安全性を欠いている，すなわち，欠陥があると認められる可能性が高くなります。

　また，自動運転システムの導入により，実際に欠陥があったことを立証することも困難になると思われます。従来の自動車において，物理的な装置に何らかの欠陥がある場合，その欠陥がどこにあるのか，あるいはその原因は何であるのかといったことは，その事故状況の再現等を行うことにより，究明可能な場合が多かったと考えられます。しかし，自動運転に係る事故原因の究明において，自動運転システムがなぜそのような「判断」をしたのかなどの点は，開発者でなければわからない部分もあると考えられ，事故の原因究明[10]，ひいては欠陥の立証はより困難になると思われます。

　この点，走行中の自動車（自動運転車ではありません）のエンジンから発生した車両火災についての製造物責任訴訟に関する判決（大阪高判令3・4・28判時2517号23頁）では，製造物の欠陥の部位や態様等を特定した上で，事故が発生するに至った科学的機序まで主張立証する必要はないとし，被害者の主張・立証の負担を軽減しています。具体的には，被害者側が，車両の納車から事故の発生までの間，通常予想される形態で車両を使用しており，また，その

間の車両の点検整備にも，事故の原因となる程度のオイルの不足・劣化が生じるような不備がなかったことを主張・立証した場合には，車両に欠陥があったものと推定され，それ以上に，被害者側においてエンジンの中の欠陥の部位やその態様等を特定した上で，事故が発生するに至った科学的機序まで主張立証する必要はないと判断しています。

　この判断枠組みによれば，運転者による通常の用法に従った使用形態や点検整備状況と，自動運転中に事故が引き起こされたことが認定されれば，欠陥が事実上推定されるとも考えられます。しかし，そもそも自動運転車といえども全ての事故を防止できるわけではない以上，自動運転システムにより回避すべき事故であったかが重要な争点となり，被害者はこの点を立証しなければならない結果，欠陥を立証することは困難であるとする考えも存在します[11]。

　■　指示・警告上の欠陥

　また，第3の指示・警告上の欠陥について，制度整備大綱は，自動運転車の使用方法やリスクについて消費者が正しく理解するために，自動運転車には使用上の指示・警告が求められるとした上で，使用上の指示・警告と欠陥の関係については，技術的動向を踏まえた継続検討課題としています。たとえば，マニュアル等における注意書きの記載や，販売店における説明は，欠陥の有無の判断に影響を与えると考えられます。

　制度整備大綱において継続検討課題とされたことを踏まえ，この点につき2020年度「高度な自動走行・MaaS等の社会実装に向けた研究開発・実証事業：自動走行の民事上の責任及び社会受容性に関する研究」において検討が行われました。同報告書[12]によると，自動運転車は，同一レベルに属するものであっても自動運転の機能および性能に相違があることから，指示・警告を行うにあたっては，当該自動運転車について事前の知識が必ずしもない購入者または利用者を想定する必要があるとされています。また，自動車一般の性質として，メンテナンスの不実施による事故の発生の危険性をユーザーに対して適切に伝達するとともに，自動運転車はレベルごとに適正条件下で走行することが想定されており，ユーザーが適正条件を逸脱して自動運転車を使用することがないように注意喚起し，自動運転システムへの過度な依存による事故等の発生の危険性を利用者に適切に伝達すべきとされています。その上で，販売する自

動運転車の自動運転レベルに応じて，一般的に以下の事項についてユーザーが理解できるような説明を行うことが望ましいとされています。

| 図表 2 - 5 - 5 | 自動運転のレベルごとに行うことが望ましい指示・警告の内容 |

自動運転車の種別	指示・警告の内容
レベル 2 のオーナーカー	・ユーザーに常に道交法上の安全運転義務があること，および車両法上の車両の正しいメンテナンス義務があること ・各システムに過度に頼ったり，安全確認を委ねたりするような運転をすると思わぬ事故につながり，重大な障害・死亡につながる場合があること ・個別車種のシステムの特性と，その安全な使用に必要な使用上の注意　等
レベル 3 のオーナーカー	・ユーザーには道交法上の安全運転義務があること，および車両法上の車両の正しいメンテナンスの義務があること ・個別車種の自動運転が可能な条件（ODD）と，それに伴う対応事項 ・ODD から外れた場合には，警告によってすぐに運転の引き継ぎが求められること　等
レベル 4 のサービスカー	・ODD の内容（場所，速度，天候等の条件）に沿った走行ルート・運行環境で当該車両が利用されるよう設定され，常にその状態が確認されるべきこと ・ODD から外れる場合には，自動運転が停止することおよびその場合の車両の状態 ・自動運転が停止した場合の，乗客の誘導を含む必要な対応をサービス提供事業者において事前に準備すること ・車両の能力・性能を前提にして，走行中の安全確保のため，乗務員が順守すべき事項および乗客が順守すべき事項 ・必要なメンテナンス内容

出所：高度な自動走行・MaaS 等の社会実装に向けた研究開発・実証事業「自動走行の民事上の責任及び社会受容性に関する研究　報告書　2021 年 3 月」25～28頁

(d)　欠陥の判断時期

　欠陥の判断時期は，製造業者等が当該製造物を引き渡した時点で，この時点の社会通念に照らし，欠陥と判断されるような性状が製造物に存在したか否かにより欠陥の有無が判断されます[13]。製造業者等は，製造物を他人に引き渡すところまで責任を負うためです。

　ところが，自動運転車の場合には，販売後に自動運転システムのソフトウェアをアップデートする場合が当然に想定されるので，欠陥の判断時期をいかに解すべきかが問題となります。この点について，制度整備大綱は，自動運転車の車両としての欠陥については，現行の製造物責任の理解を前提に，引き渡した時点を基準としつつ，ソフトウェアのアップデートの問題については，技術的動向を踏まえた継続検討課題としています。

　必要なハードウェアをあらかじめ搭載して発売し，発売後，より高度なレベルの自動運転のために必要なソフトウェアが完成した段階でソフトウェアをアップデートして，より高度なレベルの自動運転機能を追加することも想定されます。このような場合には，下記6(4)(iv)(b)のとおり，車両法改正により，特定改造等として保安基準適合性の確認を受けて，国土交通大臣の許可を得ることが必要となりました。

　もっとも，現在のPL法は，製造物を引き渡した時点で欠陥の有無を判断することと定めています。もし，ソフトウェアのアップデートがDVDなどの動産ではなくオンラインなどを介してなされれば，アップデート時点で実際に引き渡された製造物（動産）はないことから，アップデート時において製造物責任における欠陥の有無を判断するとするのは解釈上難しいと思われます（なお，アップデート時で欠陥の有無を判断すべきとする見解もあります[14]）。ただし，アップデートしたソフトウェアの問題により事故が起きた場合，製造者が，製造物責任以外の責任（契約上の債務不履行責任や不法行為責任）を問われる可能性は十分あります。

(iv)　具体的な検討

　ここでは，自動運転車による事故の責任主体や事例ごとに，若干の検討をしています。

(a)　自動車メーカーの責任

　自動運転車が事故を引き起こした場合，自動運転車を製造した自動車メーカーは，被害者から製造物責任を問われる可能性がありますが，上記(iii)(c)のとおり，当該自動運転車に「欠陥」があるか否かを判断することは容易ではありません。なお，PL法2条3項1号は，輸入業者も製造業者にあたるとしてい

るので，自動運転車の輸入業者も，同様の責任を問われる可能性があります。

(b)　販売店の責任

　自動運転システムが正常に動作しなかった場合，自動運転車の販売店は，自動運転車の売買契約の内容に適合しない目的物が給付されたということを理由に，買主から債務不履行責任を追及される可能性があります。この売買契約の目的物は，「正常に動作する自動運転システムを搭載した自動運転車」であると考えられますが，実際に給付されたものは「正常に動作する自動運転システムを搭載していない自動運転車」ということになるので，販売店は，契約に適合した目的物を給付したとはいえません。ただし，自動運転中に事故が発生した場合でも，直ちには自動運転システムが正常に動作しなかったといえない点については，上記(iii)(c)の「欠陥」の有無と同様といえます。

(c)　ソフトウェアの不具合による事故

　上記(iii)(b)のとおり，事故の原因が自動運転システムのソフトウェアの不具合にあり，自動運転車の車両としての欠陥と評価される場合には，自動車メーカーが第一次的に製造物責任を負います。

　また，ソフトウェアが組み込まれた部品メーカーも同様に被害者に対して製造物責任を負うとともに，自動車メーカーとの間の請負契約等の債務不履行責任も負う可能性があります。

　さらに，ソフトウェアの開発者は，被害者に対する不法行為責任に加え，自動車メーカーや部品メーカーとの間のソフトウェア開発の請負契約等の債務不履行責任を負う可能性があります。債務不履行責任については，契約内容によりその責任範囲が決められることになりますが，一義的には責任範囲が明確でない事態や，そもそも事故の原因の所在が明らかにならない事態も考えられます。

　また，ネットワークに接続されたソフトウェアは，アップデートによって，随時バグを解消することが一般的です。そのため，ソフトウェアを提供する者は，当該アップデートによって責任を免れることができる可能性がある一方，バグ等のリスクを認識しながらアップデートによるリスクの解消を怠っていれば，その不作為自体が責任の原因となる可能性があります[15]。この点に関連して，制度整備小委員会報告書は，自動車メーカー等が，使用者の権利・利益に

も配慮しつつ，ソフトウェアのアップデートを強制的に行うことを含めて，安全性確保に必要な措置を講じるべきことを指摘しています。その上で，自動車メーカー等は，ソフトウェアの強制的なアップデートの可能性があることについて，自動車の売買契約やソフトウェアの利用許諾契約の締結の機会等を捉え，あらかじめ使用者の同意を得ておくこととしています。もし，強制的なアップデートができなかった結果，事故が発生した場合には，事情によっては自動車メーカー等が責任を負う可能性は否定できません。

(d)　外部データの誤りによる事故

■　外部データ提供者の責任

自動運転システムに提供される外部データ（測位衛星の発する測位用の信号，地図情報，気象情報等）に誤りがあり，これが事故の原因となった場合に，当該外部データを提供した者はいかなる責任を負うのでしょうか。具体的な事例としては，自動運転システムが自動車の現在地を測位衛星によって認識していたところ，測位衛星が発する信号に誤りが発生しており，自車の位置を誤認した結果，急ブレーキが踏まれ，後続車に追突されたケースなどが考えられます。

我が国には，外部データのような情報の提供者の責任について定めた特別な法律はありません。そのため，このような場合には，一般的な不法行為責任や債務不履行責任が問題となります。不法行為責任については，被害者から外部データ提供者に対して，不法行為責任を追及されることが考えられますが，外部データ提供者の責任の有無は，その情報の生成に際して加えられた加工の程度と，情報と利用行為との直接性を基準として判断されます[16]。債務不履行責任については，①自動車メーカーから，当該自動車メーカーと外部データ提供者の間の契約の債務不履行を原因として，損害賠償責任を追及される場合と，②ユーザー（所有者等）から，当該ユーザーと外部データ提供者の間の契約の債務不履行を原因として，損害賠償責任を追及される場合とが考えられます。いずれの場合も，契約の中でどの程度のデータの正確性を保証しているか等，契約の内容により，責任の有無が判断されることになります。

■　自動車メーカーの責任

外部データに誤りがあったことで，自動運転システムが誤った判断を行い，結果として事故が発生した場合に，その自動車に欠陥があったといえるかが問

題となります。この点について，研究会報告書は，自賠法の免責要件の1つである「構造上の欠陥又は機能の障害」がなかったことの検討の中で，自動運転システムは，外部データの誤りや通信遮断等の事態をあらかじめ想定した上で，仮にこれらの事態が発生したとしても自動車が安全に運行できるように構築されるべきであるとしています。そして，このような安全性を確保できていない自動運転システムを搭載した自動運転車については，「構造上の欠陥又は機能の障害」があるとされる可能性があると指摘しています。この場合には，第一次的には運行供用者が責任を負いますが，その後，自賠責保険の保険金を支払った保険会社が，自動車メーカーに対してPL法に基づき求償することになります。

　なお，上記のとおり，研究会報告書は，通信遮断による事故についても同様の枠組みの整理をしています。

(e) ハッキングによる事故

　自動運転車の場合，自動運転システムに対して，ハッキングがなされる可能性があります。この点について，研究会報告書では，自動運転車に対してハッキングが行われ，保有者とは全く無関係な第三者が保有者に無断で自動車を操縦する等の事態が発生した場合には，原則として保有者の運行支配および運行利益が失われるため，保有者と全く無関係な第三者が自動車を窃取して起こした盗難車による事故の場合と同様に，保有者には運行供用者責任は発生しないと指摘しています。そして，この場合の被害者への損害のてん補については，自賠責保険で対応するのではなく，盗難車による事故と同様に，政府保障事業[17]（自賠法72条1項2号）において対応するとしています。他方で，自動車の保有者等に，必要なセキュリティ上の対策を講じていなかったなどの保守点検義務違反が認められる場合には，保有者等の運行供用者責任が認められることになる可能性があると指摘しています。

(v) 自動運転車に関する任意保険

　上記(iv)のとおり，自動運転車による事故は，従来の交通事故に比べて関係者が増えることなども相まって，責任関係は複雑化することが予想され，これに伴って事件解決のプロセスに大きな影響があります[18]。たとえば，周囲を監視

しなくてもよいこととなる自動運転中の運転者から証言が得られずに，紛争解決に時間がかかるケース，最終的な事故原因を特定できない場合や，ハッキングによる事故であることは判明したがハッカーの所在がわからない場合に最終的な責任負担者に損害賠償請求をすることが困難になるケースも考えられます。

　こうした影響等も踏まえ，自動運転車に対応した保険の開発も進められています。

　2016年6月，損保ジャパン日本興亜（現：損保ジャパン）は，「自動運転専用保険（実証実験向けオーダーメイド型）」を商品として開発しました[19]。これは，運行リスク，破損・故障リスク，サイバーリスク，GPS誤作動リスク等の各リスクについて，顧客のニーズに合わせた設計を行えるという点が特徴的な商品です。

　また，2016年11月，東京海上日動火災保険は，自動運転車向けに「被害者救済費用等補償特約」を商品として開発しました[20]。これは，自動車の欠陥・第三者による不正アクセス等による事故において，被保険者に損害賠償責任がないことが認められた場合に，被害者に生じた損害を被保険者が負担するために支出する費用を補償するという商品で，人身傷害保険を除く任意保険に追加保険料なしで付帯されます。その後，損保ジャパン，三井住友海上火災保険およびあいおいニッセイ同和損害保険等も，同様の商品を発売しています。

　さらに，損保ジャパンは，2020年6月に，自動運転実証中に事故が発生した場合における事業者間での過失割合の協議を不要とするため，従来の自動車保険における対人・対物賠償の被保険者に含まれていない「被保険自動車に自動運転の技術を提供する車両開発事業者」を被保険者に加える自動運転車両開発事業者等被保険者追加特約を開発しました[21]。2022年10月には，東京海上日動火災保険も同様の保険の提供を開始し，本田技研工業が宇都宮市・芳賀町で行っている自動運転技術実証実験に提供しています[22]。

　また，損保ジャパンは，2022年2月に，レベル4以上に対応した「自動運転システム提供者専用保険」を商品として開発しました。これは，自動運転導入事業者が事業に活用する自動運転車に対して，自動運転システム提供者が保険を付保する，国内初の方式となります。まずは，自動運転システム開発企業である「ティアフォー」に提供して検証し，将来的には多方面の展開を目指すと

しています[23]。

　今後，自動運転技術が発展を遂げるにつれて，こうした新たな保険商品が開発されていくことが見込まれます。

(3)　自動運転車による事故の刑事責任

　以下では，自動運転車による事故の刑事責任について，レベルごとに検討をしています。

(i)　運転者の責任

(a)　レベル0から2までの場合

　レベル0から2までにおいては，安全運転に係る監視・対応主体が運転者であるため，現行法の整理が妥当することになります。すなわち，従来と同様に，運転者が刑事責任を負うことになります。

　もっとも，前方に障害物等がないにもかかわらず，突然，衝突被害軽減ブレーキが作動し，急停車したため追突されて後続車の運転者が死傷した，といったケースでは，このような急制動が予見できず，また，運転者が対応して事故を回避できる可能性もなかったのであれば，結果予見可能性も結果回避可能性もないため，運転者に過失は認められないと考えられます。

(b)　レベル3の場合

　レベル3では，基本的には自動運転システムが安全運転に係る監視・対応主体ではありますが，システムの作動継続が困難な場合には，運転者に対して介入要求を出し，運転者が適切に応答することが求められます。そのため，運転者による応答後は，原則としてレベル0から2までの自動車と変わらないことになります。

　まず，運転者がレベル3の自動運転中に，自動運転システムの不具合等を発見したにもかかわらず，事故を回避する行動をとらなかった結果，事故が発生した場合には，物損につき器物損壊罪（刑法261条），人の死傷につき殺人罪（刑法199条）や傷害罪（刑法204条）等の故意犯が成立し得ます[24]。自動運転システムの不具合に気が付いた後に，その自動運転車を止めることができるのは，その運転者のみであり，オーバーライドする等により自動運転車を停止させるこ

とが可能かつ容易であるといった事情があれば，故意に自動車を停止させな
かったことにより事故が起こったとして，これらの故意犯の不作為犯が成立し
得ます[25]。

　このような故意犯でない場合には，人の死傷につき，過失運転致死傷罪（自
動車運転死傷処罰法5条）が成立し得ます。この罪の適用にあたっては，運転
者が「自動車の運転上必要な注意を怠り，よって人を死傷させた」かが問題と
なりますが，これはすなわち運転者の行為に過失があるといえるかという問題
です。

　過失の意義については，一般的には注意義務違反であると解されており[26]，
この注意義務は，結果予見義務と結果回避義務に分けられます。つまり，結果
予見義務を怠った場合か，結果予見義務は尽くしたけれども結果回避義務を
怠ったために結果を生じさせた場合に，その者の行為に過失が認められること
になります。過失運転致死傷罪では，自動車を運転するにあたって必要とされ
る結果予見義務を怠った場合，または，運転にあたり必要な結果予見義務は尽
くしたが（結果は予見したが）結果回避義務を怠った（結果を回避しなかった）
場合に，過失が認められることになります[27]。

　それでは，具体的にどのようなケースでこの過失が認められるのでしょうか。
過失の有無は個々の事案ごとの判断になりますが，その事故発生時の具体的状
況や，自動運転システムの性能・状態等の事情を考慮して判断されることにな
ります[28]。

　たとえば，自動運転システムを使用した走行中に，使用者が事故に至る可能
性のある自動運転システムの不具合等に気付き，事故に至る可能性を予見すべ
きであったのに予見をせず，自動運転システムを停止しなかったために事故が
発生したような場合には，使用者が不安定な走行や異音といった自動運転シス
テムの不具合や異変に気付くことができたか，自動運転車の機能限界やシステ
ムについてどのような情報に基づいて理解をしていたか，といった事情も考慮
することになります[29]。

　また，介入要求に対して適時に応答したものの，既に危険が差し迫っていた
ために応答直後に事故が発生した場合，結果回避可能性がないため，結果回避
義務が否定され，過失が認められないケースもあると考えられます。

　他方で，介入要求に応じることができたにもかかわらず，これに応じなかった結果，事故が発生した場合には，過失が認められるケースも少なくないものと考えられます。介入要求に対しては，運転者は，①確実に気付くことができ，②気付いた場合に，走行環境条件外になった時点以降，間髪を置かずにハンドル等を適切に操作することができる状態にあり，③実際に使用条件外となった時点以降，直ちに運転操作を行う必要があります[30]。たとえば，介入要求に気付いたが，そのまま読書を続け，運転者自身による運転を再開しなかったため事故が発生したような場合や，介入要求が音，光，振動等により適切になされ，通常であれば気付くことが可能であったにもかかわらず，非常に集中して読書をしていたため気が付かなかったような場合には，過失が認められるケースもあると考えられます。

(c)　レベル4以上の場合

　レベル4以上では，使用者は安全運転に係る監視・対応主体ではなく，また，レベル3以下とは異なり，運転に関与することも，介入要求に応じることも想定されていません。そのため，使用者に点検整備義務違反がある場合や，自動運転システムの不具合に気が付いており，かつ，事故の回避が可能であったといった事情がない限りは，使用者に過失を認めることはできず，事故の結果について刑事責任を使用者に負わせることはできないと考えられます。

　無人自動運転移動サービス（レベル4）では，特定自動運行主任者を遠隔に配置し，または車内に乗車させ，この者が特定自動運行が終了した場合の措置等を講じることが想定されています（上記4(4)(ii)(d)）。たとえば，高速自動車国道等において特定自動運行が終了した場合において，当該自動車を運転し，または運転させることができないときは，特定自動運行主任者は，一定の表示装置を作動させ当該自動車が停止していることを表示するとともに（改正道交法75条の24，75条の11第1項），速やかに当該自動車を移動させる必要があります（改正道交法75条の24，75条の11第2項）。特定自動運行主任者がこれらの義務に違反した結果，交通事故に繋がったような場合にも，刑事責任が認められるケースはあり得ると考えられます。

(ii)　自動運転車のメーカー等の責任

(a)　レベル4未満の場合

　自動運転システムに欠陥があり，これにより事故が発生した場合には，そのような欠陥のあるシステムを搭載した自動運転車のメーカーや販売業者の構成員（役員や従業員）が，システムの開発や製造上の瑕疵，販売時の説明不足などについて，個人として，業務上過失致死傷等罪（刑法211条）の責任を問われる可能性があります。自動運転システムに欠陥があった以上，本来的には製造・販売主体であるメーカーや販売業者といった企業が責任を問われてしかるべきとも思われますが，理論上は職責や権限等に照らし，個人として刑事責任があるかが判断されることとなります。

　メーカーの過失の有無を検討するにあたっては，自動運転中に発生した事故の結果を回避できない危険性が相当に高いことが予見可能で，ひいては，結果発生を予見し得たかが確認されなければなりません。つまり，その結果を回避するために，乗員による対処を超えて，メーカーとしてその車両による事故の防止に向けた施策を行うことで，結果発生を回避することができたのか，ということが検討されることになります。この種の類型を検討するにあたっては，薬害エイズ事件厚生省ルートに関する小法廷決定（最決平20・3・3刑集62巻4号567頁）や三菱自工車両車輪脱落事件に関する小法廷判決（最決平24・2・8刑集66巻4号200頁）などの事例が参考になります[31]。両者には，同種被害が生じる客観的危険性の高さのほか，結果回避措置の履行可能性の程度や代替性の欠如の点などを考慮しているという共通項が見出し得るとの指摘があり[32]，自動運転車のメーカーの過失責任を検討するにあたっても，このような事情に着目すべきであると考えられます。

　また，組織に属する個人の注意義務を認定するにあたっては，まず組織自体に結果回避義務としての注意義務および不作為を観念した上，それに属する個人につき，その権限や立場等に照らして同様の評価が可能かどうかという観点から注意義務および過失を認定する手法がとられることもあります[33]。

　もっとも，交通事故は，メーカーによる自動車の製造とは離れて，周囲の歩行者・自動車や道路環境等の影響を受けて個別に生じるものです。過去の事例

等に照らしても，メーカーの役職員やメーカーに対して，事故の結果に対する
具体的予見可能性や回避可能性を認め，過失責任を負わせることは容易ではな
いと思われます。上記の三菱自工車両車輪脱落事件においては，ハブの強度不
足のおそれが客観的に相当強く認められたこと，それを放置した場合に交通関
係者等にもたらす危険性が重大なものであり，かつ，多発性も予測できたこと，
リコール等の改善措置を講じることによって事故の発生を予防することに何ら
支障が見当たらなかったこと，事故関係の情報を一手に把握していたこと等の
事実を指摘した上で，注意義務を認定しており[34]，自動運転システムの欠陥に
ついても，単に欠陥により事故が生じたという以上に，このような重大な危険
を放置したといった事情が過失責任を認めるためには必要となってくるものと
思われます。

(b) レベル4以上の場合

　基本的にはレベル4未満と同じ考え方です。レベル4以上の場合，自動車事
故の原因が自動運転システムの欠陥に求められる場合がより多くなるという意
味では，メーカー等の責任が問われる可能性が高くなるともいえます。もっと
も，レベル4以上の場合には，自動運転システムに学習機能が備わっているこ
とが多いため，自動運転システムが自律的判断を行う可能性が高まっています。
そのため，自動運転車の背後にいるメーカーにも事故発生を防止できず，この
ようなメーカーに対する刑事責任の追及が容易ではない場面も増えてくるもの
と考えられます。

　そもそも，複雑な自動運転車の開発において，組織の指示や任務分担に則っ
て行われた個々の開発の担当者のみに責任を負わせることが適当なのか疑問も
あります。警察庁報告書（道交法関係）は，むしろ，このような自動運転車の
特性を踏まえると，実用化に際しては，法人の刑事責任を問うことができない
かも含め検討が必要であろうとしていますが，これは今後の立法を待つ必要が
あると思われます。

＊　　　＊　　　＊

1　国土交通省自動車局保障制度参事官室監修『逐条解説　自動車損害賠償保障法（新版）』
　（ぎょうせい，2012）32頁。

2　国土交通省自動車局「自動運転における損害賠償責任に関する研究会報告書」。

3　同研究会においては，運行支配について，必ずしも物理的な支配は必要ではないのではないか等の意見が示された（研究会報告書10頁）。

4　ロードマップ2021・8頁。

5　奥田哲也（国土交通省自動車局長）の発言。「第198回国会参議院国土交通委員会会議録第12号」（2019年5月16日）7頁。

6　最判昭37・12・14民集16巻12号2407頁，最判昭42・9・29判時497号41頁。

7　消費者庁消費者安全課編『逐条解説　製造物責任法（第2版）』（商事法務，2018）50頁参照。

8　前掲注（7）58頁。

9　藤田友敬「自動運転と運行供用者の責任」藤田友敬編『自動運転と法』（有斐閣，2018）139頁。

10　たとえば，警察庁報告書（道交法関係）19頁，50頁など。

11　藤田友敬「自動運転をめぐる民事責任法制の将来像」前掲注（9）279頁。

12　高度な自動走行・MaaS等の社会実装に向けた研究開発・実証事業「自動走行の民事上の責任及び社会受容性に関する研究　報告書　2021年3月」23～24頁。

13　前掲注（7）59頁。

14　浦川道太郎「自動走行と民事責任」NBL1099号35頁。

15　小塚荘一郎「自動車のソフトウェア化と民事責任」前掲注（9）227頁。

16　小塚荘一郎「情報提供事業者の責任」山下友信編『高度道路交通システム（ITS）と法』（有斐閣，2005）201頁。

17　ひき逃げ事故ならびに無保険車および盗難車による事故等の被害者に対する損害のてん補を，自動車損害賠償保障事業賦課金を財源として，国土交通大臣が管掌して行う政府による自動車損害賠償保障事業のこと。

18　池田裕輔「自動運転と保険」前掲注（9）255頁。

19　損保ジャパン日本興亜「『自動運転専用保険（実証実験向けオーダーメイド型）』の開発」（2016年6月28日）（https://www.sjnk.co.jp/~/media/SJNK/files/news/2016/20160628_1.pdf）。

20　東京海上日動火災保険「自動車保険「被害者救済費用等補償特約」の開発」（2016年11月8日）（https://www.tokiomarine-nichido.co.jp/company/release/pdf/161108_02_.pdf）。

21　先進モビリティ株式会社，損保ジャパン，三菱オートリース株式会社，株式会社ビコー「自動運転車の導入を支援するソリューションの共同開発について」（2020年6月18日）（https://www.sompo-japan.co.jp/~/media/SJNK/files/news/2020/20200618_1.pdf）。

22　東京海上日動火災保険・東京海上ディーアール株式会社「自動運転関連事業者向けリスクマップを活用したリスクコンサルティングサービスと専用特約の提供開始」（2022年10月25日）（https://www.tokiomarine-nichido.co.jp/company/release/pdf/221025_01.pdf）。

23　損害保険ジャパン，株式会社ティアフォー，アイサンテクノロジー株式会社「【国内初】レベル4　自動運転サービス向け「自動運転システム提供者専用保険」の開発　～サブスクリプション型自動運転導入サービスに組み込まれ安心・安全を提供～」（2022年2月4日）（https://www.sompo-japan.co.jp/-/media/SJNK/files/news/2021/20220204_1.

pdf?la＝ja-JP）。

24　今井猛嘉「自動車の自動運転と刑事実体法─その序論的考察」山口厚ほか編『西田典之先生献呈論文集』（有斐閣，2017）522頁。

25　今井猛嘉「自動運転，AI と刑法：その素描」高橋則夫ほか編『日髙義博先生古稀祝賀論文集　上巻』（成文堂，2018）355〜356頁。

26　和田雅樹「第28章　過失傷害の罪」大塚仁ほか編『大コンメンタール刑法　第11巻〔第209条〜第229条〕（第 3 版）』（青林書院，2014） 4 頁。

27　富松茂大『自動車事故の過失認定』（立花書房，2015） 3 頁。

28　保坂和人（法務大臣官房審議官）の発言。「第198回国会参議院内閣委員会会議録第 8 号」（2019年 4 月11日） 9 頁。

29　前掲注（25）357頁〔今井〕。

30　北村博文（警察庁交通局長）の発言。前掲注（28） 6 頁。

31　そのほかの裁判例として，湯沸器不完全燃焼事件第 1 審判決（東京地判平22・ 5 ・11判タ1328号241頁）等。

32　矢野直邦「判解」最判解刑事篇平成24年度73頁。

33　前掲注（32）75〜76頁。

34　前掲注（32）75頁。

6 自動運転車の安全確保に関する考え方

(1) 車両法による安全性の確保

(i) 車両法による自動車の安全確保の概要

　車両法では，自動車は，その構造，装置および性能について，国土交通省令で定める保安上または公害防止その他の環境保全上の技術基準に適合するものでなければ，運行の用に供してはならないとされています（車両法40条〜42条）。このような技術基準は「道路運送車両の保安基準」という省令において定められており，その詳細について定めた細目告示（道路運送車両の保安基準の細目を定める告示）などと合わせて，一般に「保安基準」と呼ばれています。保安基準は，自動車の安全性等の確保のため，その構造，装置および性能について，国が定める最低限度の技術基準であるということができます。

　そして，車両法は，自動車のライフサイクル（設計・製造過程および使用過程）全体にわたり，自動車が，保安基準に適合していることを担保するために，**図表2-6-1**のとおり，設計・製造過程（型式認証）および使用過程（点検・

図表2-6-1	自動車のライフサイクル全体にわたる保安基準適合性の担保

設計・製造過程		使用過程		
保安基準 （第40条〜 第42条・第46条）	認証（型式指定） （第75条） ※大量生産される自動車の場合	点検・整備 （第47条〜第48条）	検査 （第58条〜第63条）	リコール （第63条の2・ 第63条の3）
・保安基準の策定 ・国際基準調和の推進	・型式の保安基準適合性の確認 ・完成検査	・使用時の保安基準適合性の維持 ・日常点検整備・定期点検整備 ・整備命令の発令	・国による使用過程車の定期的な保安基準適合性の確認	・設計・製造に起因する不具合の市場改修

出所：国土交通省自動車局「自動車の安全確保に係る制度及び自動運転技術等の動向について」

整備，検査およびリコール）の各過程において，保安基準適合性を担保し，自動車の安全性等を確保することとしています。

以下，保安基準および保安基準適合性の確認のための制度（型式認証，点検・整備，検査およびリコール）を，自動運転等の安全な実用化のために車両法が改正された事項を中心に見ていきます。

(ii) 保安基準

(a) 保安基準の概要

上記(i)のとおり，保安基準は，自動車の安全性の確保等のための最低限の技術基準であり（車両法40条〜42条，および46条），「道路運送車両の保安基準」や

図表2-6-2　保安基準の概要

自動車の構造に関する保安基準の項目（第40条）

- 長さ，幅及び高さ
- 最低地上高
- 車両総重量
- 車輪にかかる荷重
- 車輪にかかる荷重の車両重量に対する割合
- 車輪にかかる荷重の車両総重量に対する割合
- 最大安定傾斜角度
- 最小回転半径
- 接地部及び接地圧

自動車の装置に関する保安基準の項目（第41条）

- 原動機及び動力伝達装置
- 車輪及び車軸，そりその他の走行装置
- 操縦装置
- 制動装置
- ばねその他の緩衝装置
- 燃料装置及び電気装置
- 車枠及び車体
- 連結装置
- 乗車装置及び物品積載装置
- 前面ガラスその他の窓ガラス
- 消音器その他の騒音防止装置
- ばい煙，悪臭のあるガス，有毒なガス等の発散防止装置
- 前照灯，番号灯，尾灯，制動灯，車幅灯その他の灯火装置及び反射器
- 警音器その他の警報装置
- 方向指示器その他の指示装置
- 後写鏡，窓ふき器その他の視野を確保する装置
- 速度計，走行距離計その他の計器
- 消火器その他の防火装置
- 内圧容器及びその附属装置
- 特定自動運行装置
- その他政令で定める特に必要な自動車の装置

自動車の性能に関する保安基準の項目（第42条）

- 乗車定員
- 最大積載量

出所：国土交通省自動車局「自動車の安全確保に係る制度及び自動運転技術等の動向について」をもとに筆者ら作成

「道路運送車両の保安基準の細目を定める告示」等に規定されています。

(b)　保安基準の国際調和

　自動車の安全基準等については，自動車の安全・環境基準を国際的に調和し，自動車の安全性等を確保することや，政府による自動車の認証の国際的な相互承認を推進することを目的に，日本のほか，欧州各国，EU，米国，カナダ，中国等の国および地域ならびに関係する非政府機関[1]が参加するWP.29において議論されています。

　このWP.29においては，①「車両並びに車両への取付け又は車両における使用が可能な装置及び部品に係る統一的な技術上の要件の採択並びにこれらの要件に基づいて行われる認定の相互承認のための条件に関する協定」（以下「1958年協定」といいます），および②「車両並びに車両への取付け又は車両における使用が可能な装置及び部品に係る世界技術規則の作成に関する協定」（以下「1998年協定」といいます）の各協定に基づく規則の制定・改正作業を行うとともに，それぞれの協定の管理・運営を行っています。

　そして，WP.29において議論され1958年協定に基づく規則（以下「協定規則」といいます）が新たな国際基準として策定され，または既に採用している協定規則が改定された場合，各国はこれを採用するかどうかを個別に判断して，採用する場合は各国の国内法の形で取り入れることとなります。日本では，協定規則を採用する場合，協定規則に対応する形で保安基準が制定・改定されます。

　2023年9月現在，①1958年協定に基づいて乗用車の制動装置，警音器等167項目の協定規則（UN Regulation）が，②1998年協定に基づいて24項目の世界統一技術規則（UNGTR）が，それぞれ制定されていますが，日本では，①のうち100個が保安基準として採用されています。

　たとえば，自動運転関係では，2022年6月にWP.29において高速道路等における運行時に車両を車線内に保持する機能を有する自動運行装置に関する国際基準（UNR157）が改正されたことに伴い，下記(2)(iii)(e)のとおり，日本はこの基準を採用し，導入するために保安基準を改正しています（2023年1月4日公布および施行）。

(iii)　型式認証制度

(a)　型式認証制度の概要

自動車の保安基準適合性を事前に確認するための型式認証制度としては，同一モデルが大量生産される乗用車に主に利用される型式指定制度のほかに，仕様が多様な大型トラック，バスに主に利用される新型届出制度等が存在します。以下では型式指定制度について見ていきます。

(b)　型式指定制度の目的

自動車は，自動車登録ファイルに登録を受けたものでなければ運行の用に供してはならないとされ（車両法4条），また，登録を受けていない自動車を運行の用に供するためには，当該自動車の使用者は，当該自動車を提示して，国土交通大臣の行う新規検査を受けなければならないとされています（同法59条1項および2項）。そのため，登録を受けていない自動車を運行の用に供するためには，新規検査時に，当該自動車（現車）を提示し，保安基準適合性の検査を受けなければならないのが原則です（同法59条および60条）。

ただし，大量生産される自動車について，新規検査の合理化やユーザー負担の軽減等の観点から，車両法は，型式ごとに自動車の保安基準適合性を審査するとともに，自動車メーカーの品質管理体制を確認した上で，新規検査時の現車提示を省略することができる型式指定制度を定めています（同法75条）。

(c)　（自動車の）型式指定制度の概要

自動車の型式指定制度の概要は**図表2-6-3**のとおりです。

国土交通大臣は，自動車の構造，装置および性能を記載した書面等の提出書面および提示を受けたサンプル車を審査し，提示された自動車の構造，装置および性能が保安基準に適合し，かつ，当該自動車が均一性を有するものであるか（すなわち，当該自動車が均一に製作されるよう品質管理が行われているか）について判定し，自動車の型式指定を行います（車両法75条3項および自動車型式指定規則3条の3第1号および2号）。なお，型式指定を受けた装置は，保安基準に適合しているとみなされます（車両法75条3項後段）。

型式指定の申請をした者は，型式指定を受けた自動車を生産し，譲渡する場合には，当該自動車の構造，装置および性能が保安基準に適合しているかどうかを検査し（以下「完成検査」といいます），適合すると認めるときは，完成

図表2-6-3 型式指定制度の概要

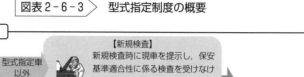

出所：国土交通省自動車局「自動車の安全確保に係る制度及び自動運転技術等の動向について」

検査終了証を，譲受人に発行します（車両法75条4項）。

型式指定を受けた自動車については，国土交通大臣が行う新規検査に際して，型式指定の申請をした者が発行する完成検査終了証を提出することにより，自動車（現車）の提示が省略されます（車両法59条1項および同条4項，7条3項2号）。

(d) 型式認定の国際調和

■ 1958年協定

1958年協定により，自動車の装置等の型式認定の相互承認が推進されています。

1958年協定を締約している他の国において，日本が採用済の協定規則に基づいて認定を受けた装置については，保安基準に適合しているとみなされ（車両法75条の3第8項，装置型式指定規則（平成10年運輸省令第66号）5条），日本において保安基準適合性審査が不要とされています。

■　IWVTA

1958年協定に基づく自動車の装置等の型式認定の相互承認制度を発展する形で，国際的な車両認証制度（International Whole Vehicle Type Approval：IWVTA）が2018年7月に発効しています。

IWVTAは，1958年協定において「装置単位」で行われていた相互承認を，新たに車両の基本的な構造の安全・環境性能を確保する「車両単位」へ発展させる制度であり，自動車の各国間での認可手続の共通化・簡素化を図ることを目的としています。これにより，他のIWVTA締約国（欧州を中心とした56カ国・1地域）での車両認証の際に，IWVTAに基づく認定証により，当該締約国における審査を省略することができます。そのため，自動車メーカーとしては，それらの国・地域での販売・流通が容易になり，国際競争力の強化が図られることが期待されています。

国土交通省は，2019年12月11日，トヨタ自動車株式会社から申請のあった車両（トヨタ・ヤリス）に対して，世界で初めて，IWVTAに基づく認定証を発行しました[2]。

(iv)　点検・整備制度

(a)　点検・整備制度の概要

自動車の使用者は，自動車の点検・整備をすることにより，当該自動車を保安基準に適合するように維持する義務を負う（車両法47条）とともに，日常点検整備（車両法47条の2）および定期点検整備（車両法48条）を行わなければなりません。このように，点検・整備制度は，使用過程において保安基準適合性を確認し，維持することによって，自動車の安全性を確保するための制度です。

自動車メーカー等は，その他点検整備（日常点検整備・定期点検整備を除く点検整備をいいます）に必要な技術上の情報を使用者に提供する努力義務を負います（車両法57条の2第2項）。

また，自動車メーカー等は，使用者のみならず自動車特定整備事業者に対して，これらの者が点検および整備をするにあたって必要となる当該自動車の型式に固有の技術上の情報を提供する義務を負っています（下記(4)(iii)(c)参照）。

点検・整備制度の概要は**図表2-6-4**のとおりです。

図表2-6-4　点検・整備制度の概要

使用者による点検整備の義務	使用者が点検整備を適確に実施できるようにするための情報提供

保安基準に適合するよう維持する義務（第47条）

自動車の使用者は，点検・整備をすることにより，自動車を保安基準に適合するよう維持しなければならない。

①日常点検整備（第47条の2）

・自動車の使用者は，走行距離，運行時の状態等から判断した適切な時期に日常点検をし，必要な整備をしなければならない。

②定期点検整備（第48条）

・自動車の使用者は，定期的に点検をし，必要な整備をしなければならない。

③その他使用状況・車種に応じて行う点検整備

国が作成する点検整備に関する手引（第57条）

・国土交通大臣は，使用者又は運行者が点検整備の実施の方法を容易に理解することができるようにするため，日常点検整備及び定期点検整備の実施の方法を内容とする手引を作成し，公表するものとする。

自動車製作者等による情報の提供（第57条の2）

・自動車製作者等は，使用者が日常点検整備及び定期点検整備以外の点検整備をするに当たって必要となる技術上の情報を使用者に提供するよう努めなければならない。

整備命令・使用禁止命令

・地方運輸局長は，保安基準不適合の状態等にある自動車の使用者に対しては，整備命令をすることができる。（第54条第1項）
・使用者が整備命令に従わないときは，自動車の使用停止をすることができる。（第54条第2項）

出所：国土交通省自動車局「自動車の安全確保に係る制度及び自動運転技術等の動向について」

(b)　特定整備事業者・指定整備事業者

　車両法は，原動機，動力伝達装置，走行装置，操縦装置，制動装置，緩衝装置，連結装置または自動運行装置を取り外して行う自動車の整備または改造その他のこれらの装置の作動に影響を及ぼすおそれがある整備または改造を特定整備と定義しています（車両法49条2項）。従来は分解整備と定義されていたものですが，自動車技術の電子化・高度化に伴い，2020年4月に改正された車両法により，分解整備の範囲が拡大され，名称も特定整備に変更されました（詳細は，下記(4)(iii)(a)を参照）。

　自動車の特定整備は，自動車の構造，装置に関する高度な知識と整備のための設備および技術が必要であるとともに，自動車の安全・環境性能に大きな影響を及ぼすものといえます。そのため，自動車の特定整備事業を経営する者は，地方運輸局長の認証を受けなければならないとされています（車両法78条1項）。

　また，自動車特定整備事業者のうち，整備に係る優良な設備，技術および管理組織を有し，検査を実施する設備・体制を有する事業者について，指定自動車整備事業の指定をしています（車両法94条の2第1項）。下記(v)のとおり，指

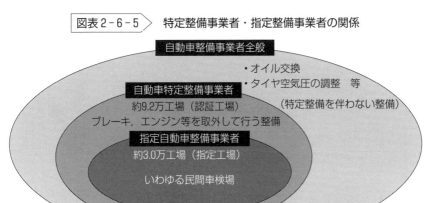

図表2-6-5 特定整備事業者・指定整備事業者の関係

自動車整備事業者全般
・オイル交換
・タイヤ空気圧の調整　等
（特定整備を伴わない整備）
自動車特定整備事業者
約9.2万工場（認証工場）
ブレーキ，エンジン等を取外して行う整備
指定自動車整備事業者
約3.0万工場（指定工場）
いわゆる民間車検場

出所：国土交通省自動車局「自動車の安全確保に係る制度及び自動運転技術等の動向について」および日本自動車整備振興会連合会「令和4年度　自動車特定整備業実態調査結果の概要について」をもとに筆者ら作成

定整備事業者において点検整備および検査を実施し，保安基準適合証を交付した場合は，継続検査において現車提示が省略されます。

　特定整備事業者・指定整備事業者の関係は**図表2-6-5**のとおりです。

(ⅴ)　検査制度

　自動車検査には，大要，新たに自動車を使用しようとするとき等に受ける新規検査（車両法59条1項）と，自動車検査証の有効期限が満了した後も，引き続きその登録自動車を使用するときに受ける継続検査（車両法62条1項）があります。

　新規検査および継続検査において，保安基準に適合していないと判断される場合には，自動車検査証が交付または更新・返付されません（車両法60条1項および62条2項）。検査制度は，定期的に，自動車が保安基準に適合しているかについて確認することによって，自動車の安全性等を確保する制度であるということができます。

　自動車検査制度（新規検査，継続検査）の概要は**図表2-6-6**のとおりです。上記(ⅲ)(b)のとおり，型式指定を受けた自動車の新規検査では，自動車製作者

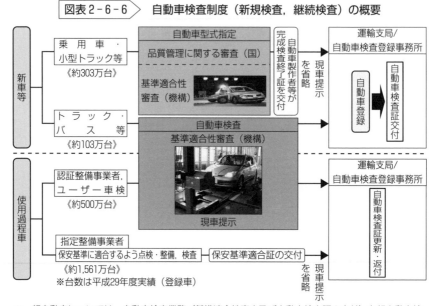

図表2-6-6　自動車検査制度（新規検査，継続検査）の概要

※　軽自動車については，自動車検査業務（基準適合性審査及び自動車検査証の交付）を軽自動車検査協会が実施。

出所：国土交通省自動車局「自動車の安全確保に係る制度及び自動運転技術等の動向について」

等が完成検査終了証を交付することによって現車提示が省略されます。

　また，継続検査においては，指定整備事業者において点検整備および検査を実施し，保安基準適合証を交付した場合は（車両法94条の5第1項），現車提示が省略されます（車両法94条の5第8項）。

　現状，電子的に制御されている自動運転等先進技術の装置・機能の故障は，現行の検査機器による測定では検知できないため，目視による警告灯の確認などの限定的な手法により検査を行っています。そこで，電子装置の不具合を確認するために，自動車に搭載されている電子装置の状態を監視し，故障を記録する車載式故障診断装置（OBD）に記録されている故障コードを，スキャンツールを用いて読み取る検査手法を導入することが予定されています。2021年（輸入車は2022年）10月以降の型式指定自動車等につき，2024年（輸入車は2025年）10月以降の検査において，運転支援装置，自動運転機能に係る装置，排ガス関係装置を，OBD検査の対象とすることが予定されています[3]。

図表2-6-7　リコール制度の概要

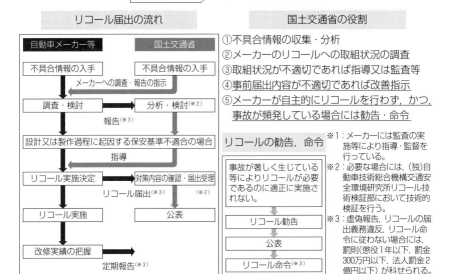

出所：国土交通省自動車局「自動車の安全確保に係る制度及び自動運転技術等の動向について」

(vi)　リコール制度

　リコール制度は，設計・製造過程に問題があったために保安基準に適合していないまたは適合しなくなるおそれがある自動車について，自動車メーカー等が，国土交通大臣に事前届出を行った上で，無償で改善措置（回収・修理）を講じる制度です（車両法63条の2および63条の3）。リコール制度は，設計または製作の当事者である自動車メーカー等が，市場において収集した不具合情報等に基づき迅速な改善措置を講じることにより，車両の不具合に起因する事故を未然に防止することを目的としています。

　リコール制度の概要は**図表2-6-7**のとおりです。

(2)　自動運転車に関する国際基準の策定

(i)　WP.29の検討体制

　今後の自動運転車に関する国際基準の策定に関し，WP.29においては，自動運転専門分科会（GRVA）の下に，以下の専門家会議が設けられており，日本

図表2-6-8 自動運転技術に係る国際基準検討体制

※EDRの担当であるGRSGと，データ記録装置の担当であるGRVAでの合同会議体として運営される。
出所：国土交通省自動車局「日本が主導してきた自動運転技術に関する国際ルールが国連で合意」別
　　　紙3

は，全ての分科会等で議長や副議長などの重要な役職を担っています。

(ii) 自動運転の国際基準づくりに向けた優先検討項目リスト

　2019年6月に開催されたWP.29においては，今後の自動運転車の国際基準づくりに関し，従前から合意していた内容に加え，新たに優先して検討すべき項目について合意されました。具体的には，**図表2-6-9**の9項目です。

　また，「許容不可能なリスクがないこと」，すなわち，「自動運転車の走行環境条件において，自動運転システムが引き起こす人身事故であって合理的に予見される防止可能な事故が生じないこと」といった自動運転車の安全目標が定められるとともに，2020年3月までに，高速道路における自動車線維持（レベル3）の基準案を作成するとされていました。

　これを受けて，下記(ⅲ)(e)および(f)のとおり，2020年6月に開催されたWP.29において，①乗用車の自動運行装置（高速道路等における60km/h以下の渋滞時等において作動する車線維持機能に限定した自動運転システム）ならびに②サイバーセキュリティおよびソフトウェアアップデートに係る国際基準が策定されました。

| 図表2-6-9 | 自動運転のフレームワークドキュメントの具体的な項目 |

A	自動運転システムの安全性
B	フェールセーフ対応
C	HMI，ドライバーモニタリング
D	対象物・事象検知
E	走行環境条件
F	自動運転システムの安全性能確認手法
G	サイバーセキュリティ
H	ソフトウェアアップデート
I	イベントデータレコーダー（EDR）とデータ記録装置

出所：国土交通省自動車局「日本が主導してきた自動運転技術に関する国際ルールが国連で合意」別紙3

図表2-6-10　自動操舵の国際基準の検討状況

基準化が検討されているシステム

| 第1弾 | 2017年3月WP29で成立
2017年10月に発効 | 第2弾 | 2018年3月WP29で成立
2018年10月に発効 |

補正操舵
　①予想外の横力の補正（ESC 制御等）
　②車両の安定性の向上（横風対策等）　　　　　　　　　⋯⋯⋯⋯ Corrective
　③車線逸脱補正（ピンポン LKAS）

緊急操舵
　①隣接車線から自車に接近してくる車両からの回避
　②隣接車線にいる他の車両への意図しない自車の接近時の
　　回避　　　　　　　　　　　　　　　　　　　　　　⋯⋯ Emergency
　③車線変更時，変更先車線にいる車両の回避
　④車線内の障害物回避

自動操舵
　自動駐車等　　時速10km 以下での自動運転 ⋯⋯⋯⋯⋯⋯⋯⋯⋯⋯⋯⋯ Category A
　自動車線維持　①ハンドルを握った状態での車線維持 ⋯⋯⋯⋯⋯⋯⋯ Category B1
　　　　　　　　②ハンドルを放した状態での車線維持(※) ⋯⋯⋯⋯⋯ Category B2
　自動車線変更　①ドライバーのウインカー操作を起点とする自動車線変更(※) ⋯⋯ Category C
　　　　　　　　②システムの判断をドライバーが承認して行う自動車線変更(※) ⋯ Category D
　連続自動操舵　システムON 時，連続的に，自動で車線維持，車線変更(※) ⋯⋯⋯ Category E

（※）　高速道路上に限る。

出所：国土交通省自動車局「平成30年度第1回車両安全対策検討会　資料3-2」2頁をもとに筆者ら
　　　作成

(iii)　採択済みの運転支援機能の国際基準等[4]

(a)　2017年10月施行の自動操舵機能（車線維持支援機能（Category B1），補正操舵機能（Corrective），自動駐車機能（Category A））

　2017年3月，WP.29において，①ハンドルを握った状態での車線維持支援機能[5]，②補正操舵機能（予想外の横力補正，車両の安定性向上，車線逸脱補正等）[6]，および③自動駐車機能[7]に関する国際基準（かじ取り装置に係る協定規則（79号））が策定されました。

　日本はこれらの国際基準を採用し，導入するために，2017年10月に保安基準を改正しました。

　保安基準の概要は以下のとおりです。

（①　車線維持支援機能（Category B1））

＜性能＞

- システムによる最大横加速度が一定の範囲にあり，当該条件で車線を逸脱しないこと。

＜HMI等＞

- 運転者がシステムをON/OFFできること。50N以下の力でオーバーライドできること。
- システム作動中は，運転者に対して表示が出されること。
- システムが一時的に利用できない場合や故障の場合，運転者に明確に表示すること。

＜ハンズオフ警報＞

- 車線維持支援機能が起動し，自動車の速度がシステムの作動する速度（10km/h未満は除く）であるときは，システムにより運転者がハンドルを保持していることを検知しなければならない。
  - ➢ 15秒以上運転者がハンドルを保持していない場合には，ハンドルを保持するよう指示する絵を含む視覚的警告を行うこと。
  - ➢ 30秒以上運転者がハンドルを保持していない場合には，視覚的警告に加えて警報音を出すこと。
  - ➢ これらの警告は，運転者がハンドルを保持するか，またはシステムが手動もしくは自動的に不作動になるまで，行われること。
  - ➢ 警報音が遅くとも30秒を超えて続いた時点で，システムは自動的に不作動になること。この場合，システムは，警告信号とは異なる緊急信号により，少なくとも5秒間または運転者が再びハンドルを保持するまでの間，そのシステム状態について運転者に明確に通知すること。

（②補正操舵機能（Corrective））

＜オーバーライド＞

- 運転者がいつでも意図的な行為によりオーバーライドできること。

＜表示＞

- 補正操舵介入時に，少なくとも1秒間またはその補正を終えるまでのいずれか長い間，運転者に直ちに視覚的に知らせること。

＜ハンズオフ警報＞

- 車線逸脱に関して補正操舵介入がされる場合には，その適用時間が普通乗用車

等において10秒（バス等においては30秒）を超えるときには，その適用が終了するまで，警報音が鳴らされること。

- 180秒以内に2回以上連続して補正操舵機能が適用される場合において，その適用中，運転者によるハンドル操作がないときは，2回目以降に補正操舵が介入する際に警報音が鳴らされること。

（③自動駐車機能（Category A））

＜主な要件＞

- 10km/h（＋2km/h）以下で行われること。
- 自動駐車機能システムは，運転者の意図的な操作後，動作条件が全て満たされていることを条件に，作動すること。また，運転者により，いつでも終了できること。
- 加速装置/ブレーキを備える自動駐車機能システムの場合，車両は，走行領域内の障害物を検出し，衝突を避けるために直ちに停止させるための手段を備えていること。

＜遠隔操作駐車機能（リモコン駐車機能）の追加要件＞

- リモコンによる操舵方向，加速および停止の直接的な操作はできないこと。
- 駐車操作において，運転者によるリモコンの連続的操作が必要であること。
- 以下の場合には車両は直ちに停止すること
  ➤ 連続的操作が中断された場合
  ➤ 車両とリモコンの距離が最大の作動範囲（6mを超えないように設定される）を超えた場合
  ➤ リモコンと車両の間の信号が失われた場合
  ➤ 車両のドアが開かれた場合
- 不正な遠隔操作駐車システムの作動または操作およびシステムへの介入を防ぐ設計であること。
- 自動的にまたは運転者からの確認によって車両が最終的な駐車位置に停車され，イグニッションスイッチが切られたときは，パーキングブレーキが自動的にかけられること。

⒝　2018年10月施行の自動操舵機能（運転者のウインカー操作を起点とする高速
　道路での車線変更支援機能（Category C；レベル2以下の機能）および緊急操
　舵（Emergency））

2018年3月，WP.29において，①運転者のウインカー操作を起点とする高速
道路での車線変更支援機能[8]および②緊急回避操舵[9]に関する国際基準（かじ
取り装置に係る協定規則（79号））が策定されました。

自動車線変更機能　　　　　　　　　　　　緊急回避操舵機能

 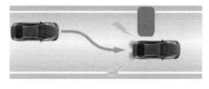

出所：国土交通省自動車局「平成30年度第1回車両安全対策検討会　資料3-2」1頁

日本はこの国際基準を採用し，導入するため，2018年10月に保安基準を改正
しました。概要は以下のとおりです。

（①　車線変更支援機能（Category C)[10])
＜機器等の性能＞
車線維持支援機能を備えていること。
- 中央分離帯のある片側2車線以上の高速道路等で作動すること。また，この条
　件は独立した2以上の方法により確認されること。
- 車線変更先の車線の後方接近車両を検知するセンサを備えること。
- ドライバーのハンドル操作により機能を中断できること。
- システムがスタンバイおよび作動中，またはシステムが失陥した場合は，ドラ
　イバーにその旨を視覚的に示すこと。
＜車線変更に係る事項＞
- 車線変更支援機能は，車線維持支援機能が作動しているときのみ起動すること。
- 方向指示器操作後，3秒から5秒間の間に車線変更支援操舵を開始し，5秒以
　内（バス等の場合は10秒以内）に終了すること。

- 車線変更支援機能起動後3秒以上の手離しを検知した場合にはドライバーにその旨を表示すること。
- 手離しを検知中は，車線変更支援操舵を開始しないこと。
- 車線変更支援操舵開始時に，車線変更先の車線の後方接近車両と自車との車間距離が十分でない場合は，車線変更支援操舵を中止すること。
- 車線変更支援操舵終了後は，車線維持支援機能を自動的に機能させること。

(② 緊急回避操舵（Emergency）)
- 他の道路使用者との衝突のリスクを検知したときに作動すること。
- 緊急回避操舵による介入は，介入開始前に運転者に対する視覚による警告に加え，音または触覚による警告信号により，知らされること。
- 緊急回避操舵による介入が，他の道路使用者との衝突という結果や，道路外に出るといった結果をもたらさないこと。

(c) 衝突被害軽減ブレーキ

2019年6月に，WP.29において，乗用車等の衝突被害軽減ブレーキ（AEBS）に関する国際基準が策定されました。この基準の概要は，以下のとおりです。

- エンジン始動のたびに，システムは自動的に起動してスタンバイすること。
- 静止車両・走行車両に対する追突を想定した車両試験および横断者を想定した対歩行者試験において，一定の要件を満たすこと。

日本は，この国際基準の2020年1月の発効を受けて，2020年1月に国内の保安基準を策定するとともに，2021年11月以降の国産新モデルから段階的にAEBSの装備を義務づけることとしました。

(d) バス・トラック等の大型車に対する基準

トラック・バス等の大型車については，①衝突被害軽減ブレーキ，②車両安定性制御装置（車両が横滑りしたときの横方向安定性の向上や転覆の可能性を低減），③車線逸脱警報装置（車線から逸脱しそうになった場合にドライバーに警報を行う）等の先進安全技術が実用化されており，①および②については2014年11月から，③については2017年11月から，それぞれ，装備が義務づけられています。

(e) 自動車線維持機能（レベル3）

　2020年6月のWP.29において，乗用車の自動運行装置（高速道路等における60km/h以下の渋滞時等において作動する車線維持機能に限定した自動運転システム）の国際基準（「高速道路等における運行時に車両を車線内に保持する機能を有する自動運行装置に係る協定規則（157号）」）が策定されました。「自動運行装置」の国内基準は，国際基準の策定に先立って2020年4月に施行されていましたが，この国際基準が合意されたことを受けて，2020年12月に，日本でもこの国際基準を適用するために，保安基準等の改正を行いました。

　保安基準では，以下の機能要件および試験要件が規定されています。

　機能要件としては，

- 自動運転システムが作動中，乗車人員および他の交通の安全を妨げるおそれがないことについて，注意深く有能な運転者と同等以上のレベルであること
- 運転操作引継ぎの警報を発した場合において，運転者に引き継がれるまでの間は制御を継続すること。運転者に引き継がれない場合はリスク最小化制御を作動させ，車両を停止すること
- 運転者が運転操作を引き継げる状態にあることを監視するためのドライバーモニタリングを搭載すること
- 不正アクセス防止等のためのサイバーセキュリティ確保の方策を講じること
- 自動運転システムのON/OFFや故障等が生じた時刻を記録する作動状態記録装置を搭載すること
- システムが作動する最高速度は60km/hであること
- センサーによる前方検知範囲は少なくとも46m以上であること。側方検知範囲は少なくとも自車の隣接車線の全幅を検知できるものであること
- 走行車線内での走行を維持し，かつ，いかなる車線表示も超えることがないこと
- 前方車両との車間距離は，急な割り込みなど一時的に遵守できない場合を除き，自車速度に応じた所定の距離以上であること
  例：6.7m（20km/hの場合），15.6m（40km/hの場合）

- 運転者が警報に従って運転操作を行うことができる状態にあるかどうかを，運転者のまばたき，閉眼，顔・体の動き等により判断すること

が規定されています。

　試験要件としては，上記の要件について，シミュレーション試験，テストコース試験，公道試験および書面を組み合わせて，適合性の確認を行うことが規定されています。

　その後，2022年6月のWP.29において，上記国際基準が改正され，より高度な自動運転の実現に向けて，高速道路における130km/h以下での車線維持（上限速度の引き上げ），および車線変更機能も追加された基準案が合意されています。日本は，この改正された国際基準を国内基準に導入するために，2023年1月に保安基準等を改正しました。

　この基準の概要は，以下のとおりです。

- システムの作動上限速度を130km/hに引き上げるとともに，作動上限速度が60km/h以上である場合には，車線変更を伴うリスク最小化制御を行うことが可能であること
- 乗用車等に限り，車線変更機能を伴うものについては，車線変更を開始する際，後続車に対して不要な減速を強いることのないよう，十分な車間距離の確保をすること

(f)　サイバーセキュリティ

　サイバーセキュリティについては，2017年3月に，WP.29において，ガイドラインが策定されています[11]。

　コネクテッドカーおよび自動運転車のサイバーセキュリティと個人情報保護の確保を目的としたガイドラインで，より詳細な国際基準が策定されるまでの中間的なガイドラインとしての役割を果たすことを意図して策定されています。

　このガイドラインにおいては，通信の暗号化などのセキュリティに加え，車両の安全性を確保するための基本原則がまとめられており，たとえば，

- ブレーキやハンドルなどの車内の制御系ネットワークが，車外から影響を受けないこと
- システムの機能不全時の「セーフモード」を備えること
- 不正操作を検知したときは，運転者に警告の上，適切であればシステムが

車両を安全に制御すること

などの考え方が盛り込まれています。

その後，2020年6月に，WP.29において「サイバーセキュリティシステムに係る協定規則（155号）」が策定されました。日本は，この国際基準の策定を受けて，日本の国内基準に導入するため，2020年12月に保安基準等を改正しています。

この国際基準の概要は，以下のとおりです。

- サイバーセキュリティの適切さを担保するための業務管理システムを確保すること
- サイバーセキュリティに関して，車両のリスクアセスメント（リスクの特定・分析・評価）およびリスクへの適切な対処・管理を行うとともに，セキュリティ対策の有効性を検証するための適切かつ十分な試験を実施すること
- サイバーセキュリティ業務管理システムについては以下の基準に適合すること
    - ✓ サイバーセキュリティ業務管理システムは，開発・生産・生産後の各段階を考慮したものであること
    - ✓ リスク評価の実施や当該評価を最新状態に保つことなどにより，セキュリティが十分に確保されるものであること（自動車製作者等が契約したサプライヤー等においても同様）

(g) プログラム等改変

2020年6月に，WP.29において「プログラム等改変システムに係る協定規則（156号）」が策定されました。日本は，この国際基準の策定を受けて，日本の国内基準に導入するため，2020年12月に保安基準等を改正しています。

この国際基準の概要は，以下のとおりです。

- ソフトウェアアップデートの適切さを担保するための業務管理システムを確保すること
- 危険および無効なプログラムの改変を防止できるようプログラム等の改変の確実性および整合性を確保すること
- 型式に関連するプログラム等のバージョン（識別番号）は，車載式故障診

断装置の読み取り部分（OBD ポート）等の電子通信インターフェースを
使用して容易に読み出すことができ，また，不正な変更から保護されてい
ること

- 無線によるプログラム等の改変を行う機能を有する場合には，上記要件に
加えて，以下の要件を満たすものであること
  ✓ 失敗または中断した場合に，車両を改変前の状態に復元または安全な状
    態にできるものであること
  ✓ 車両が無線改変に必要な電力を有している場合にのみ，無線改変を実行
    できるものであること
  ✓ 改変の目的，内容，所要時間，成否等の情報が使用者等に通知されるも
    のであること

(iv)　今後策定予定の自動運転車・運転支援車の国際基準

　WP.29では，自動運転認証（VMAD），EDR/データ記録装置および機能要
件（FRAV）に関する各専門家会議において，レベル4の自動運転システムも
含め，自動運転車に求められる要件についてさらに議論を進めており，これら
については，まずは，国際基準という形ではなく，ガイドラインにまとめるこ
とが予定されています。

(3)　安全技術ガイドラインの内容

(i)　ガイドライン制定の経緯，狙いおよびその対象

　国土交通省は，2018年9月，自動運転車の安全技術ガイドライン（安全技術
ガイドライン）を公表しました。自動運転車の国際基準の策定には一定の時間
がかかるところ，国際基準が策定されるまでの間においても，適切に安全性を
考慮した自動運転車の開発・実用化を促進するために，レベル3，4の自動運
転車が満たすべき安全性に関する要件を定めたものです。レベル3またはレベ
ル4の自動運転システムを有する乗用車，トラックおよびバスが対象とされて
います。

　安全技術ガイドラインでは，「自動運転システムが引き起こす人身事故がゼ
ロとなる社会の実現を目指す」ことが目標として設定されています。

(ii)　安全技術ガイドラインにおける「自動運転車の安全性」

　安全技術ガイドラインにおいては，自動運転車が満たすべき車両安全の定義を，「許容不可能なリスクがないこと」と定めています。これは，「安全側面の規格への導入指針の国際規格」（ISO/IEC Guide 51：2014）という国際規格において定められる安全の定義に沿ったものです。具体的には，「自動運転車の運行設計領域（ODD：Operational Design Domain）において，自動運転システムが引き起こす人身事故であって合理的に予見される防止可能な事故が生じないこと」と定めています。たとえば，故意の飛び出し等の予見不可能な事故や防止不可能な事故を防ぐことまでは求めていません。

　この安全技術ガイドラインの基準は，あくまで自動運転車の開発にあたっての指針を定めたものであって，自動運転車が事故を起こした際の責任（過失や欠陥）を考える上での指針を示したものではありません。ただ，他に自動運転車の安全性に関する適切な指針が見当たらない現状において，今後，この安全技術ガイドラインの基準は一定程度参照されることが予想されます。

　安全技術ガイドラインでは，この定義に基づいて，下記(iii)の10項目の自動運転車が満たすべき車両安全要件を設定することによって，安全性を確保することとしています。

(iii)　自動運転車の安全性に関する具体的な要件

　これらの各要件の概要は**図表 2 − 6 −11**のとおりです。

図表2-6-11　自動運転車の安全性に関する具体的な要件の概要

No.	項目		内容
1	運行設計領域（ODD）の設定		• 個々の自動運転車が有する性能および使用の態様に応じてODDを定めた上で，走行環境や運用方法を制限することにより，自動運転システムが引き起こす人身事故であって合理的に予見される防止可能な事故が生じないようにする。 • このODDの設定にあたっては，自動運転システムが機能する特定の条件を規定し，たとえば， 　✓道路条件（高速道路，一般道，車線数，自動運転車の専用道路等） 　✓地理条件（都市部，山間部，ジオフェンスの設定等） 　✓環境条件（天候，夜間制限等） 　✓その他の条件（速度制限，信号情報等のインフラ協調の要否，特定された経路のみの運行に限定すること，保安要員の乗車要否等） 　の走行環境条件について設定する。
2	自動運転システムの安全性		• 制御系やセンサ系の冗長性を確保すること等によりシステムの安全性を確保するとともに，設定されたODDの範囲外となる場合等，自動運転の継続が困難となった場合には，最終的に車両を自動で安全に停止させることが必要である。 • 具体的な要件は以下のとおり。 　✓交通ルールに関する法令を遵守するものであること 　✓設定されたODDの範囲内にあるかどうか確実に認識し，当該範囲内においてのみ自動運転システムが作動するものであること 　✓自動運転システムの作動は，運転者（または運行管理者）の意思により行うことができるものであること 　✓制御系やセンサ系の冗長性を確保すること等により，システムの安全性を確保することができるものであること 　✓レベルに応じて，以下の要件を満たすこと
		レベル3	• 設定されたODDの範囲外となった場合や自動運転車に障害が発生した場合等，自動運転の継続が困難であるとシステムが判断した場合において，運転者に対し介入のための警告（運転権限の委譲）を行うこと • 運転者に運転権限が委譲されるまでの間，システムの機能を維持またはシステムの機能を制限した状態でシステムの稼働を継続させるフォールバック（縮退運転）を行うことにより，安全に自動運転を継続すること • システムから運転者に運転が引き継がれたか否かを判別することができること • システムから運転者に運転が引き継がれない場合において，車両を自動で安全に停止させるミニマル・リスク・マヌーバー（MRM）を設定すること

		レベル4	• 設定された ODD の範囲外となった場合や自動運転車に障害が発生した場合等，自動運転の継続が困難であるとシステムが判断した場合において，車両を自動で安全に停止させる MRM を設定すること
3	保安基準の遵守等		• 既に定められた自動運転に係る道路運送車両の保安基準を満たすこと。 • 具体的な要件は以下のとおり。 ✓自動運転に係る装置・機能のうち，道路運送車両の保安基準が定められているものについては，当該基準に適合するものであること ✓道路運送車両の保安基準が定められていない自動運転に係る装置・機能については，今後早期に国連規則が成立することが見込まれる装置・機能の要件や，関係する ISO 等の国際標準や業界標準に適合することを推奨する ✓自動運転に係る装置・機能以外の車両の構造・装置については，道路運送車両の保安基準の規定に適合するものであること
4	ヒューマン・マシン・インターフェース（HMI）		• 自動運転システムの作動状況を運転者（または運行管理者）または乗員に知らせるための HMI を備えることが必要である。 • レベル3の自動運転車において，運転者が居眠りをしていないか等，運転者がシステムから運転操作を引き継ぐことができる状態にあることを監視し，必要に応じ警報を発することができるドライバーモニタリング等の機能を有する HMI を備える必要がある。 • 具体的な要件は以下のとおり。
		レベル3	• 自動運転システムの作動状況を運転者が容易かつ確実に認知することができる機能 • 運転者がシステムからの運転操作を引き継ぐことができる状態にあることを監視し，必要に応じ警報を発することができる機能（ドライバーモニタリングシステム等） • システムからの引き継ぎ要求を運転者が確実に認知することができる機能 • システムから運転者に運転が引き継がれたかどうか判別することができる機能
		レベル4	• 自動運転システムの作動状況を運転者（または運行管理者）または乗員が容易かつ確実に認知することができる機能 • 自動運転の継続が困難であるとシステムが判断し，車両を自動で停止させることをあらかじめ運転者または乗員（および運行管理センターにおいて遠隔監視される車両にあっては運行管理者）に知らせることができる機能
5	データ記録装置の搭載		• 自動運転システムの作動状況や運転者の状況等をデータとして記録する装置を備えること。

6	サイバーセキュリティ	・ネットワークに接続したコネクテッドカーである自動運転車の安全確保の観点から，サイバー攻撃に対するセキュリティ対策を講じることが不可欠である。具体的な要件は以下のとおり。 ✓自動車製作者等または自動運転車を用いた移動サービスのシステム提供者は，サイバーセキュリティに関する国連（WP.29）等の最新の要件を踏まえ，自動運転車のハッキング対策等のサイバーセキュリティを考慮した車両の設計・開発を行うこと
7	無人自動運転移動サービスに用いられる車両の安全性（追加要件）	・無人自動運転移動サービス（レベル4）に用いられる自動運転車に関する追加要件 ✓自動運転の継続が困難であるとシステムが判断した場合において，路肩等の安全な場所に車両を自動で移動し停止させる MRM を設定すること ✓運行管理センターから車室内の状況が監視できるカメラ，音声通信設備を設置すること ✓車室内の乗員が容易に押せる位置に非常停止ボタンを設置すること ✓非常停止時に，運行管理センターに自動通報する機能を有すること ✓非常停止時における運行管理センターとの連絡状況等，非常時の対応状況について HMI により乗員にわかりやすく伝える機能を有すること
8	安全性評価	・自動車製作者等または自動運転車を用いた移動サービスのシステム提供者は，設定された ODD において，自動運転システムが引き起こす人身事故であって合理的に予見される防止可能な事故が生じないことについて，シミュレーション，テストコースまたは路上試験を適切に組み合わせた検証を行い確認すること。
9	使用過程における安全確保	・自動車製作者等または自動運転車を用いた移動サービスのシステム提供者は，自動運転車に搭載されるソフトウェア等について，使用過程においてサイバーセキュリティを確保するために必要なアップデート等に係る措置を講じること。 ・自動運転車の使用者は，自動運転車の保守管理（点検整備）を行うとともに，自動車製作者等または自動運転車を用いた移動サービスのシステム提供者の求めに応じ，サイバーセキュリティを確保するために必要となるソフトウェアのアップデート等の必要な措置に係る作業を実施すること。
10	自動運転車の使用者への情報提供	・自動運転車が安全を確保するためには，自動運転車の使用者が，乗車する自動運転車の機能のみならず，機能限界時の挙動や運転者の義務等について理解することが必要不可欠である。 ・ディーラーを含む自動車製作者等または自動運転車を用いた移動サービスのシステム提供者は，自動運転車の使用者に対し，平易な資料等を用いて，以下の点を周知し，使用者が理解することができる措置を講じること。 ✓システムの作動条件，ODD の範囲，機能限界

| | | ✓運転者のタスク（レベル3の車両にあっては，システムによる運転の継続が困難になった場合に運転操作を引き継がなければならないこと等）
✓システムの性能や作動状況に応じて行い得る運転以外の行為（レベル3の車両）
✓HMIの表示（自動運転システムが作動中であるか否か等）に係る情報
✓システムに異常が発生した場合の車両の挙動
✓使用過程の自動運転車の保守管理（点検整備）やソフトウェアのアップデートを適切に行うこと |

出所：安全技術ガイドライン

(4) 車両法の改正

(ⅰ) 車両法の改正の概要

上記のとおり，自動運転に関する保安基準についての国際基準が策定されるとともに，日本においても，自動運転車が満たすべき安全性の要件や安全確保策について安全技術ガイドラインが策定され，また，自動運転車の安全確保について制度整備小委員会報告書がまとめられる等，自動運転の安全確保に関するルールづくりは進められてきました。

制度整備小委員会報告書の結論等を踏まえて，自動運転車等の安全な開発・実用化・普及を図りつつ，設計・製造過程から使用過程にわたり，自動運転車等の安全性を一体的に確保するための制度を整備する「道路運送車両法の一部を改正する法律」（令和元年法律第14号）が，第198回国会で成立し，2019年5月24日に公布されました。改正車両法の概要は，以下(ⅱ)から(ⅳ)のとおりで，それぞれの施行日は次頁の表のとおりです。また，改正車両法の施行にあわせて保安基準等も改正され，同改正は，改正車両法（保安基準対象装置への自動運行装置の追加）の施行日（2020年4月1日）に施行されました[12]。

さらに，保安基準等は，上記(2)(ⅲ)(e)(f)(g)の国際基準の成立および無人自動運転移動サービス（レベル4）を可能にするための改正道交法の2023年4月の施行（詳細は，上記4(4)を参照）を踏まえ，それぞれ2020年12月および2023年1月に改正・施行されました。

図表2-6-12 ＞ 改正車両法の施行日

改正項目	施行日
保安基準対象装置への自動運行装置の追加（下記(ii)）	2020年4月1日
分解整備の範囲の拡大（点検整備記録簿・特定整備記録簿への記載義務）（下記(iii)(a)）	2020年4月1日。ただし，旧分解整備記録簿は特定整備記録簿とみなされる。
特定整備事業の認証取得義務（下記(iii)(a)(b)）	2020年4月1日。ただし，施行日から4年間は認証を受けなくても特定整備事業を行うことが可能。
点検整備に必要な技術情報の提供の義務付け，義務違反への罰則（下記(iii)(c)）	2020年4月1日。なお，施行日以降提供可能なものから義務化し，順次拡大。
特定改造等に係る許可制度（下記(iv)）	2020年11月23日

(ii)　保安基準対象装置への自動運行装置の追加

(a)　保安基準対象装置への自動運行装置の追加の概要

　上記(1)(ii)(a)のとおり，保安基準は，自動車の安全性の確保および環境の保全のために，その構造，装置および性能について定められる最低限の技術基準です。

　改正車両法では，保安基準の対象装置（車両法41条）に自動運行装置が追加されましたので，自動車は，自動運行装置について，保安基準に適合するものでなければ，運行の用に供してはならないこととなります。

(b)　自動運行装置の概要

　自動運行装置とは，いわゆる自動運転システムに相当するもので，運転者が運転する際に行う認知，予測，判断および操作を代わりに行う装置をいいます（車両法41条2項）。

　具体的には，運転者の操縦に係る認知能力を代替するセンサ（カメラおよびレーダー等）と，その情報をもとに，運転者の操縦に係る予測，判断および操作能力を代替するコンピューター（電子制御装置（ECU）および人工知能（AI）等のプログラム等）の組み合わせです。

　また，自動運行装置には，当該装置の作動状況をデータで記録する装置を備えることとされていますが，これは，事故時の責任関係の明確化および事故原

因の究明等を行うとともに，システムの不具合の発見や保安基準の改善に活用し，自動運転車の安全性を向上させるためのものです。

(c)　走行環境条件の概要

改正車両法では，自動運行装置について，その性能に応じて，自動運行装置が使用される条件（走行環境条件）を当該装置ごとに国土交通大臣が付すこととしています。

これは，レベル3・4の自動運転システムはいつでもどこでも安全な自動運転を行えるわけではなく，車両のみではなく走行環境条件との組み合わせにより安全性を担保するためのものです。

走行環境条件は，自動車メーカー等が以下に例示する条件を組み合わせたものを設定した上で，国土交通大臣が，当該状況における自動運行装置の性能が保安基準に適合すると認めたときに，付与されます。自動車メーカー等は「自動運行装置が使用される状況（場所，気象，交通等）」等を記載した申請書等を国土交通大臣に提出して条件の付与を受けます（車両法施行規則31条の2の2第1項）。

走行環境条件としては，たとえば，自動運転車の導入初期においては，「昼間（降雪・豪雨等の悪天候を除く）の高速道路本線上における60km/h以下の低速走行（渋滞時等）」といった条件となることが想定されます。

走行環境条件が満たすべき基準として，自動運行装置が当該走行環境条件において使用されるものと仮定した場合において，保安基準に定める基準に適合するものであることが求められます（車両法施行規則31条の2の2第4項）。

【走行環境条件の種類】

- 道路条件および地理的条件
- 環境条件
- 走行条件
- 国土交通大臣が付すその他の条件

⒟ 自動運行装置を備える自動車の保安基準の概要

■ 自動運行装置

自動運行装置の保安基準の概要は，以下のとおりです。

なお，この保安基準は，従来は，運転者の存在を前提とした規定でしたが，2023年4月に施行された改正道交法を踏まえ，運転者が不在となる場合も含む規定に改正されています。

- 自動運行装置の作動中，乗車人員および他の交通の安全を妨げるおそれがないものであること
- 運転者または自動運転装置の作動状態を監視する者（以下「運転者等」という。）の意図した操作により作動および停止を行うことができるものであること
- 自動運行装置の作動中，走行環境条件を満たさなくなる前に，車両を停止させることができるものであること。運転者を要する自動運行装置（以下「レベル3自動運行装置」という。）を備える自動車（以下「レベル3自動車」という。）にあっては，これにかかわらず，自動運行装置の作動中，走行環境条件を満たさなくなる場合，運転者に対し運転操作を促す警報を発するものであればよいが，運転者が当該警報に従って運転操作を行わないときは車両を安全に停止するものであること。警報は，原則，走行環境条件を満たさなくなる前に十分な時間的余裕をもって発するものであること
- 自動運行装置の作動中，自動運行装置が正常に作動しないおそれがある状態となった場合には，車両を停止させることができるものであること。レベル3自動車にあっては，これにかかわらず，自動運行装置の作動中，自動運行装置が正常に作動しないおそれがある状態となった場合，直ちに，運転者に対し運転操作を促す警報を発するものであればよいが，運転者が当該警報に従って運転操作を行わないときは車両を安全に停止するものであること
- 他の交通または障害物との衝突のおそれがある場合には，衝突を回避するかまたは衝突時の被害を最大限軽減するための制御を行うことができるものであること
- 走行環境条件を満たしていない場合または自動運行装置が正常に作動しないおそれがある場合に当該装置が作動を開始しないこと
- 自動運行装置の作動状況を運転者等が容易かつ確実に認知できるよう表示するものであること。レベル3自動運行装置とそれ以外の自動運行装置の両方を備える自動車にあっては，当該表示が，いずれの自動運行装置の作動中であるかを容易に確認・判別できるものであること

- レベル 3 自動車にあっては，自動運行装置の作動中，運転者が警報に従って運転操作を行うことができる状態にあるかどうかを常時監視し，運転者が当該状態にない場合には，その旨を運転者に警報するものであること（ドライバーモニタリング）
- 自動運行装置が正常に作動しないおそれがある場合，その旨を運転者等に視覚的に警報するものであること
- 自動運行装置の機能について冗長性をもって設計されていること

　上記のうち，高速道路等における運転者を要する自動運行装置を備える自動車については詳細要件（道路運送車両の保安基準の細目を定める告示別添122「高速道路等における低速自動運行装置を備える自動車の技術基準」）が規定されていましたが，上記(2)(iii)(e)のとおり，国際基準が成立したことを受けて，国際基準を直接参照する形に，2020年12月に保安基準が改正されました（2021年1月3日施行）。なお，本国際基準はさらに改正され，システムが作動する最高速度が60km/h から130km/h に引き上げられるとともに，車線変更機能に関する規定も追加されました（上記(2)(iii)(e)参照）。

■　作動状態記録装置

　自動運行装置に備える作動状態記録装置の技術基準の概要は，以下のとおりです。

- 記録項目
  - システムの作動状況が別の状況に変化した時刻
  - システムによる引継ぎ要求が発せられた時刻
  - システムがリスク最小化制御を開始した時刻
  - システムの作動中に運転者等がハンドル操作などによりオーバーライドを行った時刻
  - 運転者が対応可能でない状態となった時刻
  - 自動運行装置が運転者等による操作に対する低減又は抑制を行った時刻
  - 切迫した衝突の危険性がある場合に，衝突を防止する又は衝突時の被害を最大限軽減するための制御を開始した時刻
  - 切迫した衝突の危険性がある場合に，衝突を防止する又は衝突時の被害を最大限軽減するための制御を終了した時刻
  - 事故情報計測・記録装置へのトリガー条件を満たした時刻

> ➤ 衝突を検知した時刻
> ➤ システムが深刻な故障のおそれのある状態となった時刻
> ➤ 自動運行装置を備える自動車が深刻な故障のおそれのある状態となった時刻
> ➤ 車線変更手順を開始した時刻
> ➤ 車線変更手順を終了した時刻
> ➤ 車線変更動作を中断した時刻
> ➤ 意図的な車線横断を開始した時刻
> ➤ 意図的な車線横断を終了した時刻
- 保存期間等
  - ➤ 6カ月間または2,500回分
- 保存された記録は，市販されている手段または電子通信インターフェースにより取得できること
- 保存された記録が改ざんされないよう適切に保護されていること

■　事故情報計測・記録装置（EDR）

WP.29において，「事故情報計測・記録装置に係る協定規則（160号）」が新たに採択されたことに伴い，日本においても，2021年9月30日に保安基準が改正・施行され，乗用車等（自動運行装置を備える自動車に限りません）には，事故時に車両に関する情報（車速，加速度，シートベルト着用有無等の情報）を記録する事故情報計測・記録装置（EDR：イベント・データ・レコーダー）を備える必要があります。当該規定は，新型車については，2022年7月から適用されています。

■　サイバーセキュリティ

サイバーセキュリティシステムに関する自動車の電気装置が適合すべき技術基準については，その詳細が，道路運送車両の保安基準の細目を定める告示別添120「サイバーセキュリティシステムの技術基準」に規定されましたが，上記(2)(iii)(f)のとおり，国際基準が成立したことを受けて，国際基準を直接参照する形に保安基準が改正されました（2021年1月3日施行）。

■　プログラム等改変

プログラム等改変に関する自動車の電気装置が適合すべき技術基準については，その詳細が，道路運送車両の保安基準の細目を定める告示別添121「プログラム等改変システムの技術基準」に規定されましたが，上記(2)(iii)(g)のとおり，

国際基準が成立したことを受けて，国際基準を直接参照する形に保安基準が改正されました（2021年1月3日施行）。

- ■　基準緩和認定制度

基準緩和認定制度により，ハンドル，アクセルペダル等のない車両による自動運転の実証実験が認められているところ，同制度を，無人自動運転移動サービスの事業化など実証実験以外の場合にも活用できるようになります（道路運送車両の保安基準第55条第1項，第56条第1項及び第57条第1項に規定する国土交通大臣が告示で定めるものを定める告示1条9号）。

- ■　外向け表示

周囲の交通参加者の安全，安心確保のため，自動運転中であることの車外表示が必要であるとの提言が，制度整備小委員会報告書でなされています。警察庁報告書（道交法関係）でも，交通全体の安全・安心の確保の観点から，自動運転中にのみ表示される外観表示を求めることが望ましいとの検討結果が示されています。この点については，日本がWP.29での基準策定の議論をリードするとともに，基準策定までの間についても[13]，通達により，自動車製作者等に対して，一般に販売および利用される自動運行装置を備えている自動車の外部（車体後部）に，自動運行装置を備えている旨を表示するため，ステッカー（シール）を貼り付けることを求めています。ステッカーのデザインは次頁のとおりです。

なお，レベル4無人自動運転移動サービスによる特定自動運行中は，改正道交法に従って「自動運行中」の文字を，自動運行装置の作動状態と連動して表示する装置により見やすく表示する必要があります（上記4(4)(c)参照）。

出所：http://www.mlit.go.jp/common/001338328.pdf

(iii)　分解整備の範囲の拡大・特定整備への名称変更，新たに電子制御装置整備を事業として行う場合の認証基準および点検整備に必要な技術情報の提供の義務づけ

(a)　分解整備の範囲の拡大・特定整備への名称変更の概要

　2020年4月に改正された車両法では，事業として行う場合には地方運輸局長の認証が必要となる「分解整備」（2020年4月の改正前車両法49条2項）の範囲を拡大し，名称を「特定整備」に変更しています（車両法49条2項）。具体的には，分解整備の対象装置に自動運行装置を加えるとともに，分解整備の範囲を，分解整備の対象装置を取り外して行う自動車の整備または改造に限らず，単眼・複眼のカメラ，ミリ波レーダーおよび赤外線レーザーならびに電子制御装置の取り外しまたは機能調整（いわゆる「エーミング作業」）といった，一定の分解整備の対象装置の作動に影響を及ぼすおそれがある整備または改造に拡大しました。エーミング作業と，自動運行装置の取り外しやその作動に影響を及ぼすおそれがある整備または改造を総称して，車両法施行規則等では「電子制御装置整備」と規定しています（車両法施行規則3条8号・9号）。

　自動車技術の電子化，高度化に伴い，装置の取り外しを伴わない整備や改造であっても，対象装置の作動に影響を及ぼすおそれがあり，その結果として安全上重要な影響を及ぼすものが増加しています。しかし，これらの整備や改造が分解整備に含まれていないため，地方運輸局長による認証を受けていない事業者でも実施可能であり，また，点検整備記録簿への記載義務もなく（2020年4月の改正前車両法49条2項参照），自動運転システム等の電子装置に係る整備

図表2-6-13 > 分解整備の範囲の拡大の概要

装　置	取り外して行う整備・改造	取り外しを伴わないが，特定整備の対象装置の作動に影響を及ぼすおそれがある整備・改造	地方運輸局長等の認証が必要
原動機	従来の「分解整備」　拡大　定義を拡大（例）カメラ，レーダー等の調整 名称を「特定整備」に変更　拡大		
動力伝達装置			
走行装置			
操縦装置			
制動装置			
緩衝装置			
連結装置			
自動運行装置	対象装置の追加		
灯火装置など	「分解整備の対象外」		不要

出所：佐藤典仁「自動運転の実現に向けた道路運送車両法および道路交通法の改正の概要」NBL1149号7頁

作業の安全性確認が法制上担保されていませんでした。

　また，2020年4月の車両法改正により保安基準の対象装置となった自動運行装置も分解整備の対象に含まれていません。そこで，これらに対応し，整備作業の安全性を担保するために，分解整備の範囲を拡大する改正を行いました。これにより，電子制御装置整備をした場合には，その内容を点検整備記録簿に記載することが必要になっています（車両法49条2項）。

⒝　新たに電子制御装置整備を事業として行う場合の認証基準の概要

　2020年4月の車両法改正により，新たに特定整備の対象となる作業（電子制御装置整備）を事業として行う場合には，当該事業者は，地方運輸局長による認証を受ける必要があります（車両法78条1項）。認証のパターンは，①従来の分解整備のみを行う場合，②電子制御装置整備のみを行う場合，③従来の分解整備および電子制御装置整備の両方を行う場合が想定されています。

　新たに電子制御装置整備を事業として行う場合の認証基準の概要[14]は，**図表2-6-14**および**図表2-6-15**のとおりです（車両法施行規則57条）。

　なお，従来の分解整備に該当する作業の認証基準に変更はありません。また，

図表2-6-14 電子制御装置整備を行う場合の，設備および作業機械等に関する認証基準

※普通自動車（乗用車）の例			電子制御装置整備	
			自動運行装置を含む	自動運行装置を除く
設備	電子制御装置点検整備作業場※3	間口	2.5m（屋内※1 2.5m） 参考：現行の基準4m	←
		奥行	6m（屋内※2 3m） 参考：現行の基準8m	←
		天井高さ	対象とする自動車についてエーミング作業を実施するのに十分であること	←
			床面は平滑であること	←
	車両置場	間口	3m以上	←
		奥行	5.5m以上	←
作業機械等	作業計器（保有義務）		水準器	←
	点検計器及び点検装置 （保有義務）		整備用スキャンツール（性能及び機能要件を規定）	←
	整備に必要な情報の入手（義務）		点検・整備に係る情報（機器を含む）を入手できる体制 （例：整備作業要領やPC，ネット環境等）	←
	その他（自動運行装置に限る）		自動運行装置を装備した自動車の自動運行装置の点検・整備に必要な技術情報を入手できること	－

※1 屋内の間口については，エーミングに必要な寸法，自動車の全幅及び作業スペース分0.5mを考慮した数値
※2 屋内の奥行については，エーミングに必要な寸法に，自動車の前部付近での作業スペース分2mを加えた数値
※3 電子制御装置点検整備作業場は，点検作業場，車両整備作業場のほか完成検査場と兼用可
出所：国土交通省自動車局「特定整備制度概要」（2020年3月）

従来の分解整備および電子制御装置整備の両方を行う場合には，両方のすべての要件に適合することが必要になります。

図表2-6-15のとおり，電子制御装置整備を行う場合，自動車整備士の最低要件として，1級自動車整備士（二輪除く）であるか，1級二輪自動車整備士等であって，国が定める講習を受講した者が少なくとも1名必要となります

図表 2-6-15 電子制御装置整備を行う場合の，従業員に関する認証基準

※普通自動車（乗用車）の例		電子制御装置整備	
		自動運行装置を含む	自動運行装置を除く
工員要件	工員数	2人以上	←
	自動車整備士の最低要件	「1級（二輪を除く）」or「{1級（二輪）or 2級整備士 or 車体整備士 or 電気装置整備士}＋講習」が1名以上	←
	自動車整備士保有割合	1/4以上（1級 or 2級 or 3級 or 車体整備士 or 電気装置整備士数/全工員数）	←
	整備主任者の資格要件	「1級（二輪を除く）」or「{1級（二輪）or 2級整備士 or 車体整備士 or 電気装置整備士}＋講習」	←

分解整備及び電子制御装置整備の両方を行うパターンについて
分解整備及び電子制御装置整備の全ての要件に適合することが必要
（例）整備主任者は，1級整備士（二輪を除く）or {1級（二輪）or 2級整備士}＋講習を受けた者のみ選任可
出所：国土交通省自動車局「特定整備制度概要」（2020年3月）

（車両法施行規則57条7号ロ）。整備主任者の資格要件も同様です。これは，電子制御装置整備の整備主任者に選任できる知識・技能を有していることが担保されているのは，現在，1級自動車整備士のみですが，1級自動車整備士の資格取得者は少数にとどまっています。そこで，整備工場が早急に認証を取得できる環境を確保するため，当面の間，国土交通大臣が定める講習により整備主任者としての要件を満たせるようにしたものです。

(c) 点検整備に必要な技術情報の提供の義務づけの概要

2020年4月の車両法改正により，自動車製作者等は，その製作する自動車で我が国において運行されるもの等について，自動車特定整備事業者等に対して，点検および整備をするにあたって必要となる当該自動車の型式に固有の技術上の情報を提供する義務を負っています（車両法57条の2第1項）。

自動運転等の先進技術の点検整備を適切に行うためには，自動車メーカー等の保有する型式固有の詳細な技術情報が必要です。今後，先進技術がより高度

化し，普及する中で，ディーラー以外の整備工場に対しても広く適時にこれら
の技術情報が提供される環境を整備することが不可欠ですので，自動車メー
カー等に対して，これらの技術情報を，特定整備を行う事業者に提供すること
を義務づけています。この情報提供義務に違反した場合の罰則（50万円以下の
罰金）も設けることで，その実効性を担保しています（車両法109条8号）。

(iv)　自動車の特定改造等に係る許可制度の創設

(a)　現行車両法下の問題

　昨今の自動車技術の発展に伴い，スマートフォンのソフトウェアをアップ
デートするのと同様に，自動車メーカー等が，使用過程時の自動車に対して，
通信を活用することにより自動車の制御用ソフトウェアを配信し，運転支援機
能の追加をはじめとする性能変更や機能追加を行うことが可能となっています。
専用のツール等を接続して，または，無線通信を活用して（OTA：Over The
Air），ソフトウェア配信を行うことが想定されるため，従来の改造とは異なり，
短時間に大量の自動車に対して変更を加えることが可能となります。したがっ
て，このような変更が適切でなければ自動車が保安基準に適合しなくなるおそ
れもあり，事故やハッキングが大規模に発生する等，社会的に重大な影響が生
じる可能性があります。従来の車両法では，このような事態を想定しておらず，
配信されるソフトウェアの安全性を国が事前に確認する仕組みが存在しません
でした。

(b)　特定改造等の許可制度

　改正車両法は，自動車の電子制御装置に組み込まれたプログラムの改変によ
る改造を電気通信回線の使用等により行う特定改造等について許可制度を設け
ています（車両法99条の3第1項1号）。このような改造は，使用者等も簡単な
操作により行うことが可能ですので，この特定改造等には，このような改造を
させる目的をもって電気通信回線の使用等により使用者等に対しプログラムを
提供する場合も含まれ，許可の対象となっています（同項2号）。特定改造等
の許可における具体的な要件や手続等は関係政省令等において整備され，2022
年11月に施行されています。

　特定改造等の許可にあたっては，(a)許可申請者がサイバーセキュリティの確

保のための業務管理能力および適切なソフトウェアアップデートの確保のための業務管理能力を有するかどうか，(b)ソフトウェアアップデートに起因した不具合の是正を適確に実施するために必要な体制を有するかどうか，(c)プログラムの改変による改造を受けた自動車が保安基準に適合するかどうかについて，改造のためのプログラムごとに，あらかじめ国土交通大臣による確認を受けなければならないとしています。

　なお，特定改造等の対象となるプログラムは，新たに自動車線変更機能を追加する，走行環境条件を変更するといった，内容が適切なものでなければ自動車が保安基準に適合しなくなるおそれのあるものに限られ，オーディオやカーナビゲーションシステムの機能の追加や性能の変更は含まれません。

　また，リコールに該当するプログラムの改変については，現行のリコール制度（上記(1)(vi)参照）において取り扱われます。

(c)　許可を受けた者の遵守事項

　許可を受けた者（典型的には，自動車メーカー等が想定されます）は，特定改造等を適確に実施するに足りる能力および体制を維持する（同条4項）ことに加え，プログラム等の適切な管理および確実な改変その他特定改造等の適確な実施を確保するために必要なものとして国土交通省令で定める事項を遵守しなければならないとされています（同条5項）。たとえば，(a)プログラムの改変による改造の実施状況等，当該改造に関する所定の情報を記録するとともに，許可を受けた者の施設において当該情報を保管すること[15]や，(b)サイバーセキュリティに対する脅威および脆弱性の監視，検出および対応等の許可に係るプログラム等の改変による改造の対象車両のサイバーセキュリティを確保するための措置を講じなければならないとされています[16]。また，(c)上記(2)(iii)(f)のWP.29のサイバーセキュリティタスクフォースでの議論を踏まえて，自動車の使用者等に対して特定改造等の安全性を確保するために必要な情報を適切に提供する措置を講ずる義務が，許可を受けた者に課されています[17]。提供すべき情報には，改造の目的，内容および所要時間，改造中に使用できなくなる機能，変更された機能の使用方法，自動車の使用者等に対する注意事項などに関する情報などが含まれます。

(5) 米国，業界団体等の取組みの状況

(i) 米国運輸省（USDOT）のガイドライン

米国においては，米国運輸省道路交通安全局（NHTSA）が2016年9月に発表した自動運転ガイドライン（Vehicle Performance Guidance for Automated Vehicles）をもとにし，かつ，同ガイドラインを代替する位置づけの，自動運転ガイドライン2.0（Automated Driving Systems 2.0 : A Vision for Safety）をUSDOT および NHTSA が公表しました。この自動運転ガイドライン2.0では，メーカー等の開発者向けのボランタリな要件であることが強調されています。

その後，USDOT は，2018年10月に，自動運転ガイドライン3.0（preparing for the future of transportation : automated vehicles 3.0）を公表しました[18]。自動運転ガイドライン3.0は，自動運転ガイドライン2.0を前提に，安全性の重視や規制の現代化といった，自動運転政策およびプログラム策定の指針となる6原則と，その実行にあたっての5戦略を提示しました。

この自動運転ガイドラインにおいては，システムの安全性，ODD，HMI，サイバーセキュリティ，データ記録等の12個の安全要素が示されています。自動運転車の開発者は，この安全要素を用いて安全についての自己評価（Voluntary Safety Self-Assessment : VSSA）を公表し[19]，自動運転車の安全性の問題に対処しているかを一般に説明することが推奨されています。

さらに，2020年1月に，USDOT は，自動運転ガイドライン4.0（Ensuring American Leadership in Automated Vehicle Technologies）を公表し，同年4月までパブリックコメント手続を行いました。

この自動運転ガイドライン4.0は，米国が自動運転技術の発展と統合において世界をリードし続けていくことを目的に，連邦政府の基本原則を示しました。具体的には，①利用者とコミュニティの保護，②効率的な市場の促進，③協調的な取組みの促進を3つの核心的利益とし，合計10個の原則を示しています。

また，2021年1月に，USDOT は，自動運転車総合計画（Automated Vehicles Comprehensive Plan）を公表し，同年3月までパブリックコメント手続を行いました。

この自動運転車総合計画は，自動運転ガイドライン4.0に記載された原則に

基づき，自動運転システムに対する USDOT のビジョンを達成するための目標を示しました。具体的には，①関係者との協力と透明性の促進，②規制環境の現代化，③交通システムの準備を3つの目標として示しています[20]。

(ii) 自動運転車安全コンソーシアム（AVSC）

2019年4月，米国の自動車規格の業界団体である米自動車技術者協会（SAE International）は，トヨタ自動車，米国のゼネラル・モーターズ，フォードとともに，自動運転車安全コンソーシアム（Automated Vehicle Safety Consortium™（AVSC））を立ち上げました[21]。このコンソーシアムは，事故等の再現のためのデータ収集・保護・共有，自動運転車と他の交通参加者とのやりとり，および公道での試験走行にフォーカスした，レベル4とレベル5の自動運転車の安全原則を定めたロードマップの作成に取り組むとされています。

＊　　　＊　　　＊

1　OICA（国際自動車工業会），IMMA（国際二輪自動車工業会），ISO（国際標準化機構），CLEPA（欧州自動車部品工業界），SAE（自動車技術会）等。
2　国土交通省2019年12月20日付報道発表資料「世界初，国際的な車両認証制度（IWVTA）に基づく認定証を発行」。
3　国土交通省「車載式故障診断装置を活用した自動車検査手法のあり方について（最終報告書）」。
4　UN Regulation No. 79 - Rev.4（https://www.unece.org/fileadmin/DAM/trans/main/wp29/wp29regs/2018/R079r4e.pdf）
5　協定規則79号5.6.2。
6　協定規則79号5.1.6.1。
7　協定規則79号5.6.1。
8　協定規則79号5.6.4。
9　協定規則79号5.1.6.2。
10　国土交通省2018年10月16日付報道発表資料「車線変更支援機能に関する国際基準を導入します」参考説明をもとに筆者ら作成。
11　"Guideline on cyber security and data protection"（ECE/TRANS/WP.29/2017/46）（https://www.unece.org/fileadmin/DAM/trans/doc/2017/wp29/ECE-TRANS-WP29-2017-046e.pdf）
12　http://www.mlit.go.jp/report/press/jidosha07_hh_000338.html
13　石井啓一（国土交通大臣）の発言。「第198回国会衆議院国土交通委員会議事録第9号」（2019年5月8日）12頁。
14　特定整備制度の詳しい内容については，特定整備制度概要（https://www.mlit.go.jp/

jidosha/content/001332203.pdf）を参照。

15 自動車の特定改造等の許可に関する省令5条2号

16 自動車の特定改造等の許可に関する省令5条3号

17 自動車の特定改造等の許可に関する省令5条4号，自動車の特定改造等の許可に関する技術上の基準に係る細目等を定める告示4条

18 https://www.nhtsa.gov/vehicle-manufacturers/automated-driving-systems#automated-driving-systems-av-30

19 https://www.nhtsa.gov/automated-driving-systems/voluntary-safety-self-assessment

20 https://www.transportation.gov/av/avcp/5

21 "SAE International, Ford, General Motors and Toyota Announce Formation of Consortium to Address Autonomous Vehicle Safety"（https://www.sae.org/news/press-room/2019/03/sae-international-ford-general-motors-and-toyota-announce-formation-of-consortium-to-address-autonomous-vehicle-safety）

7 公道実証実験

(1) 様々な主体による実証実験

自動運転車の実用化に先立ち，実際の道路環境や気象条件での車両性能を検証するだけでなく，自動運転車により提供するサービス内容や運用の検証，自動運転車に対する社会受容性の検証等を目的に，様々な主体により公道実証実験が行われています。自動車メーカーが自動運転車の開発のために行っているものに加え，**図表2-7-1**の政府主導の実証実験も行われています。

図表2-7-1 ▷ 官公庁主導の公道実証実験

実施主体	概要
内閣府，警察庁，総務省，国交省	東京都臨海副都心地域等におけるインフラ協調型の自動運転システムの実証実験
国土交通省，経済産業省	ラストマイル自動運転の実証実験
国土交通省，内閣府	中山間地域における道の駅等を拠点とした自動運転サービス実証実験
国土交通省，内閣府	ニュータウンにおける公共交通ネットワークへの自動運転サービスの社会実装に向けた実証実験
国土交通省	空港制限区域内における自動走行に係る実証実験
内閣府	沖縄におけるバス自動運転実証実験，大規模実証実験（ダイナミックマップの研究開発成果の技術検証等）
国土交通省，経済産業省	高速道路におけるトラックの隊列走行
総務省	第5世代移動通信システム（5G）総合実証試験

当初の実証実験では，フランスのNAVYAやEasyMileの開発したハンドルやブレーキペダルのない小型のバスにそれぞれSBドライブやディー・エヌ・エーといったIT企業が導入・運用を行うものや，ヤマハ発動機の開発したゴルフカート等が使用されていました。

その中で，福井県永平寺町にある公道では，遠隔型自動運転に関する実証実験が行われ，2018年11月には1人の監視者（遠隔ドライバー）が2台の車両を

SBドライブにより浜松市で行われた自動運転バス試乗会に用いられたハンドルのない自動運転バス（2018年12月14日〜12月16日）

出所：ソフトバンクウェブサイト「自動運転バス試乗会実施報告レポート」[1]

図表2-7-2　　永平寺無人自動運転移動サービスの概要

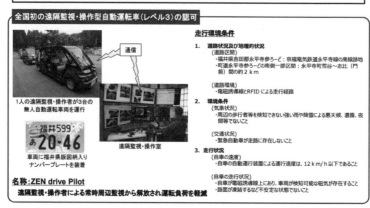

出所：国土交通省資料「永平寺ラストマイル自動運転車（レベル3）の認可」

監視・操作する公道実証実験が行われました。そして，2021年3月には，レベル3の自動運行装置として認可を受けた遠隔型自動運転システムによる，1人の監視者（遠隔ドライバー）が3台の車両を運行する無人自動運転移動サービスが全国で初めて実装化されました。その後，2023年5月21日より，レベル4の無人自動運転移動サービスが開始されました[2]。

　これらの他に，企業による取組みとして，たとえば，2018年8月から9月にかけて，ZMPと日の丸交通が，東京の六本木から大手町までの一般道で，世界初となる自動運転タクシーによる営業運行を行いました。

画像提供：株式会社ZMP/日の丸交通株式会社

　さらに，茨城県境町では，ソフトバンクの子会社であるBOLDLYの協力のもと，2020年11月より，一般公道における車内保安運転者が乗車する形（レベル2）での2台の車両を同時運行させる自動運転バスの定常運行が開始されています。

　以上のとおり，様々な主体により各地で実証実験が行われていますが，本章では，公道実証実験に対する規制の概要および公道実証実験を行う際に留意すべき事項を見ていきます。概要は**図表2-7-3**のとおりで，日本では，アクセル・ブレーキペダル等のある通常の車両で行う場合には，車内に運転者がいれ

ばレベル3～5や無人自動運転を目指した実証実験であっても，許可等は不要
です。遠隔型の場合には，基準緩和認定および道路使用許可を受ければ実証実
験を行うことが可能です。詳細は(2)以下で見ていきます。

<table>
図表 2 - 7 - 3 ＞　自動運転の公道実証実験に係る国内外の規制
</table>

車両内運転者有	国際条約：可
	日　　本：可（許可も不要）
	海　　外：可（ただし，多くは許可制）
車両内運転者無 （遠隔監視・操作者が いる場合を含む）	国際条約：遠隔監視・操作者がいれば可（2016年3月）
	日　　本：遠隔監視・操作者がおり，かつ基準緩和認定および道路 　　　　　　使用許可を受ければ可（2017年6月）
	海　　外：遠隔監視者（Remote operator）がおり，かつ許可 　　　　　　（Manufacturer's Permit to Test Autonomous 　　　　　　Vehicles That Do Not Require a Driver）を受けれ 　　　　　　ば可（米国カリフォルニア州，2022年4月13日発効）[3] 　　　　　　等

出所：ロードマップ2018・46頁の表を筆者にて加筆修正

(2)　自動運転車一般に対する規制

(i)　法律上の要件

　実証実験は，私有地や公道など，様々な場所で行われています。まず，私有
地であれば土地の所有者の承諾さえ取れば，何ら制約なく行うことができるの
でしょうか。この点については，たとえば小学校の校庭や私有工場の敷地内の
空き地を道交法上の「道路」（同法2条1項1号）とした裁判例[4]もあり，私有
地であっても道交法上の「道路」に該当するのであれば，以下で見ていくよう
に公道で実証実験を行うのと同様の制約があることになります。道交法の「道
路」の定義のうちの「一般交通の用に供するその他の場所」に当たるか否かが
問題となりますが，この点については様々な解釈がされており[5]，また，自動
車事故が起こった際の道交法違反の有無という観点から多くの裁判例もありま
すので，実際に私有地等で実証実験を行う場合には，道交法上の「道路」に該
当しないかについても慎重な検討が必要となります。

　公道で行う場合には，実証実験であっても上記3と同様に，道交法を遵守し，

車両が保安基準に適合している必要があります。もっとも，①車両が保安基準の規定に適合していること，②運転者となる者が実験車両の運転者席に乗車して，常に周囲の道路交通状況や車両の状態を監視し，緊急時等には，他人に危害を及ぼさないよう安全を確保するために必要な操作を行うこと，③道交法をはじめとする関係法令を遵守して走行すること，という要件を満たせば，どのレベルであっても，事前に許認可等を取得することなく，また，時間・場所を問わず公道実証実験を行うことが可能です。この点は，下記(ii)のガイドラインで明確化されました。

　したがって，保安基準に適合した通常の車両に自動運転システムを搭載した車両の実証実験は，運転席に運転者が乗車して，安全運転義務などの法令を遵守し，緊急時に必要な操作を行うことができるのであれば，許認可等を取得することなく行うことが可能です。

(ii)　警察庁公道実証実験ガイドライン

　警察庁は，適正かつ安全な公道実証実験が実施されるよう，公道実証実験の実施にあたって留意すべき事項を示した，「自動走行システムに関する公道実証実験のためのガイドライン」（警察庁公道実証実験ガイドライン）[6]を2016年5月に策定しました。

　このガイドラインは，運転者となるドライバーが緊急時に必要な操作を行うために運転者席に乗車することを前提に，講ずべき安全確保措置や，テストドライバーの要件等の一般的な事項を記載したものとなっています。警察庁公道実証実験ガイドラインには，テストドライバーは，必要とされる運転免許を保有していることや，常に周囲の道路状況や車両の状態を監視し，緊急時等に直ちに必要な操作を行うことができる必要があること等の法令上の義務も記載されていますが，それ以外については，法的拘束力はなく，あくまで参考とすべきガイドラインです。概要は**図表2-7-4**のとおりです。

図表 2 - 7 - 4 ＞ 警察庁公道実証実験ガイドライン（概要）

安全確保措置	・公道実証実験に用いる自動走行システムは，テストドライバーが緊急時等に安全確保のために必要な操作を行うことができるものである必要がある（法令上の義務）。
テストドライバーの要件	・当該実験車両の自動走行システムの仕組みや特性を理解していること。 ・当該実験車両の自動走行システムを用いて実験施設等で運転し，緊急時の操作に習熟していること。
テストドライバーに関連する自動走行システムの要件	・実験車両の種類に応じて法令に基づき運転に必要とされる運転免許を保有している必要がある（法令上の義務）。 ・常に道交法をはじめとする関係法令における運転者としての義務を負い，交通事故や違反等が発生した場合には常に運転者としての責任を負うことを認識する必要がある（法令上の義務）。 ・常に周囲の道路状況や車両の状態を監視し，緊急時等に直ちに必要な操作を行うことができる必要がある（法令上の義務）。 ・自動走行システムは，テストドライバーが緊急時等に安全を確保するために必要な操作を行うことができるものである必要がある（法令上の義務）。 ・また，自動走行を開始または終了する場合において，警報音を発するなどして，テストドライバーにその旨を明確に示すなど，テストドライバーとの間における実験車両の操作の権限の委譲が適切に行われるようなものとすべきである。
その他	・交通事故等発生時の事後検証のために，実験車両にドライブレコーダーやイベントレコーダー等が搭載されるとともに，車両状態情報を含む各種データ，センサの作動状況等について，記録・保存すべきである。 ・新規性の高い技術を用いた自動走行システムに関する公道実証実験や大規模な公道実証実験を実施する場合には，その内容等に応じて，実験車両および自動走行システムの機能，実施場所における交通事故や交通渋滞の状況，道路上の工事の予定，道路環境・道路構造等を踏まえた助言等を受けるため，十分な時間的余裕を持って，実施場所を管轄する警察，道路管理者および地方運輸局等に対し，当該公道実証実験の計画について事前に連絡するべきである。 ・実験車両が道路運送車両の保安基準に適合している必要がある（法令上の義務）。 ・交通事故が発生した場合，直ちに運転を停止して，負傷者を救護し，道路における危険を防止する等必要な措置を講じ，警察官に当該交通事故の状況等を報告する必要がある（法令上の義務）。

⑶ ハンドルやアクセル・ブレーキペダル等のない自動運転車に対する規制

無人自動運転移動サービスにおいては，運転席がなく，ハンドルやアクセル・ブレーキペダル等のない車両が用いられることが想定されています。このような車両は，保安基準に適合しないことから（上記⑵(i)の①の要件），公道で実証実験を行うことはできませんでした。そこで，国土交通省は，2017年2月に基準緩和告示[7]を改正し，自動運転または遠隔操作の実証実験車両につき，走行ルートの限定や緊急停止ボタンの設置等の安全確保措置を講じること等を前提に，保安基準55条に基づき，地方運輸局長が認定した場合には，操縦装置およびかじ取り装置に係る基準が緩和され，このような車両でも基準緩和認定を受ければ実証実験を行うことができるようになりました[8]。

他方で，2019年9月，公道実証実験に係る警察庁の通達が改訂され，ハンドルやアクセル・ブレーキペダル等のない自動運転車（特別装置車）の公道実証実験を行う場合には，**図表2-7-5**の「最高速度は，道路環境等に鑑みて十分な猶予をもって安全に停止できる速度とすること」などの許可基準に従って，道交法77条[9]の道路使用許可を取得する必要があることとなりました（道路使用許可の詳細は下記⑷(iii)を参照）[10]。

そのため，ハンドルやアクセル・ブレーキペダル等のない車両で実証実験を行う場合には，基準緩和認定を受けるとともに，各管轄区域の警察署から道路

図表2-7-5	自動運転の公道実証実験に係る道路使用許可基準（共通項目・特別装置自動車[11]の個別項目）の概要

共通項目	・事業化を見据え，できる限り急ブレーキを避けるなど，乗客の安全にも十分配慮した走行が可能であること。 ・最高速度は，道路環境等に鑑みて十分な猶予をもって安全に停止できる速度とすること（当該道路の規制速度で走行している通常の自動車の停止距離と同等の距離で停止することができる速度以下となることが想定されている）。 ・自律走行させる場合は，警察官等による公道審査を経ること。
特別装置自動車の個別項目	・施設内審査・路上審査に合格した監視・操作者が乗車すること。

使用許可を受ける必要があります。

(4)　遠隔型自動運転システムに対する規制

(i)　遠隔型自動運転システムの実証実験

　遠隔型自動運転システムとは，自動車から遠隔に存在する運転者が電気通信技術を利用して当該自動車の運転操作を行うことができる自動運転技術をいうとされています。下記8の無人自動運転移動サービスにおいて活用されることが見込まれます。

　しかし，従来の道交法および保安基準は，車内の運転者席に運転者が存在して必要な監視・操作を行うことを前提としていますので，自動車の外に運転者が存在して監視・操作を行うことがそもそも認められるのか，どのように安全性を担保していくのかが問題となります。この点については，ジュネーブ条約上も一定の条件下で実験が可能であるとの解釈が示され，道交法上も同法77条の道路使用許可を受ければ実施可能との通達が策定されるとともに，保安基準は上記(3)の基準緩和認定を用いることができるため，遠隔型自動運転システムについても，公道実証実験が可能となりました。以下，詳細を見ていきます。

(ii)　ジュネーブ条約

　遠隔型自動運転システムを用いた自動運転車の公道実証実験のジュネーブ条約上の整理は，上記4(2)(ii)のとおり，2016年3月開催の第72回 WP. 1会合で，車両をコントロールする能力を有し，かつ，それが可能な状態にある者がいれば実験は可能と確認されています。

(iii)　道路使用許可

　警察庁は，ジュネーブ条約上可能であることが明確となった遠隔型自動運転システムを用いた自動運転車の公道実証実験に関し，2017年6月，「「遠隔型自動運転システムの公道実証実験に係る道路使用許可の申請に対する取扱いの基準」の策定について」と題する通達を発し，遠隔型自動運転システムを用いた公道実証実験を，道交法77条の道路使用許可を受けて実施することができる許可対象行為とするとともに，許可申請に対する取扱いの基準を策定しました。

この通達を受けて，各都道府県の道路交通規則が改正され[12]，遠隔型自動運転システムを用いた公道実証実験が許可対象行為に加えられました。したがって，遠隔型自動運転システムを用いた公道実証実験を行う場合には，各管轄区域の警察署から道路使用許可を受ける必要があります。なお，2019年9月に上記通達は，上記(3)のハンドルやアクセル・ブレーキペダル等のない自動運転車（特別装置車）の許可基準が加えられるなどの改訂がされ，「自動運転の公道実証実験に係る道路使用許可基準」として定められました。また，同基準は，レベル3自動運転を可能とする改正道交法が2020年4月に施行されたこと，および，限定地域での無人自動運転移動サービスの実用化に向けた公道実証実験を検討する主体も存在すること等を踏まえ，2020年9月に改訂されました。

　許可申請を行う場合には，本基準を確認する必要があり，具体的には，実験車両を安全に走行させるために必要な通信環境を確保できる場所であること等が求められます。また，許可には，監視・操作者は，実験車両が走行している間，常に実験車両の周囲および走行する方向の状況や実験車両の状態を監視し，緊急時等に直ちに必要な操作を行うことができる状態を保持すること（ただし，レベル3以上の自動運転車を用いた実証実験において，自動運行装置に付された使用条件で同装置を使用して走行させる場合には，監視・操作者は，実験車両が走行している間，必要に応じて実験車両の周囲および走行する方向の状況や実験車両の状態を監視し，直ちに必要な操作を行うことができる状態を保持することとされています）や，自動運転システムの不具合等により交通事故が発生し実験を中止した場合であって，実証実験を再開しようとするときは，事故原因を明らかにし，再発防止策を講じた上で，改めて許可の申請を行うこと，といった許可の条件が付されます。

　なお，審査基準を満たす限りにおいて，1人の監視・操作者が複数の自動運転車を走行させること（いわゆる「1対N」）も認められます。

　審査基準としては，**図表2-7-5**の共通項目に加え，**図表2-7-6**の遠隔型自動運転システムの公道実証実験に個別の項目があります。その概要は，次のとおりです。

図表 2 - 7 - 6	自動運転の公道実証実験に係る道路使用許可基準（遠隔型自動運転システムの個別項目の概要）

共通項目	図表 2 - 7 - 5 の共通項目参照。
実施場所	・実験車両を安全に走行させるために必要な通信環境を確保できる場所であること。
安全確保措置	・遠隔型の特性を踏まえた安全対策を含む実施計画であること。
遠隔型自動運転システム等の構造等	・通信が，想定よりも遅延した場合は，自動停止するものであること。 ・乗客を乗せて走行することを予定しているときには，遠隔監視・操作者が，映像により実験車両内の状況を常に把握することができ，必要に応じて実験車両内にいる者と通話することができるものであること。
1 名の遠隔監視・操作者が複数台の実験車両を走行させる場合（いわゆる「1 対 N」）	・1 名の遠隔監視・操作者が当該システムを用いて 1 台の実験車両を走行させる（いわゆる「1 対 1」）公道実証実験が各実験車両について既に実施され，当該実施場所において，当該システムおよび各実験車両を用いて安全に公道を走行させることができることが確認されていること。 ・遠隔監視・操作者が映像および音により，同時に全ての実験車両の周囲および走行する方向の状況を把握できるものであること。 ・走行中に遠隔監視・操作者が 1 台の実験車両について遠隔からの操作を行った場合に，他の実験車両の監視・操作が困難となることを踏まえた，自動的に他の実験車両を安全に停止させるなどの安全対策が盛り込まれた実施計画であること。

(ⅳ)　遠隔型自動運転システムを搭載した自動車の基準緩和認定制度

　上記(3)のとおり，2017年 2 月に基準緩和告示が改正され，基準緩和認定により遠隔型自動運転システムによる公道実証実験が可能となりました。

　もっとも，従来の保安基準は車内の運転者席に運転者が存在することを前提としたものであり，運転者が遠隔から監視・操作を行う遠隔型自動運転システムを搭載した自動車については，保安基準適合性を一律に判断することが困難とされていました。

　そこで，遠隔型自動運転システムによる公道実証実験が円滑に行われる環境を整備するため，国土交通省は2018年 3 月に，遠隔型自動運転システムを搭載した自動車の基準緩和認定制度（以下「基準緩和認定制度（遠隔型自動運転システム）」といいます）を創設しました。基準緩和認定制度（遠隔型自動運転システム）の概要は**図表 2 - 7 - 7** のとおりです。

| 図表2-7-7 | 基準緩和認定制度（遠隔型自動運転システム）の概要 |

審査内容	・地方運輸局長は，当該自動車の運行が道路構造および道路交通に与える支障や運行経路等について，構造・使用の態様が特殊であることによる保安上もしくは公害防止上の支障，申請に示された使用の態様以外の態様により使用されるおそれ，または付そうとする条件・制限に違反して使用されるおそれの有無を，審査する。
条件および制限の付与	・地方運輸局長は，認定を行う場合，①運転操作に必要な情報の伝達時に発生するタイムラグ，②操縦装置に関する要件，③視界に関する要件，④灯火器の点灯操作状態に関する表示等の要件，⑤衝突安全性能等に関する要件等について代替の安全確保措置を講じることを条件とし，または制限を付す。
基準緩和の認定等	・地方運輸局長は，審査の結果，保安上・公害防止上支障があると認める場合または申請に示された態様以外で使用されるおそれもしくは認定に付そうとする条件・制限に違反して使用されるおそれがあると疑うに足りる相当な理由があると認める場合，保安基準55条7項に該当するものとして認定を行わない。
運行時の車体表示	・認定された遠隔自動運転システムによる運行を行う場合，自動車の前面および後面の車両法施行規則54条の規定による標識に近接した見やすい箇所に，一定の大きさの文字を用いて，遠隔型自動運転システムによる運行を行っている旨を表示する。
行政処分等	・地方運輸局長は認定を受けた自動車について，車両法に照らして適切な運行が行われていないと認められた場合，条件・制限に違反して運行した場合または認定の申請にあたって虚偽の申請を行った場合，申請者に対し同法100条2項に基づく立入検査および関係者への質問を実施し，事実関係を確認したときは，認定取消処分を行う。

出所：国土交通省「遠隔型自動運転システムを搭載した自動車の基準緩和認定制度の創設について」[13] より作成

(5) 国家戦略特区における近未来技術実証

　2016年から国家戦略特区における近未来技術実証が行われるとともに，2017年に東京都および愛知県，2018年に福岡市および北九州市において実証実験を実施する民間事業者に対して各種相談や情報提供を行う「自動走行ワンストップセンター」が設置されるなど，国家戦略特区を活用した実証実験が促進されています。さらに，自動運転等の近未来技術の実証実験の迅速化・円滑化を図るため，地域限定型規制のサンドボックス制度を創設すること等を目的とした

「国家戦略特別区域法の一部を改正する法律」が2020年 9 月 1 日に施行されています。詳細は，下記10をご参照ください。

*　　　*　　　*

1　https://www.softbank.jp/drive/news/navya_arma/20181214_01/
2　https://www.mlit.go.jp/report/press/content/001609547.pdf
3　https://www.dmv.ca.gov/portal/file/adopted-regulatory-text-pdf/
4　高松高判昭27・ 3 ・29高刑集 5 巻 3 号442頁，東京高判昭28・ 4 ・27高刑集 6 巻 4 号520頁。
5　平野龍一ほか編『注解特別刑法第 1 巻　交通編⑴〔第 2 版〕』（青林書院，1992）30〜36頁。
6　https://www.npa.go.jp/koutsuu/kikaku/gaideline.pdf
7　「道路運送車両の保安基準第55条第 1 項，第56条第 1 項及び第57条第 1 項に規定する国土交通大臣が告示で定めるものを定める告示」（平成15年国土交通省告示第1320号）。
8　国土交通省2017年 2 月 9 日付報道発表資料「道路運送車両の保安基準等を改正します」改正概要別紙。
9　特定の使用を行う場合の道路使用許可取得を義務づけた規定です。
10　警察庁「自動運転の公道実証実験に係る道路使用許可基準」（2017年 9 月策定，2020年 9 月最終改訂）。
11　同基準は特別装置車を「手動による運転時は通常のハンドル・ブレーキと異なる特別な装置で操作する自動車」としています。
12　たとえば，東京都道路交通規則につき，https://www.reiki.metro.tokyo.lg.jp/reiki/reiki_honbun/g101RG00002199.html をご参照ください。
13　http://www.mlit.go.jp/common/001229340.pdf

8　無人自動運転移動サービス

(1)　無人自動運転移動サービスの概要

　自動運転システムが目指す運送サービスとして，無人自動運転移動サービスがあります。

　無人自動運転移動サービスとは，当該車両外に使用者が存在する自動運転システム（遠隔型自動運転システム）を含め，車内に運転者がいない自動運転システムを活用した移動サービスをいうとされます。無人自動運転移動サービスは，人や物の移動を含みますが，本8「無人自動運転移動サービス」では，人の移動を目的とする無人自動運転移動サービスについて説明します。

(2)　無人自動運転移動サービスの目指すもの

　政府は，①2022年度を目途に限定地域での遠隔監視のみの無人自動運転サービス（レベル4）の実現，②2025年目途で全国各地域での無人自動運転移動サービスの実現を目標として掲げており（ロードマップ2020），2019年11月30日からは，秋田県にある道の駅「かみこあに」を拠点とした自動運転サービスの社会実装が始まっています。

　また，経済産業省および国土交通省は，無人自動運転移動サービスの実現および普及を目指し，「自動運転レベル4等先進モビリティサービス研究開発・社会実装プロジェクト（RoAD to the L4）」を2019年9月から開始し，2025年度を目途に50カ所程度，2027年度までに100カ所以上で無人自動運転移動サービスを実現することを目指しています。永平寺町では，遠隔監視・操作型の自動運行装置（レベル3）の遠隔型自動運転システムが認可され，約2kmの限定的な区間ではありますが，2021年3月25日から無人自動運転移動サービスが開始されました。また，2023年3月30日に同サービスに利用される車両について，車両法に基づき運転者を必要としない自動運転車（レベル4）として認可され，また，同年5月11日に改正道交法に基づく特定自動運行許可を受け，同月21日から無人自動運転移動サービス（レベル4）が開始されました。

　近年，高齢者による交通事故が多発し，運転免許の自主返納が進んでいる一方，中山間地域等の移動手段が自動車以外に存在しない人口減少地域ではバスの廃止路線も増加し，ますます高齢者等の交通弱者による移動が困難となっています。将来的には複数台の車両を1人が同時に監視して運行させることも期待されており，無人自動運転移動サービスはこれらの課題解決に資すると考えられます。

　以下では，無人自動運転移動サービスにおける①道交法，②安全基準，③運送法上の問題点，実務上の問題点について見ていきます。

(3)　無人自動運転移動サービス（レベル4）の法的論点

(i)　交通ルール

　改正道交法により，レベル4の無人自動運転に関する許可制度が創設され，同法の許可を受けた者は，レベル4の無人自動運転移動サービスを行うことができることとなりました。また，特定自動運行に関与する主体も新たに整理されています（上記4⑷参照）。

(ii)　安全基準

　保安基準については，改正道交法の施行に向けて，無人自動運転移動サービス（レベル4）に用いられる自動運行装置に対応するため2023年1月4日に改正されました（詳細は上記6参照）。

(iii)　旅客自動車運送事業

(a)　概　　要

　無人自動運転移動サービスを有償で行う場合には，乗客である「他人の需要に応じ，有償で，自動車を使用して旅客を運送する事業」（運送法2条3項）といえるため，運送法の規定する旅客運送事業に該当し，同法が適用されます。この点，運転者が車内に不在となる自動運転車で旅客運送を行う場合にも，車内に運転者がいる場合と同等の安全性および利便性を確保する必要があることから，国土交通省は，2019年6月，「限定地域での無人自動運転移動サービスにおいて旅客自動車運送事業者が安全性・利便性を確保するためのガイドライ

ン」を公表しました[1]。その後，上記(i)のとおり道交法が改正されることを受けて，2022年6月より，「自動運転車を用いた自動車運送事業における輸送の安全確保等に関する検討会」[2]において，運転者不在の自動運転車を用いた運送事業を行うために講ずべき事項等について検討が行われ，2023年1月に「自動運転車を用いた自動車運送事業における輸送の安全確保等に関する検討会報告書」[3]が公表されました。なお，同報告書は，レベル4の無人自動運転移動サービスによる旅客自動車運送事業および貨物自動車運送事業を対象としています。

　以下では，同ガイドラインおよび同報告書の概要について説明します。

⒝　**限定地域での無人自動運転移動サービスにおいて旅客自動車運送事業者が安全性・利便性を確保するためのガイドライン**

　同ガイドラインでは，限定地域での無人自動運転移動サービスを導入する旅客自動車運送事業者が，安全性および利便性を確保するために対応すべき事項の基本的考え方について，①遠隔監視・操作者の監視等による安全確保措置を前提とした場合と，②レベル4に係る技術の確立・制度の整備後における場合とに分けて示しています。

　①による場合は同ガイドラインを引き続き参照することになります。また，②については概ね上記報告書によりアップデートされていますが，②による場合も安全性・利便性の確保のために対応すべき事項のうち**図表2-8-1**記載のものについては，引き続き本ガイドラインを参照することになります。

図表2-8-1 > **無人自動運転移動サービスにおいて安全性・利便性の確保のために対応すべき事項**

	安全性・利便性の確保のために対応すべき事項
	レベル4に係る技術の確立・制度の整備後における場合
事故の記録	事故発生時，自動運転システムの作動状況，車内外の映像等の状況把握に必要な情報を適切に保存すること
事故やヒヤリハット事例を踏まえた対応	遠隔監視・操作者に対し，事故やヒヤリハット事例を踏まえた指導を行うこと 注意を要する区間を徐行させる等のシステムの設定を行う，システムを用いた運行を中止した上で自動車製作者等に改善を求める等の対応を行うこと
旅客の利便性の確保	苦情処理，旅客および公衆に対する応接等の対応や高齢者，障害者等に対する介助等の支援を行えるようにすること

　また，以上に加え，運送法に基づく各種申請を行う際や，基準緩和認定制度（遠隔型自動運転システム）に基づく認定を受ける際等に，ガイドラインに記載の事項を適切に対応できることを示すとともに，道交法77条の道路使用許可を受けた場合等に遅滞なくその旨を示すものとされています（上記7(4)(iii), (iv)参照）。

(c)　**自動運転車を用いた自動車運送事業における輸送の安全確保等に関する検討会報告書**

　国土交通省の設置した同検討会では，道交法改正を踏まえて，自動車運送事業者が従来と同等の輸送の安全等を確保しつつ，自動運転車を用いて事業を行うことを可能とするために具体的に講ずべき事項等が検討され，2023年1月，報告書が公表されました。同報告書においては，自動車運送事業者等へのヒアリング結果を踏まえ，以下の2つの基本的な考え方が示されています。

➢ 運転者が存在する場合と同等の輸送の安全性を確保（基本的な考え方(1)）

　運転者が不在となる自動運転車を用いた自動車運送事業においても，非常時における対応等これまで運転者が担っていた運転操作以外の業務を確実に実施し，運転者が存在する場合と同等の輸送の安全等を確保することが必要。

➢ 事業の形態によらない運送事業者の責任（基本的な考え方(2)）

　運送事業者が，運行状態の監視業務や非常時の対応業務等を契約により外部の者に実施させることとする場合においても，運送事業者の責任の下，関係

者の責務や役割分担を明確にした上で，従前と同等の輸送の安全等を確保することが必要。

　上記の基本的な考え方は以下の表に記載する個別の論点の考え方に通底するものであり，自動運転車を用いた旅客/貨物自動車運送事業に係るルール整備の基本的方向性を示すものとして重要です。同報告書においては，5つの個別の論点に対する考え方が示されています。その概要は以下のとおりです。なお，論点①から④は基本的な考え方(1)に，論点⑤は基本的な考え方(2)にそれぞれ対応します。

| 図表2-8-2 | 自動運転車を用いた自動車運送事業における輸送の安全確保等に関する検討会報告書の概要 |

	論点	主な考え方
①	運転操作以外の業務を行う者に対してどのような要件を定めるか	➤ 運行管理者の指導の下，「自動運行従事者（仮）」（運送事業者の従業員のうち，運転者が行っていた運転操作以外の業務を行う者）が乗車し，または遠隔から業務を行う。 ➤ 自動運行従事者は，運転操作を行わない限り，運転免許や運転者と同レベルのアルコール・健康チェックは不要。 ➤ 道路運送法/貨物自動車運送事業法体系の運行管理者，整備管理者，道路交通法体系の特定自動運行主任者，現場措置業務実施者と兼務可能。 複数台の車両の遠隔監視も可能だが，全車両について業務を確実に実施する必要があり，できない場合は運行を全て停止。
②	自動運転車を用いて行う運送事業において，運転者がいる場合と同等の安全を確保するために運送事業者に対してどのような対応を求めるべきか	➤ 自動運行従事者が遠隔から業務を行う場合，安全確保に必要な装置（※）や体制等を確保するとともに，事故時の速やかな応急手当の最善な方法を検討し，対策を行うことをもって従来と同等の安全性を確保。 （※）安全確保に必要な装置 ・車室内，車外および乗車口の状況を確認できるもの（例：カメラやセンサー） ・自動運行従事者と旅客とで会話できるもの（例：双方向の音声通信設備） ・トラブル等により自動運転車両が非常停止した際に，非常停止したことが自動運行従事者に自動で通報されるもの（例：非常停止時の自動通報装置） ・旅客から自動運行従事者に連絡を行うことができるもの

		（例：手動通報装置） • 乗車している者が緊急時に自動運転車両を止めることができるもの（例：非常停止ボタン）
③	旅客の乗降時および乗車中の安全を確保するためにどのようなことを求めるべきか	➢ 乗降時の扉の開閉は，(i)自動運行従事者が遠隔から対応，(ii)自動開閉装置が対応，(iii)旅客自ら対応のいずれか，またはこれらの組み合わせで対応。 ➢ 乗車中は，自動運行従事者や自動音声装置によるアナウンスやシートベルトリマインダー等により旅客の移動防止やシートベルト着用を徹底させる。
④	貨物の積載状況を確認するために，自動運転車両内の設備としてどのようなことを求めるべきか	➢ 自動運行従事者が遠隔から業務を行う場合，遠隔から積荷の状況を確認するための装置（カメラ，センサー等）を設置。 ➢ 貨物の運搬中に偏荷重や貨物の落下が発生したまたは発生しそうな場合，自動運行従事者が貨物を積み直す。
⑤	運送事業者から運行状態の監視業務や非常時の駆け付け業務等を契約により外部に委託することとした場合に運送事業者にどのような要件を課すべきか	➢ 委託者である事業者は運行状況を遅滞なく適切に把握・判断し，必要な指示等を行える体制・設備を整備。 ➢ 被委託者においても遅滞なく事業者に指示を仰げる体制・設備を整備。 ➢ 被委託者は，あらかじめ事業者との間で定められた定型業務（事故時の救急への通報，ドアの開閉等）や事業者から指示があった場合を除き，運送事業に関する判断，指示を自ら行うことは不可。

　論点⑤では，基本的な考え方(2)の下，遠隔監視業務等を外部委託する場合であっても事業者自身において一定の体制・設備の整備が必要であり，また，被委託者は運送事業に関する判断，指示を行う場合には原則として事業者の指示を都度仰ぐ必要があるとされています。外部委託に対してやや厳格な立場が示されており，運送事業者や遠隔監視業務等を受託するサービス事業者は，業務委託の範囲や体制を慎重に検討する必要があります。

　なお，上記検討会報告書を踏まえ，2023年4月1日に道路運送法施行規則等が改正・施行されました。その概要は以下のとおりです。

講ずべき措置等	➤旅客/貨物自動車運送事業者およびその運行管理者は，特定自動運行事業用自動車（特定自動運行に使用する事業用自動車をいう。以下同じ）の運行に関し，以下の業務を行わなければならない。 　•特定自動運行保安員を特定自動運行事業用自動車に乗車させ，または，特定自動運行事業用自動車に必要な装置を備えた上で遠隔から特定自動運行保安員にその業務を行わせること。 　•業務を行おうとする特定自動運行保安員に対し点呼を行い，その記録を1年間保存すること。 　•酒気帯びや疾病等の理由により安全に業務を行うことができないおそれがある特定自動運行保安員を業務に従事させないこと。 　•特定自動運行保安員に対し，適切な指導監督を行うとともに，その指導監督に係る記録を3年間保存すること。 　•旅客自動車運送事業において，特定自動運行事業用自動車に特定自動運行保安員を乗車させるときは，当該特定自動運行保安員の写真を貼り付けた保安員証を旅客に見やすいように表示または掲示すること。等 ➤特定自動運行保安員は，特定自動運行事業用自動車に係る業務について，以下の事項を遵守しなければならない。 　•酒気帯びや疾病等で安全に業務を実施することができないおそれがあるときは旅客/貨物自動車運送事業者へ申し出ること。 　•業務前および業務後の点呼を受け，必要な報告を行うこと。 　•車両法の規定による点検，またはその確認を行うこと。等 ➤自家用有償旅客運送者等およびそれらの運行管理の責任者は，特定自動運行自家用有償旅客運送自動車等（特定自動運行に使用する自家用有償旅客運送自動車等をいう。以下同じ）の運行に関して，特定自動運行保安員を特定自動運行自家用有償旅客運送自動車等に乗車させ，または，特定自動運行自家用有償旅客運送自動車等に必要な装置を備えた上で遠隔から特定自動運行保安員にその業務を行わせなければならない。

(4)　中山間地域等での実務上の問題点[4]

　過疎地域等地方での移動手段の確保のため，生活拠点として考えられる道の駅を中心に無人自動運転移動サービスを提供するという解決が考えられており，様々な実証実験が行われてきました。

　技術的問題として，中山間地域では幅員が非常に狭いこと，降雪や霧による自動運転車の自己位置の特定の不能，沿道の植栽の剪定や除雪などの道路の維持管理などが実証実験により確認されており，さらに，既存の公共交通サービ

スとの共存方法，採算性確保の方法などのビジネス上の問題もあります。

＊　　　＊　　　＊

1　https://www.mlit.go.jp/common/001295527.pdf
2　https://www.mlit.go.jp/jidosha/jidosha_fr2_000044.html
3　https://www.mlit.go.jp/jidosha/content/001582761.pdf
4　中山間地域における道の駅等を拠点とした自動運転ビジネスモデル検討会「道の駅等を拠点とした自動運転サービス「中間とりまとめ」」。

9 自動運転車を用いた物流サービス

　ロードマップ2020では，高速道路でのレベル４の自動運転トラックを2025年以降に実現するとの目標を掲げています。RoAD to the L4では，2025年以降に高速道路でのレベル４の自動運転トラックやそれを活用した隊列走行の実現を目指すとともに，自動走行ビジネス検討会報告書 version 6.0では，2026年度以降の自動走行技術を用いた幹線輸送の実用化・社会実装が目標とされています。

　当該幹線輸送の構築には，レベル４の自動運転トラックと物流拠点がシームレスに連携することが必要であり，高速道路における休憩・積替拠点等のインフラの整備が必要です。

　「デジタルを活用した交通社会の未来2022」によれば，物流サービスに関して，①2025年度頃の高速道路でのレベル４自動運転トラック実現のため，車両の技術開発に加え，道路情報等を活用した運行管理システムの構築や必要なインフラなど事業化に必要な事業環境について検討を行うこと，②レベル４自動運転トラックと物流拠点とがシームレスに連携する高度な幹線道路について，そのニーズも踏まえて優先的に確立すべきユースケースや地域を特定し，その構築に向けて官民で速やかに取り組むこと等が検討課題とされており，実用化に向けた検討が進められる必要があります。

＊　　　＊　　　＊

1　https://www.meti.go.jp/policy/mono_info_service/mono/automobile/jido_soko/pdf/20220428_1.pdf

図表 2-9-1 物流 MaaS の実現像

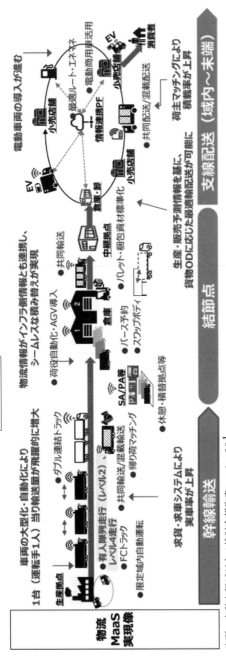

出所：自動走行ビジネス検討会報告書 version 6.0[1]

10　国家戦略特別区域法

(1)　国家戦略特区

(i)　国家戦略特区とは

　国家戦略特別区域（以下「国家戦略特区」といいます）は，いわゆるアベノミクスの「第三の矢」の成長戦略の1つとして創設されました。大胆な規制・制度改革を通して経済社会の構造改革を重点的に推進することにより産業の国際競争力強化とともに，国際的な経済活動の拠点の形成を図り，もって国民経済の発展および国民生活の向上に寄与することが目的とされています（国家戦略特別区域法1条）。

(ii)　国家戦略特区の指定

　国家戦略特区の指定にあたっては，地方公共団体や民間事業者から提出のあった提案等を参考にして，国家戦略特別区域担当大臣の下に設置される国家戦略特別区域ワーキンググループが，一定の指定基準[1]に従い検討を行い，区域案を具体化します[2]。この区域案をもとに，内閣総理大臣が，国家戦略特別区域諮問委員会と関係地方公共団体から意見聴取し（国家戦略特別区域法2条5項），国家戦略特区の指定が行われ，規制の特例措置，金融上の支援措置および税制上の支援措置を受けることができます。

(2)　自動運転と国家戦略特区

(i)　近未来技術実証特区

　近未来技術実証特区に指定されると，自動走行や小型無人機等の実証実験を促進するための近未来技術実証に関するワンストップセンターが設置され，自動走行の実証実験等を行う者に対して，関係法令の規定に基づく手続に関する情報の提供，相談，助言，その他の援助が行われます。現在は，東京都，福岡市，北九州市，愛知県で自動走行実証のワンストップセンターが設置されています[3]。相談等に加え，関係機関との調整や警察庁公道実証実験ガイドライン

に基づく警察や運輸局等の関係当局に対する事前連絡等のサービスも受けられます。

(ⅱ)　近未来技術実証特区における実証実験

　近未来技術実証特区では，2016年から，各地域の協力を得て完全自動運転（レベル4）を見据えた自動走行の実証実験が行われており，藤沢市，仙台市および仙北市では，**図表2-10-1**の実証実験が行われてきました。

図表2-10-1　各特区の自動走行の取組み

出所：内閣府首相官邸ウェブサイト「実証実験」[4]

(ⅲ)　国家戦略特別区域法

　規制のサンドボックス制度を創設し，自動運転や無人航空機（ドローン）等の近未来技術の実証の加速を図るとともに，第4次産業革命を体現する最先端都市，スーパーシティ構想の実現のための国家戦略特別区域法の一部を改正する法律（以下「改正特区法」といいます）が，2020年4月16日に成立し，同年9月1日に施行されました。

　改正特区法では，技術実証の内容に応じて管轄地方運輸局長，所轄警察署長，国土交通大臣および総務大臣に協議し同意を取得した上で（改正特区法25条の2第4項），国家戦略特別区域会議が区域計画を策定します。その後，内閣総理大臣による区域計画の認定を受けたときは，国家戦略特別区域会議が実証事

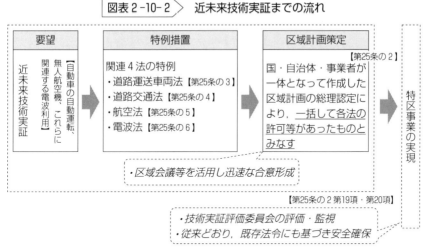

図表 2-10-2 　近未来技術実証までの流れ

出所：内閣府「国家戦略特別区域法及び構造改革特別区域法の一部を改正する法律案」

業者に対して技術実証に係る諸条件が定められた書面を交付することで，実証事業者は実証実験を行うことが可能となります（改正特区法25条の2第1項本文）。

　この場合，車両法上の保安基準の一部が不適用となり（改正特区法25条の3第1項），また，道交法上の道路使用許可があったものとみなされる（改正特区法25条の4第1項）とともに，区域計画の策定段階から関係者が密接に連携し意見調整を行うことにより円滑に合意形成が行われ，手続の一元化が図られ迅速な実証実験の実施が可能となるとされています。しかし，前記7(3)(4)のとおり，地方運輸局長から保安基準の緩和認定を，所轄警察署長から道路使用許可を，それぞれ必要に応じて受けることで，現行法下でも遠隔型自動運転システムを含めた実証実験を行うことができる一方で，国家戦略特別区域法の適用を受けるためには，必要に応じて両者からの同意を得た上で，国家戦略特別区域会議による区域計画の策定と，内閣総理大臣による同計画の認定を受けることが必要であるため，現行法に従って実証実験を行う場合よりもかえって手続が煩雑になる可能性も否定できません。

(3)　デジタル田園都市構想

「全国どこでも誰もが便利で快適に暮らせる社会」を目指すという基本的考えのもと，2022年6月，内閣官房デジタル田園都市国家構想実現会議事務局からデジタル田園都市国家構想基本方針[5]が発表されました。

当該基本方針では，デジタル田園都市国家構想の実現に向けた取組みの1つとして，「公共交通・物流・インフラ分野の DX による地方活性化」が掲げられており，MaaS の活用や自動運転の活用場面のさらなる拡大など公共交通分野に係るデジタル化や先進技術の活用を一層進めるとともに，官民や交通事業者間，他分野との垣根を超えた「共創」で地域交通をリ・デザインし，自家用車を持たない高齢者をはじめとする地域住民の移動手段を確保することが挙げられています。なお，上記(2)のスーパーシティとして大阪府大阪市等が指定されていますが，これらの特区において規制改革を推進し，データの連携や先端的なサービスの実施を通じて地域の社会課題の解決を実現していくことで，デジタル田園都市国家構想の実現につなげていくとされています。

$$*　　　*　　　*$$

1　①区域内における経済社会効果，②国家戦略特区を超えた波及効果，③プロジェクトの先進性・革新性等，④地方公共団体の意欲・実行力，⑤プロジェクトの実現可能性，⑥インフラや環境整備状況が基準とされます。

2　内閣府「国家戦略特別区域基本方針」2014年2月25日（2018年3月30日最終改訂）18〜19頁。

3　内閣府国家戦略特区ウェブサイト「区域計画の認定状況」（2019年）（https://www.chisou.go.jp/tiiki/kokusentoc/pdf/jigyou_all.pdf）。

4　https://www.kantei.go.jp/jp/singi/keizaisaisei/miraitoshikaigi/4th_sangyokakumei_dai3/sankou1.pdf

5　https://www.cas.go.jp/jp/seisaku/digital_denen/pdf/20220607_honbun.pdf

第3章

新しいモビリティサービス

1　新しいモビリティサービスと法規制

(1)　新しいモビリティサービスの全体像

第1章でも述べたように，MaaSとは「Mobility as a Service」の略です。

狭義では，移動について，その交通手段や運営主体にかかわらず，一元的に検索・予約・決済が可能な1つのサービスとして提供するという概念をいいます。フィンランドのWhimに代表される，このような狭義のMaaSを「マルチモーダルサービス」ともいいます。

他方，広義では，AIなどのICTを活用した新しいモビリティサービス全般をMaaSと呼ぶことがあります。

本章では，新しいモビリティサービスという意味での，広義のMaaSと法規制との関係について，順を追って解説します。まず，モビリティサービスに関する法規制の全体像について述べた後，2以降では次のモビリティサービスについて述べることとします。

2　マルチモーダルサービス

3　タクシー・ライドシェア

4　乗合サービス

5　電動キックボード・自動配送ロボット

6　カーシェアリング

7　物流サービス

8　駐車スペース

(2)　モビリティサービスに関する法規制

現在，我が国の交通事業に関しては，自動車運送や鉄道輸送，航空輸送，海上輸送などの輸送手段ごとに事業法が定められていますが，ここでは自動車運送に関する法規制を見ていくことにします。

自動車運送に関する法律として最も重要なものは「道路運送法」（運送法）です。運送法は，「旅客自動車運送事業」，具体的にはバス・タクシーといった，

有償でヒトを自動車で運ぶ事業について規制しています。また，自家用自動車の有償貸渡し，いわゆるレンタカーも運送法が規制しています。

　他方で，有償でモノを自動車で運ぶ「貨物自動車運送事業」については，「貨物自動車運送事業法」という法律が主に規制しています。

自動車が乗せるのが
- ヒト……道路運送法など
- モノ……貨物自動車運送事業法など

---

(3)　ヒトを運ぶ場合の法規制

　ヒトを運ぶ場合に適用される法律について，もう少し詳しく見ていきます。

　「旅客自動車運送事業」とは，運送法2条3項において，「他人の需要に応じ，有償で，自動車を使用して旅客を運送する事業」と定義されています。同様に，一部の例外を除いて，自家用自動車を「有償で運送の用に供してはならない」とされており（運送法78条），有償で旅客を運送する場合には，原則として旅客自動車運送事業として許可を得なければならないということになります。

　もっとも，旅客自動車運送事業は，事業者が自ら自動車を用意して旅客を運送することを前提としています。他方で，自動車に乗る人が自分が所有する自動車を，運転手を雇って運転させる場合はどうでしょうか。この場合，旅客を運送しているわけではないので，旅客自動車運送事業には該当しません。

　このような他人の自動車を運転する，つまり運転役務（運転サービス）を提供するだけの場合については，「自動車運転代行業の業務の適正化に関する法律」（自動車運転代行業法）という法律があります。しかし，この法律で規制される「自動車運転代行業」は，他人に代わって自動車を運転する役務を提供する営業のうち，以下の①から③までのいずれにも該当するものだけがこれにあたります。

---

①　主として酔客に代わって自動車を運転する役務を提供すること
②　酔客その他の当該役務の提供を受ける者を乗車させること
③　常態として，当該自動車に当該営業の用に供する自動車が随伴すること

　つまり，酔客を乗せて運転する一般的な「運転代行」以外の運転役務の提供
は，運送法によっても，自動車運転代行業法によっても，規制されないことと
なっています。たとえば，いわゆる「お抱え運転手」のように専属の運転手を
雇うような場合やドライバーの派遣を受ける場合，自家用自動車の運転等を請
け負う自家用自動車管理業，自動車の輸送を行う陸送業は，自動車運転代行業
にはあたりません[1]。

　運転代行については，後記3(6)でより詳細に説明します。

　ヒトを運ぶ場合に適用される法律について整理すると，次の**図表3-1-1**の
ようになります。

図表3-1-1 　有償モビリティサービスの類型

		運転役務	
		提供あり	提供なし
自動車	提供あり	旅客自動車運送事業など	レンタカー
	提供なし	運転役務の提供 （自動車運転代行業に該当しない 限り許認可は不要）	―

(4)　道路運送事業の種類

　次に，タクシー，バスなどの「旅客自動車運送事業」と，荷物を運ぶ「貨物
自動車運送事業」について，それぞれどのような種類があるのかを見ていきま
す。

(i)　旅客自動車運送事業

　旅客自動車運送事業とは，「他人の需要に応じ，有償で，自動車を使用して
旅客を運送する事業」をいいます（運送法2条3項）。

　旅客自動車運送事業は，大きく「一般旅客自動車運送事業」（運送法3条1号）
と「特定旅客自動車運送事業」（運送法3条2号）に分けられます。そして，一
般旅客自動車運送事業は，さらに「一般乗合旅客自動車運送事業」（一般乗合），

「一般貸切旅客自動車運送事業」（一般貸切）と「一般乗用旅客自動車運送事業」（一般乗用）に分けられています（運送法4条）。

一般乗合とは，「乗合旅客を運送する」場合がこれにあたります。ここでいう「乗合」とは，旅客と旅客自動車運送事業者の間の契約が1個ではなく複数個ある場合を指します。たとえば，路線バスや高速バス，乗合タクシーなどが一般乗合にあたります。路線バスを思い浮かべると，お互いに見ず知らずの乗客がそれぞれ料金を払って乗車しています。このような状況では，契約がそれぞれの乗客とバス会社の間で複数あることになるので，一般乗合にあたります。

これに対して，一般貸切および一般乗用は，旅客と旅客自動車運送事業者との間の契約が1個である点と目的地や路線が決まっていない点で異なります。このうち，乗車定員が11人以上のものを一般貸切，10人以下のものを一般乗用といいます。たとえば，貸切バスや観光バスなどが一般貸切に，タクシー，ハイヤーなどが一般乗用にあたります。友人などと一緒にタクシーに乗るということもありますが，これは乗客がグループを作って1組の乗客として乗車をしており，乗客の代表者が運賃を支払うため，乗客の代表者とタクシーの間の1個の契約であると考えられることから一般乗用とされています。これに対して，一般乗用のタクシー事業者が主導して複数の乗客を相乗りさせることは，1個の契約とはいえないため原則としてできません。

これらの一般旅客自動車運送事業に対して，「特定旅客自動車運送事業」（特定旅客運送）とは，特定の者の需要に応じ，一定の範囲の旅客を特定の目的地に運送する事業のことをいいます。工場従業員やホテルの宿泊客の送迎バス，スクールバスなどがこれに該当します。この場合もバス事業者と各乗客（取扱客）との間で個別に運送契約が締結されるのではなく，バス事業者と工場などの施設（需要者）との間で原則として1個の運送契約が締結されることになります[2]。

このように，特定旅客運送は需要者が単数の者に特定されていることが必要ですが，工業団地内の複数の企業が同一の運送目的で従業員の送迎輸送を行う場合や，ビル管理者が管理する複数の物件の入居企業の従業員や住宅居住者を取扱客として特定旅客運送を委託することも可能とされています[3]。もっとも，運送契約の単一性や運送目的の同一性，（一般旅客自動車運送事業の経営およ

び事業計画の維持が困難となることにより）「公衆の利便が著しく阻害される
こととなるおそれ」がないことなどの要件が満たされる必要があります。

　なお，旅客自動車運送事業に使用する車両は事業用自動車と呼ばれ，ナン
バープレートは緑地に白文字（軽自動車の場合は黒地に黄文字）となります
（車両法施行規則11条1項，45条1項2号等）。これらの自動車を運転するには第
二種運転免許が必要となります（道交法86条）。

図表3-1-2　旅客自動車運送事業の類型

種類		旅客自動車運送事業			特定旅客自動車運送事業
		一般旅客自動車運送事業			
		一般乗合旅客自動車運送事業	一般貸切旅客自動車運送事業	一般乗用旅客自動車運送事業	
定義		乗合旅客を運送する事業	1個の契約により11人以上を乗車定員とする自動車を貸し切って旅客を運送する事業	1個の契約により10人以下を乗車定員とする自動車を貸し切って旅客を運送する事業	特定の者の需要に応じ，一定の範囲の旅客を運送する事業
性質	一般か特定か	一般			特定
	1個の契約か	複数の契約	1個の契約		原則として1個の契約
	乗車定員		11人以上	10人以下	
具体例		路線バス乗合タクシー	貸切バス	タクシー	送迎バス

　旅客自動車運送事業については，下記3でより詳細に説明します。

(ⅱ)　貨物自動車運送事業

　次にモノを運ぶ事業である「貨物自動車運送事業」についてどのようなもの
があるかを見ましょう。「貨物自動車運送事業」とは，「他人の需要に応じ，有
償で自動車を使用して貨物を運送する事業」をいいます。貨物自動車運送事業
にあたるためには，「他人の需要に応じて」運送することが必要ですので，自
社が生産した商品を顧客まで運送するような行為は，貨物自動車運送事業には

あたりません。

　貨物自動車運送事業を行うには国土交通大臣等の許可または届出が必要です。許可または届出をせずに貨物自動車運送事業を行うと，罰則の対象となります（貨物自動車運送事業法70条1号）。

　貨物自動車運送事業は，「一般貨物自動車運送事業」，「特定貨物自動車運送事業」，「貨物軽自動車運送事業」に分けられます。

　このうち「一般貨物自動車運送事業」とは，不特定多数の荷主の貨物を，有償で軽自動車または二輪自動車以外の自動車を使用して運送する事業のことをいいます（同法2条2項）。たとえば，普通トラックや霊柩車などを使用した運送がこれに該当します。

　次に「特定貨物自動車運送事業」とは，単一特定の荷主の需要に応じ，有償で，自動車を使用して貨物を運送する事業のことをいいます（同法2条3項）。たとえば，荷主限定トラックなどが特定貨物自動車運送事業に該当します。

　最後に「貨物軽自動車運送事業」とは，他人の需要に応じ，三輪以上の軽自動車および二輪の自動車（排気量が125ccを超えるもの）を使用して貨物を運送する事業のことをいいます（同法2条4項）。たとえば，赤帽のように，軽トラックやバイクを使用した運送がこれに該当します。

　貨物自動車運送事業にあたるのは，あくまで自動車を使用した運送事業に限られますので，たとえば宅配業者が自転車やリヤカーを使用して運送する場合は貨物自動車運送事業にはあたりません。

図表3-1-3　貨物自動車運送事業の類型

	貨物自動車運送事業		
	一般貨物自動車運送事業	貨物軽自動車運送事業	特定貨物自動車運送事業
荷主	不特定多数		特定
自動車	自動車（軽自動車・二輪車を除く）	軽自動車・二輪車	

　なお，貨物自動車運送事業に使用する車両も事業用自動車となるため，ナンバープレートは緑地に白文字（軽自動車の場合は黒地に黄文字）となります。運転するには第一種運転免許で足り，第二種運転免許は必要ありません（道交

法85条，86条）。

　貨物自動車運送事業については，後記7でより詳細に説明します。

*　　　*　　　*

1　自家用自動車管理業および陸送業が運転代行業にあたらないことについて「自動車運転代行業の業務の適正化に関する法律等の解釈及び運用等について」（令和元年11月20日警察庁丙交企発第64号，丙交指発第16号）参照。
2　「特定旅客自動車運送事業の申請に対する処分及び標準処理期間の処理方針について」（平成14年1月31日国自旅第165号の2）。
3　工業団地について「特定旅客自動車運送事業の許可要件の明確化について」（平成16年3月16日国自旅第230号），ビル管理者について国土交通省「特定旅客自動車運送事業に関するQ&A」。

2 マルチモーダルサービス

(1) マルチモーダルサービスとは

マルチモーダルサービスとは，出発地から目的地までの移動ニーズに対して，複数の交通機関をシームレスに連携させることにより最適な移動手段を提供するサービスです（いわゆる狭義の「MaaS」）。既に電車やバス等複数の交通機関を連携させた移動ルートの検索はGoogle Map等により可能となっています。しかし，予約，運賃の決済は依然，交通機関ごとに行わなければなりません。移動ルート検索のみならず，こうした予約や運賃の決済等をシームレスに連携させ，ユーザーの利便性を大幅に高めることに，マルチモーダルサービスの大きな意義があります。

このようなマルチモーダルサービスを世界で初めて実現し，「MaaS」という言葉を世に広めたのが，フィンランド・ヘルシンキのスタートアップ企業・MaaS Global 社が2016年から開始したサービス「Whim」です。「Whim」を使えば，ヘルシンキの公共交通，タクシー，レンタカー，シェアサイクル等の交通手段について1つのアプリで移動ルート検索，予約，運賃の決済をすることが可能になります。また，「Whim」では，ヘルシンキ市内の公共交通機関の利用に係る定期券（距離に応じて値段が異なります）を購入することにより，ヘルシンキ市内のタクシーを最大35％割引で利用可能になります[1]。

グローバルなコンサルティングファームであるランボル社の2019年の報告書（「whimpact」）によれば，移動に占める公共交通機関の利用率について，ヘルシンキ市内の一般住民は48％であるところ，同市内の whim 利用者は63％になっているとのことです。

このような「Whim」の事例から，マルチモーダルサービスが人々の移動に非常に大きなインパクトを与えることがわかります。

図表3-2-1 ＞ 「Whim」による移動手段の変化

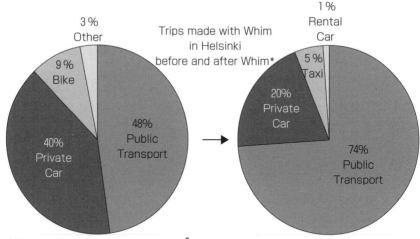

出所：Whim "Your every move on a whim" [2]

　MaaS Global 社はフィンランドのヘルシンキおよびトゥルクのほか，既にベルギーのアントワープ，イギリスのバーミンガム，オーストリアのウィーン等で事業を展開しています。また，同社は，日本でも三井不動産と提携し，2020年9月には千葉県柏市柏の葉，同年12月には東京都日本橋・豊洲にて月額定額制（サブスクリプション）サービスの実証実験を開始しています[3]。さらに，同社は，2022年10月より，交通事業者等の企業が「Whim」サービスを自社アプリとして運用できるプラットフォームの提供を世界に先駆けて日本で開始しており，今後の日本国内での動きが注目されます[4]。

　「Whim」を皮切りに，世界では，官民問わず様々なプレイヤーが多様なマルチモーダルサービスを提供し始めました。たとえば，ドイツのBMWとダイムラー社（後にメルセデス・ベンツ・グループに改名）は2019年2月合弁会社を設立し，当時ヨーロッパ最大手のタクシー配車サービスでありダイムラー社の傘下にあった「mytaxi」を「Free Now」としてリブランディングした上で，自動車シェアリングサービスである SHARE NOW などと連携しつつ，公共交通機関，カーシェアリング，送迎サービス，自転車のレンタルなど様々なモビリティサービスの予約や支払を1つのアプリで完結できるサービスを始めまし

た。「Free Now」は2022年12月現在170以上の都市において5,600万人以上により利用されています[5]。

(2) 国内におけるマルチモーダルサービスの動向

(i) マルチモーダルサービスに関する政府の動向

日本においても官民ともにマルチモーダルサービスの実現に向けて取組みが進められています。

まず，政府が公表した「未来投資戦略 2018」では「公共交通全体のスマート化」として，オープンデータを活用した公共交通機関における運行情報等の共有等が重要な施策として打ち出されています[6]。また，経済産業省と国土交通省は，2019年4月から，新たなモビリティサービスの社会実装を通じた移動課題解決，地域活性化を目指して地域と企業の協働による意欲的な挑戦を促すプロジェクト「スマートモビリティチャレンジ」を開始しました。このプロジェクトでは，先駆的に新しいモビリティサービスの社会実装に取り組む支援対象地域・事業を選定し，地域実証事業を推進し，これらの地域実証事業を通じて，モビリティサービスの導入による事業性，社会受容性等の分析等を行っています。また，全国へ先進的なモデルを横展開するために，これらの分析等を通じて得られた各地域に共通する課題や，自治体・事業者への MaaS 導入の参考となる知見集を整理するとともに，地域ごとのシンポジウムの開催により情報発信を行っています。「スマートモビリティチャレンジ」では毎年度支援対象地域・事業が選定されていますが，2022年度は合計17の地域・事業が選定され，そのうちの11の地域が「地域新 MaaS 創出推進事業」の「先進パイロット地域」として，7の事業が「日本版 MaaS 推進・支援事業」として，それぞれ選定されました[7]。今後，これらの地域・事業から，日本を代表するマルチモーダルサービスが登場するかもしれません。

また，2020年3月19日，国土交通省により，各地域等の MaaS の関係者がデータ連携を行うにあたって参照すべき事項を整理した「MaaS 関連データの連携に関するガイドライン ver.1.0」が策定・公表され，2023年3月には ver.3.0に改訂されました。このガイドラインでは，MaaS において関連するデータが円滑・安全に連携されることが重要であり，プラットフォームや各アプリ等が

API等で連携されることが望ましいとしています。そして，MaaS関連データを細かく区分分けして，MaaS関連データの一部については，協調的データとしてMaaSプラットフォームに提供されることに努める，または望ましいといった指針を示しています。このガイドラインにより，今後MaaS関連データの連携が促進されることが望まれます。

(ii)　地域交通の活性化等に関する政府の動向

2020年11月27日，地域の移動手段の確保・充実のため，地方公共団体主導で公共交通サービスを改善し，地域の輸送資源を総動員する取組みを推進することを目的とした「持続可能な運送サービスの提供の確保に資する取組を推進するための地域公共交通の活性化及び再生に関する法律等の一部を改正する法律」（改正地域公共交通活性化・再生法）が施行されました。改正地域公共交通活性化・再生法では，MaaSに参加する交通事業者等が策定する新モビリティサービス事業計画について認定制度を創設することにより，交通事業者の運賃設定に係る手続がワンストップ化されました。加えて，改正地域公共交通活性化・再生法の施行と同日に，地域における一般乗合旅客自動車運送事業及び銀行業に係る基盤的なサービスの提供の維持を図るための私的独占の禁止及び公正取引の確保に関する法律の特例に関する法律（独占禁止法特例法）が施行されました。独占禁止法特例法では，国土交通大臣の認可を受けて行う乗合バス事業者の共同経営について，独占禁止法のカルテル規制を適用しないとされました。これにより，複数事業者間における，定額制乗り放題，通し運賃や路線の減少等を伴うネットワークの再編が可能となります。また，複数交通モード間における通し運賃やネットワークの再編も可能となります。2023年10月までに，熊本，岡山，前橋，徳島，長崎，広島の6地域で，国土交通大臣の認可を受けて共同経営が実施されています[8]。たとえば，広島では，広島市中心部を運行する交通事業者7社が2022年10月18日に認可を受けて，広島市中心部において，路線バスの均一運賃エリアを拡大し，路面電車の運賃を路線バスと同額にする等の施策が実施されています[9]。

さらに，2023年4月21日，人口減少や新型コロナウイルスの影響等により，引き続き多くの事業者が厳しい状況にある地域公共交通について，地域の関係

図表3-2-2 広島市の路面電車とバスの共同経営の様子

出所：乗り物ニュース（https://trafficnews.jp/post/122426）

者の連携・協働（共創）を通じ，利便性・持続可能性・生産性の高い地域公共
交通ネットワークへの「リ・デザイン」（再構築）を進めるための「地域公共
交通の活性化及び再生に関する法律等の一部を改正する法律」が成立しました。
この法律では，自治体と交通事業者が，一定の区域・期間について，交通サー
ビス水準（運行回数等），費用負担等の協定を締結して行う「エリア一括協定
運行事業」が創設されました。

⑾ 民間の動向

　民間では，トヨタ自動車と西日本鉄道が，2018年11月１日，福岡市にてマル
チモーダルサービスの実証実験を開始しました。この実験では，専用アプリの
「my route」を用いることにより，駐車場予約アプリ「akippa」やタクシー配
車アプリ「JapanTaxi」等と連携し，マルチモーダルな移動ルート検索，予約
および決済をすることができます。「my route」は，実証実験を終えた後，

2019年11月28日からは，JR九州も参画するなどしてサービス提供エリアを拡大させ，2023年10月時点では11県において利用が可能となっています[10]。

　また，JR東日本は，ジェイアール東日本企画，東京急行電鉄との連携の下，2019年4月1日から「伊豆MaaS」と称して静岡の伊豆半島で実証実験を開始しました。実証実験では専用のMaaSアプリである「Izuko」が用いられました。「Izuko」はバスやタクシー，乗合自動車等の交通手段の検索や予約，決済を一括してすることができます。「Izuko」を用いた実証実験は2021年3月まで三度にわたり行われたのち，そこで得た知見を踏まえた新たなサービスである「伊豆Navi」が2022年11月より開始されました。「伊豆Navi」は，「LINE」とJR東日本の提供する地域・観光型MaaSパッケージ「Tabi-CONNECT」，ボールドライト株式会社の提供するデジタルマッププラットフォーム「プラチナマップ」を組み合わせており，「Izuko」同様のシームレスで満足度の高い移動・観光体験を提供する機能を維持しつつも，利用データや地域の要望に応じたサービスの改善とユーザーインターフェースの変更，利用者のニーズに応じた情報配信を可能とするなどの点で改善が図られています[11]。

「Izuko」コンセプト画像

出所：「Izuko」ウェブサイト

その他様々なプレイヤーがマルチモーダルサービスへの参画を目指し，競争を過熱させている一方で，小田急電鉄がAPIを利用したデータ基盤の開放を発表する等，各プレイヤーの連携に向けた動きも見られます。今後は，官民問わず多様なプレイヤーがどのように連携し，マルチモーダルサービスを構築していくのかが注目されます。

⑶　マルチモーダルサービスのレベル分け

マルチモーダルサービスについては，モビリティサービスの統合や機能面に応じて様々なレベル分けがなされています。**図表3-2-3**は，0から4までの5段階にレベル分けをした例です。

日本におけるマルチモーダルサービスは，まだ0～1の段階にあるといえます。

● レベル0：「統合なし」

公共交通機関，タクシー，駐車場の利用サービス等が，それぞれの業者によって個別に提供されているレベルです。各移動手段が組み合わされることはなく，全てバラバラに考えられている状態を指します。

図表3-2-3　マルチモーダルサービスのレベル分け

4	社会全体目標の統合： 政策，インセンティブ等
3	提供するサービスの統合： サービス，料金体系等のパッケージ化
2	予約・支払の統合： 経路検索・予約・支払の一元化
1	情報の統合： 異なる交通手段の情報（経路，料金等）の一括検索
0	統合なし： 個別・単独でのサービス提供

出所：Jana Sochor, Hans Arby, MariAnne Karlsson, and Steven Sarasini, "A topological approach to Mobility as a Service: A proposed tool for understanding requirements and effects, and for aiding the integration of societal goals," ICoMaaS, 2017 Proceedings（2017）：187-208[12]

● レベル１：「情報の統合」

　異なる交通手段の情報を一括して検索できる状態です。典型的なものが経路検索で，利用者には，料金や時間・距離等各移動主体に関する様々な情報が提供されます。

　レベル１のMaaSは日本でも広く普及しています。たとえば，「NAVITIME」では，利用者が出発駅や到着駅，時刻等を入力すると，乗換案も含めたルートが複数提案されます。同時に，移動にかかる料金や所要時間も表示され，移動サービス各社の情報が統合されているといえるでしょう。

● レベル２：「予約・支払の統合」

　検索から予約・決済までのサービスが一元的になされる状態を指します。利用者はアプリ等で実際に情報を比較し，複数の移動主体を組み合わせたまま予約や決済等ができるようになります。

　ドイツでは，ドイツ鉄道が提供する「Qixxit」が飛行機や長距離バス等を含め，予約・決済を統合しています。

● レベル３：「提供するサービスの統合」

　公共交通に加えて，レンタカー等も連携する等，サービスや料金体系が統合され，パッケージ化されている状態です。事業者間でサービスの提携等が行われることで利用者はより高次なサービスを受けることができます。

　レベル３の有名な例が「Whim」です。あらゆる移動手段が予約・決済も含めて一元的に捉えられ，利用者に提供されています。

● レベル４：「社会全体目標の統合」

　国や自治体と事業者が都市計画や政策レベルで協調する段階です。官民が連携して，MaaSが推進される状態です。

＊　　　＊　　　＊

1　Whim公式ウェブサイト（https://whimapp.com/）
2　「Whim」導入後のデータでは，徒歩および自転車の利用者数のデータは除かれています（https://www.atm.cat/web/jornades/20181115/20181115_Whim.pdf）。
3　三井不動産公式ウェブサイト（https://www.mitsuifudosan.co.jp/corporate/news/2020/1215_02/）
4　Whim日本版公式ウェブサイト（https://whimapp.com/jp/2022/09/27/press-release/）

5 https://www.share-now.com/de/en/press-release-free-now-integration/

6 『未来投資戦略2018』9頁。

7 スマートモビリティチャレンジ公式ウェブサイト（https://www.mobilitychallenge.go.jp/aboutsmcpc/）

8 国土交通省公式ウェブサイト（https://www.mlit.go.jp/sogoseisaku/transport/sosei_transport_tk_000153.html）

9 https://www.mlit.go.jp/report/press/sogo12_hh_000278.html

10 my route 公式ウェブサイト（https://www.myroute.fun/）

11 東急公式ウェブサイト（https://www.tokyu.co.jp/company/news/list/Pid=post_451.html）

12 http://www.tut.fi/verne/aineisto/ICoMaaS_Proceedings_FULL_webres.pdf

3　タクシー・ライドシェア

(1)　タクシーの規制とこれを取り巻く環境

　上記1で触れたように，タクシー事業については運送法等の法令による様々な規制が存在しています。たとえば，タクシー事業は一般乗用旅客自動車運送事業に該当するため，タクシー事業の運営には国土交通大臣の許可が必要であり（運送法4条），自家用車での有償運送は原則として禁止されています（同法78条）。また，タクシーの運賃・料金についても国土交通大臣の認可を受けなければならないとされており（同法9条の3），運賃・料金の設定については運用上一定の限界が存在しています。

　一方，近年では配車サービスを中心としたタクシーや自家用車による新たな運送サービスが世界的に続々と登場しており，日本でもこれらの新たなサービスの実現に向けてタクシー業界等の動きが活発化しています。実際に，全国ハイヤー・タクシー連合会は，2016年，今後のタクシー事業の活性化策として，「初乗り距離短縮運賃」，「相乗り運賃（タクシーシェア）」，「事前確定運賃」，「ダイナミックプライシング」，「定期運賃（乗り放題）タクシー」等のサービスを打ち出しています[1]。また，このような動きを受け，新たなサービスの実現に伴う規制改革の必要性が活発に議論されるようになっています。

　以下では，タクシー規制とこれら新たなサービスとの関係を見ていきましょう。

(2)　タクシーによる新たなサービス（配車アプリ，定額，広告付無料サービス等）と規制の状況

(i)　配車サービス

(a)　サービスの概要

　前述したように，近年，タクシーを利用した新たなサービスが多く現れています。その中でも最も身近なのが，アプリを利用し，アプリ上でタクシーの配車から決済までできるサービス，いわゆる「配車サービス」でしょう（なお，

一般のドライバーが運転する自家用車を配車するサービス（いわゆる「ライドヘイリング」）は，ここでいう配車サービスとは別に，下記(3)で説明します）。

配車サービスの代表例としては，アメリカの Uber Technologies が展開する「Uber Taxi」のほか，中国の滴滴出行（Didi Chuxing）が展開する「DiDi Taxi」が挙げられます。日本では，Uber Taxi や，DiDi Taxi のほか，GO（旧 Mobility Technologies・旧 JapanTaxi）が展開する「GO」，ソニーなどが出資する S.RIDE（旧みんなのタクシー）が展開する「S.RIDE」等が配車サービスを提供しており，いまや群雄割拠の状態となっています。

(b) 規制の概要と今後の展望

配車サービスは，旅行業法2条3号にいう「旅行者のため，運送等サービスの提供を受けることについて，代理して契約を締結し，媒介をし，又は取次ぎをする行為」にあたる可能性があることから，配車サービスの提供会社は旅行業法上の許認可の取得が必要な場合があります。実際に，「GO」を提供するGO，「S.RIDE」を提供する S.RIDE はいずれも旅行業法上の旅行業者に登録しています[2]。

もっとも，旅行業の登録を得るためには，一定の試験に合格した旅行業務取扱管理者を選任する必要がありますが（旅行業法11条の2），アプリで完結する配車サービスを提供しようとするときに，観光地に関する知識まで試験で試す必要があるのかなど，旅行業法の想定している業務と現実との乖離も見られるところです。

(ii) 定額運賃タクシー・ダイナミックプライシング

(a) 定額運賃タクシーサービスの概要

次は，月額制等一定期間に対応する定額払いによりタクシーの乗り放題や一定の減額保証等を実現するサービス（定額運賃タクシー）を中心に，配車サービスにおける料金体系について見ていきます。

定額運賃タクシーは，いわゆるサブスクリプションモデルを交通事業者において実現するために考えられる1つの手法といえます。

定額運賃タクシーの例としては，上記2(1)で述べたマルチモーダルサービス「Whim」において提供されていたタクシー乗り放題があります。また，国内

ではエイチ・アイ・エスが販売した高齢者向けの定額乗り放題タクシー定期券
や，静岡 TaaS が提供していた月額定額乗り放題タクシーサービス「タク放題」
などの例があります。

(b)　定額運賃タクシーの規制

　タクシーの運賃・料金については，国土交通大臣の認可が必要とされており
（運送法9条の3第1項），さらに，具体的な運賃体系について通達が定めてい
ます。

　まず，タクシーの運賃は距離制運賃が原則とされています。通達において，
定額制運賃は，もともと①空港，鉄道駅，各種集客施設等と一定のエリアとの
間の運送，②イベントの期間中，特定の駅からイベント会場までの運送，③観
光地における名所旧跡等をめぐるルートに沿った運送という例外的な場合にの
み認められると定められていました[3]。また，配車アプリ等を通じた場合に運
賃を事前に確定する事前確定運賃が通達[4]により2019年10月から導入されたも
のの，事前確定運賃は，あくまで走行予定ルートの推計走行距離をもとに算定
した距離制運賃に一定の係数を乗じて算定された額とする場合に限り認められ
ており，定額運賃タクシーを認めるものではありませんでした。そもそもタク
シー事業者による運賃・料金の認可については，総括原価方式（能率的な経営
の下における適正な原価に適正な利潤を加えた総括原価を求め，総収入がこれ
と等しくするように運賃水準を決定する方式）が採用されているところ，効率
的処理のため，地方運輸局長が「自動認可運賃」としてその枠内であれば速や
かに認可を受けることができる一定の上限運賃・下限運賃の幅を設定していま
す[5]。さらに，タクシー特措法[6]により特定地域および準特定地域に指定され
た地域（タクシー事業が供給過剰な地域および供給過剰となるおそれがある地
域。主に都市圏）では，国土交通大臣により運賃の範囲が指定されています（同
法16条1項）。このようにタクシーの料金は極めて厳格な規制の下に置かれて
おり，タクシー事業者が定額運賃サービスを提供することは基本的に認められ
ていませんでした。

　このような中，規制緩和が進められ，一括定額運賃制度が通達の改正により
2021年11月から導入され，一定の場合に定額運賃が認められることとなりまし
た[7]。具体的には，「閑散時等の需要喚起を目的として，あらかじめ利用回数

の上限，利用時間帯の制限，適用地点又はエリア，タクシーの利用権を行使する期限等の条件を設定し，当該条件に応じた価格を定め，定額で複数回のタクシー利用権を一括して設定する運賃」の設定が可能となり，タクシーの定期券や回数券の発行ができるようになりました。これにより，通勤など継続利用への活用のほか，一括精算による割安な運賃，他の交通モードと連携した観光フリーパス等の推進の効果が期待されています[8]。ただし，利用回数の制限のない乗り放題については，タクシー事業者に損失が発生しないよう，①損失が発生した場合の地方公共団体等の第三者による補填が保証される場合，または②実証実験の結果等により損失がないもしくは軽微であることが立証される場合という限定的な場合のみ認められることとなっており，いまだ自由な定額運賃の設計は認められていません。こうした運賃に関する規制によらずに定額運賃タクシーを実現しようとする場合，まず，2023年4月21日に成立した改正運送法（2023年10月1日施行）に基づく協議運賃制度を活用する方法が考えられます。協議運賃制度とは，自治体，住民代表等の地域の関係者間の協議が調ったときは，認可を受けることなく国土交通大臣への届出による運賃設定を可能とする制度です（改正後の運送法9条の3第3項）。ただし，協議運賃制度はタクシー特措法により特定地域および準特定地域に指定された地域では活用することができない点に留意が必要です（同法16条の3）。

　特定地域および準特定地域においては，配車アプリ等のタクシー事業者と乗客の間で代理・媒介・取次ぎを行う旅行業者が，乗客からは定額の代金を受け取りつつ，タクシー事業者に対しては認可を受けた運賃（原則として距離制運賃）を支払うという方法により定額運賃タクシーを実現することが考えられます。タクシー事業者が運賃・料金の規制を受ける一方，旅行業者にこのような規制が及ばないため，このようなスキームがとられることとなりますが，ビジネス上のリスクを全て旅行業者が負うというやや不自然な形となります。定額運賃については，さらなる柔軟化が進むかどうか，今後の動向が注目されます。

(c)　ダイナミックプライシング

　タクシーの「ダイナミックプライシング（料金変動制）」とは，天気や曜日・時間などにより変動するタクシーの需要に応じて，タクシーの運賃を変動させることをいいます。配車サービスを含むICT技術が進むにつれ，タクシーの

需給状況を即時に把握することや予測することが可能となりました。一部では，ダイナミックプライシングはタクシー事業者の収益を改善し，需要が多い地域や時間帯にタクシーを集中させ利用を促進する効果があるといわれています。

上記のとおり，タクシーの料金は極めて厳格な規制の下に置かれているため，これまで，距離制運賃による運賃の割増および割引は限定的にしか認められておらず，ダイナミックプライシングも一切認められていませんでした。

しかし，2021年11月に通達が改正され，まず迎車料金についてダイナミックプライシングが実現しました[9]。具体的には，タクシーの需要の増減に応じ「迎車料金」を変動させることが可能となりました。ただし，変動額は初乗運賃額または認可済みの定額の迎車回送料金のいずれか低額なほうにその3倍増の額を加えた額（つまり，4倍の額）が上限とされるほか，トータルでは固定迎車料金と変わらないよう変動させることが条件となっています。

また，2023年6月には通達がさらに改正され，タクシー運賃本体についてもダイナミックプライシングが実現しました[10]。タクシー運賃本体のダイナミッ

図表3-3-1 タクシー運賃規制の概要

原則	距離制運賃	実車走行距離に応じた運賃
例外	時間制運賃	実拘束時間に応じた運賃
	定額運賃	①施設・エリア 　空港，鉄道駅，各種集客施設等と一定のエリアとの間の運送
		②イベント 　イベント期間中，駅，空港等特定の場所とイベント開催場所との間の運送
		③観光ルート別 　観光地における名所旧跡等をめぐるルートに沿った運送
		④一括定額運賃 　閑散時等の需要喚起を目的として，あらかじめ利用回数の上限，利用時間帯の制限，適用地点またはエリア，タクシーの利用権を行使する期限等の条件を設定し，当該条件に応じた価格を定め，定額で複数回のタクシー利用権を一括して設定する運賃
	事前確定運賃	配車アプリ等に搭載された電子地図を用いて，旅客が入力した乗車地点と降車地点との間の推計走行距離をもとに距離制運賃に準じて別途定める方法により算定し，乗車前に運賃額を確定する運賃

クプライシング制度の概要は**図表3-3-2**のとおりです。この制度により，利用者ニーズに即した柔軟な運賃設定が期待されます。ただし，事前確定型運賃として適用すること，かつ変動運賃の平均額を総括原価方式により国土交通大臣の定めた運賃幅に収まるように変動させることが条件になっています。これ

図表3-3-2	タクシー運賃に係るダイナミックプライシング制度の概要

事前確定型変動運賃の定義	・既に制度化されている「事前確定運賃」のうち，配車アプリ等を通じ，需給に応じて柔軟に運賃を変動させることを可能とする運賃であり，かつ変動運賃の平均額が総括原価方式による運賃幅に収まるような方法により算定される運賃を「事前確定型変動運賃」と定義
適用方法	・各事業者の判断による個別の認可申請に基づき導入 ・導入する場合，「事前確定運賃」は全て「事前確定型変動運賃」を適用（両者の併用は不可） ・変動運賃は，通常の事前確定運賃の5割増から5割引の範囲内，かつ，10円単位で設定 例：東京23区で初乗り500円のタクシーの場合，610円（※）の5割増から5割引の範囲（310円～910円）内で設定可 ・変動方法は，以下のいずれの方法も可 ・リアルタイムに変動運賃を決定 例：天候等による需給変動に応じて運賃を変動 ・事前に変動時間帯を決定 例：5時～10時を割増，11時～15時を割引で運用 ・変動方法や運賃の種類，運賃の内訳等について，配車アプリの画面上等でわかりやすく旅客に示す
審査方法	・変動方法や運賃水準の確認方法が適切か，アプリ表示画面等，旅客へ変動方法等を示す手段が旅客にとってわかりやすいものとなっているか等について確認 ・原価計算書の添付は不要
認可条件	・変動運賃の平均額が，総括原価方式による運賃幅に収まる水準となっているかを確認するため，3カ月ごとに実績を求める ・当該水準を満たさない場合，改善の検討を指示し，なお改善されない場合には事業改善命令の対象となり得る
その他留意事項	・全国で最初に事前確定型変動運賃の認可を受けた事業者が運用を開始してから6カ月間をモニタリング期間とし，当該モニタリング結果を踏まえ，必要があると認めるときは，その結果に基づいて所要の措置を講ずる

※事前確定運賃は，距離制運賃に時間係数（東京の場合は1.21）を乗じて算定することとなっているため，初乗り500円の場合には500×1.21≒610円となります（1円単位四捨五入）。

は，制度を策定する前提となった有識者検討会における議論[11]を踏まえ，まずは現行制度の枠内においてダイナミックプライシングの試験的な導入を図ったものと考えられます。

(iii) 広告付無料サービス

(a) サービスの概要

次は，タクシー事業者が，タクシーに乗車している間に乗客に広告を見せたり，タクシーの外装を広告として利用する代わりに，広告料収入を得ることで，タクシーの乗客は乗車代金を支払わずにタクシーに乗車できるモデルについて見ていきましょう。

このような広告により料金を無料とするサービス（「広告付無料サービス」と呼ぶことにします）の代表例としては，当時のディー・エヌ・エーの「MOV」[12]によって提供されていた「0円タクシーキャンペーン」や，nommocが実現を目指している乗車中に広告を見るだけで無料で移動できるサービス「nommoc」（2023年10月現在は，新型コロナウイルス感染拡大防止のためサービス停止中）等があります。

(b) 規制の概要と今後の展望

上記(ii)で見てきたように，タクシー事業者の料金は極めて厳しい規制の下に置かれています。そして，広告付無料サービスとの関係では，運賃または料金の割戻しを禁止するという規制（運送法10条）に反しないかが問題となります。

この割戻しの禁止規制は，厳格な料金の規制を潜脱することを禁止したものです。たとえば，2008年頃に話題になった「居酒屋タクシー」についてこの規制が取り上げられました。居酒屋タクシーとは，タクシー事業者が，乗客である中央官庁の国家公務員（官僚）に対して，ビールやつまみなどの飲食物，さらには現金や金券等を提供していた問題で，割戻しの禁止に違反するとして，行政処分がなされました[13]。

一方，広告付無料サービスでは，広告モデルを構築した運営会社（たとえばディー・エヌ・エーやnommoc）が，広告スポンサーから広告料を得ながら，タクシー事業者に対しては正規の料金を支払っており，タクシー事業者は特に割戻しは行っていません。このように，タクシー事業者が正規の料金を受領す

る限りにおいては，乗客が支払をしなくとも，割戻しの禁止の規定には違反しないと考えられます。

　上記のとおり，間に入る旅行業者がリスクを負うことによって，タクシー事業者が認可された料金を受領する限り，様々な料金体系を実現することも一応可能ですが，やや技巧的で，歪んだ形となっているように思われます。

　政府も事前確定運賃，一定の条件下での定額運賃，迎車料金および運賃本体についてのダイナミックプライシングも認めましたが，今後，どこまでタクシー事業者自身の運賃体系を柔軟化していくかが，様々なサービスを考えていく上では鍵となっていくように思われます。

ⅳ　その他の規制の状況

　最後に，タクシーサービス全般に関わる近年の規制緩和の動きとして，ソフトメーターと遠隔点呼について紹介します。

⒜　ソフトメーター

　ソフトメーターとは，運賃の算出をタイヤの回転数（車速パルス）に基づいて行う従来のメーターではなく，GPS 情報を活用して推定した走行距離に基づいて行うメーターのことをいいます。ソフトメーターの活用により，タクシー事業者の経費削減につながることや，多様な運賃・料金サービスの導入が容易になり，利用者の利便性向上にもつながることが期待されています。今後，2021年10月から11月にかけて行われた実証実験の結果を踏まえ，国土交通省において制度化を進めることとされています[14]。

⒝　遠隔点呼（IT 点呼）

　遠隔点呼（IT 点呼）とは，タクシー事業者等が安全・適切な運行を確保するために行う運転者の点呼を，IT 機器・システムを使用して遠隔で行うことをいいます。遠隔点呼は，もともと隣接敷地・近距離の営業所と車庫間でのみ認められていましたが，2022年4月1日より，使用する機器・システムおよび実施する施設・環境が要件を満たしていることが確認され，運用上の遵守事項を適切に運用する場合においては，全ての営業所において遠隔点呼を実施することが可能となりました[15]。

(c)　営業所要件（最低車両台数等）の緩和

　法人タクシーの営業所には，事業の確実な実施や継続性の観点から様々な要件が課せられていますが，地域実情等に応じた機動的なタクシーサービスの提供を促すため，2023年10月の通達改正により，これらの要件が一部緩和されました。代表的なものとして，営業所には原則 5 両以上のタクシー車両を配置しなければならないという最低車両台数要件が課せられていますが，移動需要が限定的な地方を中心として，この最低車両台数要件が事業維持の支障になっているケースもあったことから，5 両以上の基準によることが困難と地方運輸局長が認める地域については，例外的に最低車両台数を 1 両以上 5 両未満とすることができることとされました[16]。

(3)　ライドシェア（ライドヘイリング）

(i)　ライドヘイリングの世界的な広がり

　ライドヘイリング（Ride-hailing）とは，乗客が配車アプリ等を利用して一般のドライバーが運転する自家用車を「拾う（hail）」ことにより，有償で運送してもらうサービスをいいます。もともとは，ライドシェアまたはライドシェアリング（Ride-sharing）と呼ばれていましたが，移動のシェアというよりは，タクシーを拾う形態に近いため，近年はライドヘイリングと呼ばれることも多くなりました。なお，ライドシェアリングという用語は，他の乗客と自家用車の相乗りをすることで行われる送迎サービスをいうこともあります。

　ライドヘイリングの代表例としては，アメリカの Uber Technologies が展開する「Uber X」，同じくアメリカの Lyft が展開する「Lyft」，中国の滴滴出行（Didi Chuxing）が展開する「DiDi Express」，シンガポールの Grab が展開する「Grab rides」が挙げられます。Uber Technologies はライドヘイリングのパイオニアであり，Lyft はアメリカにおける Uber Technologies の最大のライバルです。また，Didi Chuxing は，中国最大手のライドヘイリング会社であり，成長を続けてきましたが，2021年にニューヨーク証券取引所に上場した直後から中国当局の調査を受け，翌年には上場廃止を決議するなど，難しい局面にあります。他方，東南アジアではシンガポールの Grab が成長を続けており，SPAC（特別買収目的会社）との合併を通じて2021年に NASDAQ に上場しました。

日本では，原則としてライドヘイリングは禁止されていますが，有償でなければ他人を運送することが認められており，下記(5)で説明するnotteco等がこのような運送の仲介を行っています。

(ii)　ライドヘイリングの日本における規制

ライドヘイリングについては，運送法78条が，自家用車による有償運送を原則として禁止しているため（いわゆる「白タク規制」），日本では認められていません。

Uber Technologiesは，2015年2月，福岡市において諸外国同様に一般人が自家用車で運送サービスを行う「みんなのUber」のテストを開始しました。この際，上記運送法上の規制を回避するために乗客の利用料は無料とし，ドライバーに対してデータ提供料の対価を支払う方法がとられました。しかし，国土交通省は，Uberは実態としては利用者の運送に対する対価を支払っていたと考え，利用者以外が料金を負担する場合であったとしても，運送に対する対価が支払われている場合には，運送法に抵触する「白タク行為」にあたるとして，サービスを中止するよう指導し[17]，Uber Technologiesは同年3月にサービスを中止しました。このため，Uber TechnologiesやDidi Chuxingも，日本ではライドヘイリングではなく，一般乗用の許可を受けたタクシー事業者に関する配車サービスのみを行っています。

(iii)　ライドヘイリングをめぐる規制の全体像

上記のとおり，運送法78条により，自家用車による有償運送は原則として禁止されています。よって，有償で旅客を運送しようとする場合，一般乗用の認可を得ているタクシー事業者がこれを担う必要があり，これを手配する配車アプリは運送法により規制されず旅行業法が適用されることになります（上記(2)(i)参照）。

他方，自家用自動車の有償運送の例外として，①災害のため緊急を要するとき，②市町村やNPO法人等による「自家用有償旅客運送」，③公共の福祉を確保するためやむを得ない場合の3つが定められています（運送法78条）。そこで，自家用有償旅客運送を用いて，ライドヘイリングと同様のことをすること

図表3-3-3　ライドヘイリングをめぐる規制の全体像

種類		許認可	収受対象	例
旅客自動車運送事業		許可	適正原価・適性利潤の範囲内	タクシー・バス
自家用自動車の有償運送の例外	災害のため緊急を要するとき	－		
	自家用有償旅客運送 ・交通空白地有償運送 ・福祉有償運送	登録	実費の範囲内（ガソリン代・道路通行料・駐車場料金のほか，人件費・事務所経費等を含む）	交通空白地 身体障害者用　等
	公共の福祉を確保するためやむを得ない場合	許可	燃料費・運行にかかる人件費	幼稚園等による幼児等の有償運送
有償運送ではない →許可・登録不要		－	ガソリン代・道路通行料・駐車場料金（＋任意の謝礼）	notteco

もできます。自家用有償旅客運送については，下記(4)でより詳しく説明します。

　また，自家用自動車による有償運送は原則として禁止されていますが，有償でなければ特に禁止されていません。そこで，利用者からガソリン代，道路通行料および駐車場料金の実費と任意の謝礼のみを受け取ることで，運送法の適用を回避する方法もあります。有償ではない運送については，後記(5)でより詳しく説明します。

(4)　自家用有償旅客運送

(i)　自家用有償旅客運送の制度

　自家用有償旅客運送登録制度とは，過疎地域での輸送や福祉輸送といった，地域住民の生活維持に必要な輸送が，バス・タクシー事業者によって提供されない場合に，その代替手段として，登録を受けた市町村やNPO法人等が自家用車を使用して有償で旅客を運送できるとしたもので，2006年に導入された制度です（運送法78条2号，79条）。

　しかし，全国導入率（2018年3月31日現在）は26％（全国1,724市町村のうち440市町村）にとどまっていたこともあり[18]，より利用しやすくするために，

2020年に運送法が改正されました。具体的には，①バス・タクシー事業者が運行管理，車両整備管理に協力する自家用有償旅客運送制度（「事業者協力型自家用有償旅客運送」）が創設されるとともに，②観光ニーズへの対応のため，地域住民のみならず観光客を含む来訪者も輸送対象とすることが明確化されました。

　改正の結果，自家用有償旅客運送は「交通空白地有償運送」と「福祉有償運送」の2種類に分類されました。「交通空白地有償運送」とは，交通空白地において，当該地域の住民，観光旅客その他の当該地域を来訪する者の運送を行うものです。一方，「福祉有償運送」は，単独で公共交通機関を利用できない身体障害者等を対象に，原則，ドア・ツー・ドアの個別輸送を行うものです[19]。いずれも，運営主体は，市町村やNPO法人等の非営利団体[20]に限られます。また，旅客から受け取ることのできる対価は，実費の範囲内で，営利とは認められない妥当な範囲である必要があります（運送法79条の8第2項，運送法施行規則51条の15）。

　自家用有償旅客運送を行うには，バス・タクシー事業者によることが困難であり，かつ，地域住民の生活に必要な旅客輸送を確保するため必要であることについて，地域の関係者間において協議が調っていることが必要となります（運送法79条の4第1項5号）。

　地域の関係者間における具体的な協議の場として，地域公共交通会議[21]または協議会[22]が設けられています。これらの地域公共交通会議等には，自治体だけではなくバス・タクシー事業者が構成員に入ることが必要とされています[23]。地域公共交通会議等における議決方法は，それぞれの会議に委ねられており[24]，常に全会一致が必要となるわけではありませんが，少なくとも過半数の一致は必要となります。もともと自家用有償旅客運送は，バス・タクシー事業者によることが困難である場合にのみ認められているため，既存のバス・タクシー事業者が構成員となる地域公共交通会議等での協議が必要とされているわけです。

(ii) 自家用有償旅客運送の活用例

　自家用有償旅客運送の活用例として，千葉県いすみ市における取組みを見てみましょう。いすみ市内の旧夷隅町エリアでは，タクシー事業者の廃業後，地

域住民や観光客の移動手段について課題を抱えていました。この状況を解決するため，2021年4月より，一般社団法人ツーリズムいすみを実施主体とする自家用有償旅客運送が導入されました。この取組みの特徴としては，①観光地域づくり法人（DMO）[25]として登録されているツーリズムいすみが実施主体となっていることと，②2020年の運送法改正により創設された事業者協力型自家用有償旅客運送の制度を活用していることの2点が挙げられます。観光地域づくりの舵取り役を担う観光地域づくり法人（DMO）が自家用有償旅客運送を実施する例は全国的にも珍しく，DMOが観光地における地域交通の主体的マネジメントを行うことが企図されています。また，事業者協力型自家用有償旅客運送の制度を活用し，運行管理・車両整備管理について地元タクシー会社の協力を得ることで，安全・安心な運行を確保しています。いすみ市における取組みは，2020年の運送法改正も踏まえ，自家用有償旅客運送を上手に活用したモデルケースといえるでしょう[26]。

(iii)　国家戦略特区

　国家戦略特区において，自家用有償旅客運送の利用が拡大されています（国家戦略特別区域法の概要は上記第2章10参照）。

　2016年9月1日に施行された国家戦略特別区域法の改正により，国土交通大臣の同意および内閣総理大臣による認定を受けることで，観光客に向けたタクシー類似の自家用有償観光客等運送事業が可能になりました。なお，国家戦略特区における自家用有償観光客等運送の場合には，地域公共交通会議または協議会において協議が調うことは不要となります[27]。

　この制度を活用した代表例として，兵庫県養父市において2018年5月26日から開始された取組み「やぶくる」があります。「やぶくる」は，バス・タクシー会社，観光関連団体，地域自治組織等が一体となったNPO法人である「養父市マイカー運送ネットワーク」によって運営されています。このような体制を通じて，住民・観光客双方にとって最適で利用しやすい移動手段の確保が図られています[28]。

(b) 有償運送にあたらないサービス

(i) 有償運送にあたらない場合

　これまでは，運送法上の許可または登録が必要な有償運送について見てきました。しかし，利用者から収受する対象が，ガソリン代，道路通行料および駐車場料金の実費に加えて，任意の謝礼にとどまる場合や，自動車の提供は行わず運転役務の提供にとどまる場合には，そもそも「有償運送」に該当しないとされています[29]。

　このようなサービスの代表例としては，notteco が展開する「notteco」と Azit が展開していた「crew」が挙げられます。

　まず，「notteco」とは，利用者と同じ目的地に向かうドライバーをマッチングし，相乗りを実現するサービスです。具体的な利用方法は，①ドライバー・同乗者ともにインターネット上の会員登録，②ドライバー側はドライブの予定を事前に登録，③同乗者は希望のドライブを探し同乗希望の登録，④当日，待ち合わせ場所において集合し，到着地についた際，実際にかかったガソリン代を同乗者が同乗人数で折半して負担するというものです[30]。これにより，移動手段を持たない人が遠くまで移動できるようになり，ドライバー・同乗者ともに安く移動できるなどのメリットがあります。北海道天塩町では，このメリットを活かし，天塩町－稚内市間の相乗り交通事業が展開されています[31]。

　次に，「crew」とは，利用者と今まさに運転中のドライバーをアプリ上でマッ

図表3-3-4 「notteco」のコンセプト

出所：「notteco」ウェブサイト

チングし，希望の目的地までドライバーが利用者を送り届けるサービスです（新型コロナウイルス感染症の影響により，2020年にサービスが休止されています[32]）。上記で紹介したタクシーの配車サービスやライドヘイリングと構造は似ていますが，利用者からドライバーに支払われる金銭は移動にかかった実費と「任意の謝礼」に限定され，ドライバーが利用者に謝礼の支払を強制することは禁止されています。また，「crew」では，こうした配車から支払までを，全てアプリ上で行うことができる点に特徴があります[33]。

(ii) 規制の概要と今後の展望

　では，具体的にどのような場合に有償運送に該当しないとされているでしょうか。通達[34]によれば，有償運送に該当しない類型として，**図表3-3-5**の場合が挙げられています。

図表3-3-5　有償運送に該当しない類型とその具体例

類型	具体例
サービスの提供を受けた者（以下，本図表において「利用者」という）からの給付が，「好意に対する任意の謝礼」と認められる場合	過疎地等において，交通手段を持たない高齢者を週に1回程度近所の者が買い物等に乗せていくことに対して，日頃の感謝等から金銭の支払が行われた場合
利用者からの給付が，金銭的な価値の換算が困難な財物や流通性の乏しい財物等によりなされる場合	日頃の運送の御礼として，自宅で取れた野菜を定期的に手渡す場合
当該運送行為が行われない場合には発生しないことが明らかな費用（同種の運送を行った場合には，運送目的，運送主体を問わず発生する費用に限る）であって，客観的，一義的に金銭的な水準を特定できるもの（ガソリン代，道路通行料および駐車場料金。以下「特定費用」という）を負担する場合	地域の助け合い等による移動制約者の移送等の活動に対して支払われる対価の額が，実際の運送に要した特定費用の範囲内となる場合
市町村が公費で負担する等利用者は対価を負担しておらず，反対給付が特定されない場合等	市町村の事業として，市町村の保有する自動車により送迎が実施され，それらの費用が全額市町村によって賄われ利用者からは一切の負担を求めない場合，利用者の所有する自動車を使用して送迎を行う場合等

　この通達は上記で紹介した「notteco」や「crew」等のサービスの登場に伴って2018年3月に制定されました[35]。この際に，①有償運送規制の趣旨，②自発的な謝礼の取扱い，③仲介手数料の収受についての取扱い，④ガソリン代の算出方法の4点を明確化しました。

　具体的には，②自発的な謝礼の取扱いの明確化の中で，(1)仲介者が，ウェブサイト等で，謝礼の誘引文言を表示しまたは謝礼の有無・金額によって利用者を評価すること等により，謝礼の支払を促す場合および(2)仲介者が，ウェブサイト等で，利用者に対し謝礼の決定を経由しなければガソリン代，道路通行料の決済ができない仕組みを提供する場合は，自発的な謝礼の趣旨の支払とはいえないとしました。

　また，③仲介手数料の収受についての取扱いの明確化では，仲介手数料の一部を運転者に支払うことにより，運転者が特定費用および自発的な謝礼を超える金銭等を収受する場合は，運送法違反となるとしました。そして，(1)運転者に支払われる金銭と仲介者が収受する金銭を分別管理する，(2)運転者に対し仲介手数料を支払ってはならない旨を明記する，(3)収受する金銭の内訳を利用者へ明確に周知するなどの対策が仲介者に求められています。

　このような通達は，「notteco」等のサービス運営に相当な影響があると考えられます。

(6)　運転代行

(i)　運転代行に関する規制

　上記1でも説明したように，旅客自動車運送事業は，事業者が自ら自動車を用意して旅客を運送することを前提としています。そのため，自動車に乗る人が，自分が所有する自動車を，運転手を雇って運転させる場合，旅客自動車運送事業には該当しません。

　他人の自動車を運転する，つまり運転役務（運転サービス）を提供するだけの場合については，「自動車運転代行業の業務の適正化に関する法律」（自動車運転代行業法）という法律があります。しかし，この法律で規制される「自動車運転代行業」は，他人に代わって自動車を運転する役務を提供する営業のうち，以下の①から③までのいずれにも該当するものだけがこれにあたります。

① 主として酔客に代わって自動車を運転する役務を提供すること
② 酔客その他の当該役務の提供を受ける者を乗車させること
③ 常態として，当該自動車に当該営業の用に供する自動車が随伴すること

(ⅱ) レンタカーと運転代行の組み合わせ

他方で，自動車を有償で貸し渡すレンタカーについては，運送法における許可が必要となります。

レンタカー事業者が，レンタカーを貸し渡す際に，運転者を紹介・あっせんしたり，運転役務を提供することは，結局，許可を得ずに旅客自動車運送事業を行う行為（いわゆる白タク営業）を行うことと同様となってしまいますので，そのような運転者の紹介・あっせんや，運転役務の提供は禁止されています[36]。

しかし，上記のとおり運転役務の提供そのものは自動車運転代行業に該当しないため，顧客が，レンタカーを自ら借り受け，別の者と契約して運転役務の提供を受けることは，法律上，禁止されていません。実際，沖縄などの観光地で，利用者が借りたレンタカーについて，利用者に代わってレンタカーを運転する運転者と利用者をマッチングする Justavi（ジャスタビ）というサービスも以前存在していました。

この Justavi については，国土交通省も適法であるとしています[37]。また，このようなサービスの適法性については，産業競争力強化法に基づく「グレーゾーン解消制度」に基づき照会が行われており，旅行者に対してドライバーの情報を提供するサービスおよびドライバーの運転役務の提供は，旅客自動車運送事業に該当しない（許可なく行って良い）ことが確認されています。他方で，たとえば以下の場合など，ドライバーと自動車が実質的に一体として提供されていると判断される場合には，ドライバーおよびレンタカー事業者の行為は運送法に抵触するとされ，解釈が明確化されています[38]。

（ⅰ）マッチング事業者またはレンタカー事業者が自社ウェブサイト等に相手方の広告やウェブサイトへのリンクを掲載する等，マッチング事業者とレンタカー事業者に業務上の関係があると判断される場合

（ⅱ）第三者が業としてマッチング事業者とレンタカー事業者の双方を紹介する場合

(ⅲ) レンタカー事業者の親会社とマッチング事業者との間に資本・人的関係があるときに，当該関係を解消しても，実態としてマッチング事業者への事実上の影響力が解消されていない場合

(ⅲ) 1人運転代行サービス

このほかに，いわゆる「1人運転代行サービス」として，myKeeper が展開する「ONEMAN」というサービスがあります。このサービスでは，スタッフが折りたたみ式の電動バイク（原動機付自転車）に乗って利用者の自動車が駐車されている地点まで移動し，折りたたんだ電動バイクを利用者の自動車に積んで，利用者の自動車を運転して目的地まで移動します。その後，スタッフは電動バイクを利用者の自動車から降ろし，電動バイクに乗車して事業所に戻ります。

自動車運転代行業に該当するためには，「常態として，当該自動車に当該営業の用に供する自動車が随伴すること」が要件となっていますが，このような1人運転代行サービスはこれに該当しません。そのため，自動車運転代行業の認定も不要であり，二種免許も不要とされています[39]。

また，「ONEMAN」については，「グレーゾーン解消制度」における国土交通省および国家公安委員会の回答により解釈が明確化されています。具体的には，「ONEMAN」はあくまで利用者の自動車に対する運転役務の提供にとどまり，直ちには有償運送（旅客自動車運送事業）には該当しないと整理されています。ただし，①利用者の所有する車両の調達にあたって，契約名義が利用者であっても，myKeeper 等が車両代金を支払う等主体的に自動車を提供している場合や，②myKeeper 等が利用者に対し車両調達先の紹介・あっせんを行う場合には，利用者に対して運転者と自動車が実質的に一体として提供されるものと評価され，有償運送（旅客自動車運送事業）に該当するとされています[40]。

* * *

1 全国ハイヤー・タクシー連合「タクシー業界において今後新たに取り組む事項について」（平成28年10月12日）（http://www.taxi-japan.or.jp/pdf/Taxi_Challenge_2017.pdf）。

2019年には，取組事項として「MaaSへの積極的参画」，「自動運転技術の活用方策の検討」等の9項目が追加されました（同『『タクシー業界において今後新たに取り組む事項について』への追加項目」(2019年6月5日) (http://www.taxi-japan.or.jp/pdf/Taxi_Challenge_2019.pdf)）。

2　東京都産業労働局ウェブサイト「旅行業　登録業者等リスト」(http://www.sangyo-rodo.metro.tokyo.jp/sinsei/tourism/ryokotsuyaku/)。

3　「一般乗用旅客自動車運送事業の運賃及び料金に関する制度について」（平成13年10月26日国自旅第100号)。

4　「一般乗用旅客自動車運送事業の事前確定運賃に関する認可申請の取扱いについて」（平成31年4月26日国自旅第31号)。

5　運送法施行規則第10条の3第3項，「一般乗用旅客自動車運送事業の運賃料金の認可の処理方針について」（平成13年10月26日国自旅第101号)。

6　正式名称は「道路運送法の特則である特定地域及び準特定地域における一般乗用旅客自動車運送事業の適正化及び活性化に関する特別措置法」。

7　前掲注（3）参照。

8　国土交通省2020年11月27日付報道発表資料「タクシーの新たな運賃・料金サービスを導入します！～一括定額運賃・変動迎車料金の導入～」。

9　前掲注（3）参照。

10　前掲注（4）参照。

11　規制改革推進会議第10回　スタートアップ・イノベーションワーキング・グループ（2023年4月6日）資料3・11頁。

12　事業統合により，現在はGO（旧Mobility Technologies・旧JapanTaxi）に承継され，サービス名称も「GO」に変更されています。

13　「一般乗用旅客自動車運送事業における運賃・料金の適正収受に係る再発防止等について」（平成20年11月28日国自旅第264号)。

14　規制改革実施計画（2022年6月7日閣議決定）(https://www8.cao.go.jp/kisei-kaikaku/kisei/publication/program/220607/01_program.pdf)。なお，2023年度内のJIS原案策定が目標とされているものの，「通常のJIS策定に2～3年を要することもあり，JIS制定の具体的な時期の明示は困難」とされています（前掲注（11）7頁)。

15　「旅客自動車運送事業運輸規則の解釈及び運用について」（平成14年1月30日国自総第446号，国自旅第161号，国自整第149号)。

16　「法人タクシー事業の申請に対する処理方針」（平成13年8月29日国自旅第72号)。なお，従前の通達名称は「一般乗用旅客自動車運送事業（1人1車制個人タクシーを除く。）の申請に対する処理方針」でしたが，2023年10月の通達改正に併せて「法人タクシー事業の申請に対する処理方針」に名称が変更されています。

17　2015年3月6日太田昭宏国土交通大臣会見要旨。

18　令和元年度第3回（第17回）交通政策審議会交通体系分科会地域公共交通部会【資料5】自家用有償旅客運送の制度見直しについて・3頁(https://www.mlit.go.jp/policy/shingikai/content/001314096.pdf)。

19　国土交通省自動車局旅客課「自家用有償運送ハンドブック」（平成30年4月，令和2年11月改定)。

20　具体的には運送法施行規則48条に定める法人等。

21　地域公共交通会議の定義は運送法施行規則9条の2参照。

22　協議会の定義は運送法施行規則4条2項参照。運送法施行規則9条の3第1項2号から5号までに掲げる者を構成員に含むものに限るとされている。

23　地域公共交通会議の構成員について運送法施行規則4条の2、4⑵ⅲも参照。

24　「地域公共交通会議及び運営協議会に関する国土交通省としての考え方について」（平成18年9月15日国自旅第161号）。

25　観光地域づくり法人（DMO）は、「地域の多様な関係者を巻き込みつつ、科学的アプローチを取り入れた観光地域づくりを行う舵取り役となる法人」であり、所定の登録要件に該当している「登録観光地域づくり法人（登録DMO）」と、今後該当する予定の「観光地域づくり候補法人（候補DMO）」の2種類に分類されます（観光庁ウェブサイト「観光地域づくり法人（DMO）とは？」（https://www.mlit.go.jp/kankocho/page04_000048.html））。

26　一般社団法人ツーリズムいすみ2021年4月2日付プレスリリース「千葉県いすみ市の地域DMOが市内交通空白地域での自家用有償旅客運送を開始　DMOが地域交通のマネジメントを担う全国的な先進事例に」（https://isumi-tourism.jp/tourism/wp-content/uploads/2021/03/press210402.pdf）。

27　国家戦略特別区域法16条の2第1項、国土交通省関係国家戦略特別区域法施行規則5条。

28　国土交通省総合政策局総務課（総合交通体系グループ）「国土交通省総合交通メールマガジン第118号」。

29　「道路運送法における許可又は登録を要しない運送の態様について」（平成30年3月30日国自旅第338号）。

30　「notteco」ウェブサイト（https://notteco.jp/）。

31　http://lp.notteco.jp/teshio/

32　東京交通新聞2022年6月27日付5面「移動系ITベンチャー失速」。

33　前掲注（32）参照。

34　前掲注（29）参照。

35　なお、「notteco」については、通達の制定に先立ち、いわゆる「グレーゾーン解消制度」において、「ドライバーがユーザーから収受する費用については、運送のために生じるガソリン代及び道路通行料を上限値として設定されるものであり、これらの費用の範囲内の金銭の収受であることから旅客自動車運送事業に該当せず、道路運送法上の許可又は登録を要しない。」との回答が2017年5月18日付で出されています（https://www.meti.go.jp/policy/jigyou_saisei/kyousouryoku_kyouka/shinjigyo-kaitakuseidosuishin/press/170518_press.pdf）。

36　「貸渡人を自動車の使用者として行う自家用自動車の貸渡し（レンタカー）の取扱いについて」（平成7年6月13日自旅第138号）。

37　「第13回規制改革推進会議　議事概要」（2017年3月23日）34頁。

38　経済産業省「ドライバーマッチングサービスに係る道路運送法の取扱いが明確になりました～産業競争力強化法の「グレーゾーン解消制度」の活用～」（2016年10月27日）。

39　「ONEMAN」ウェブサイト（https://mykeeper.info/oneman_lp/）。

40　自動車代行業に該当しないことと二種免許が不要であることも併せて確認されています（https://www.meti.go.jp/policy/jigyou_saisei/kyousouryoku_kyouka/shinjigyo-kaitakuseidosuishin/press/200826_yoshiki.pdf）。

4　乗合サービス

(1)　新たな乗合サービス

(i)　乗合サービスとは

　乗合サービスとは，複数の旅客を同時に移動させるサービスを指します。ライドシェアリング（Ride Sharing）という用語も，同様の意味で使われることがあります。複数の旅客が同じ行程の移動サービスをシェアすることにより，より安価に移動サービスを提供できるというメリットがあります。典型的な乗合サービスの例として挙げられるのは，従来の定期定路線バス（路線バス）です。路線バスは，同じ方向に向かう旅客を，一度に多数人乗せることによって，安価に，エネルギー効率良く，移動サービスを提供しています。

　もっとも，従来型の路線バスについては，路線も時刻も固定化されており，利用者のニーズに柔軟に対応できるわけではなく，利用しにくいという面もあります。また，路線バスの場合，利用者が一定数確保できなければ採算性が悪化し，必然的に便数が減少するため，より不便になって利用者数がさらに減るという悪循環に陥りやすいという側面があります。

　これに対して，近年，行程や時間を利用者の希望に応じてより柔軟に決めることができる乗合サービスが注目を浴びています。このような乗合サービスは，複数の旅客で移動サービスをシェアすることにより，より安価に移動サービスを提供できるという乗合サービスのメリットと，個別の要求に応じて至便な移動サービスを提供できるというタクシーのような移動サービスのメリットの双方を合わせたものといえます。

　このような時間や行程を柔軟に決められる乗合サービスは，これまで電話で予約することが多かったのですが，ICT の発達により複数の要求を即時に合致（マッチング）させるサービスの提供も可能となってきました。その結果，次々と新しいサービスが登場してきています。

　なお，このような新しい乗合サービスを，旅客の需要（デマンド）に応じた移動サービスという意味で「デマンド型交通（Demand-responsive transport）」と呼ぶことがあります[1]。もっとも，デマンド型交通がどのような交通サービスまで含むのかなど，その定義はあいまいな部分もあります。

(ii) 各国および日本での新しい乗合サービス

サンフランシスコやニューヨークをはじめとする米欧の都市部では，このような新しい乗合サービスとして，利用者のアプリ操作により把握される需要に応じて高頻度で運行ルートや時刻を更新して運行する，いわゆるマイクロトランジットの導入が進展しています。

マイクロトランジットの例としては，フォードが買収した Chariot（チャリオット）や Via が有名です。Chariot は，14人乗りのバンを利用して，通勤客を主な対象として，サンフランシスコやシカゴなどでマイクロトランジットを運営していました。ただし，Chariot は採算性の問題などから2019年3月でサービスを終了しています。一方で Via は，サンフランシスコ，ニューヨーク，ワシントン DC などでマイクロトランジットのサービスを提供しています。

日本でも，従来から公共交通の空白地帯の解消や高齢者の移動手段の確保などを目的としたデマンド型交通が導入され，路線や時間を柔軟にするなどのサービス改善が行われてきました。しかし，このような限定的な目的の範囲での導入では，旅客が多くないため，採算が合わず，また技術上の限界や多額のシステム導入費を負担できないといった問題点もあります（実際に電話での予約が一般的でした）。

他方，最近では，旅客の多い都心部において，新しい乗合サービスを導入する動きがあります。たとえば，高速バスで有名なウィラー（WILLER）は，2021年7月から2022年6月まで渋谷区でオンデマンド乗合サービス「mobi」の実証実験を実施しました。「mobi」は，「月額5,000円で半径約2km のエリア内が乗り放題」というサブスクリプション型のサービスを打ち出し，世間的にも注目を集めました[2]。

また，ニアミー（nearMe）は，2021年11月に創設された「相乗りタクシー」制度（下記(2)(iv)で詳しく説明します）を活用して，2022年2月24日より相乗りタクシーサービス「NearMe.Town」を開始しました。このサービスは，アプリ上で出発地と目的地を指定すると，同じ方向に向かう人を自動でマッチング

出所：ウィラーウェブサイト（mobi）³

し，利用者が同意すると相乗りが確定する仕組みとなっています。運賃は乗車前に確定し，支払はアプリ上で完結します。

　さらに，日の丸自動車興業は，運行ルート沿線の企業等からの協賛金を基に大手町・丸の内・有楽町エリアを周遊する無料巡回バス「丸の内シャトル」を2003年から運行しています。これは，不特定の複数の旅客が乗車するものの，

出所：株式会社 NearMe 提供

旅客からは運賃を収受せず，企業等からの協賛金を基にした貸切バスとして運行されている点が特徴です[4]。

　このように，日本でも新しい乗合サービスを導入する動きは進んでいますが，規制の問題もあり，まだ導入初期段階にあります。

(2)　乗合サービスの法規制

(ⅰ)　一般乗合と一般乗用の区別

　上記１(3)で説明したように，ヒトを運ぶ旅客自動車運送事業者は，「一般乗合旅客自動車運送事業」（一般乗合），「一般貸切旅客自動車運送事業」（一般貸切），「一般乗用旅客自動車運送事業」（一般乗用）と「特定旅客自動車運送事業」に分けられます。一般乗合，一般貸切および一般乗用をまとめて「一般旅客自動車運送事業」といいます（**図表3-1-2**参照）。

　乗合サービスでは，複数の旅客が相乗りをし，それぞれの旅客が運送事業者との間で契約を結ぶことになります。このように，旅客との契約が複数の形態は，（タクシーなどの一般乗用ではなく）一般乗合に該当することになります。一般乗合を行う場合にも，タクシーなどの一般乗用と同様に，国土交通大臣の許可が必要です（運送法4条1項）。

(ⅱ)　タクシー事業者・貸切バス事業者が乗合タクシーを行うための許可

　一般旅客自動車運送事業の許可は，その種別，つまり一般乗合，一般貸切および一般乗用の種類別について行うとされています（運送法4条2項）。したがって，一般乗用の許可を得ているタクシー事業者や一般貸切の許可を得ている貸切バス事業者は，それだけでは一般乗合とされる乗合サービスを行うことはできないこととなっています。

　一般乗用の許可を得ているタクシー事業者や一般貸切の許可を得ている貸切バス事業者が乗合旅客の運送をできる場合については，運送法に別途規定されています。運送法21条は，一般乗用と一般貸切は，①災害の場合その他緊急を要するとき，および，②一般乗合によることが困難な場合において，一時的な需要のために国土交通大臣の許可を受けて地域および期間を限定して行うときに限って，乗合旅客の運送をできるとしています。つまり，タクシー事業者や

貸切バス事業者が乗合旅客を運送することは，例外的な場合を除いては，法律によって禁止されているということになります。

　これは，もともとタクシー事業者などの一般乗用による乗合行為は完全に禁止されていたのですが，2006年の運送法改正に際して，一般乗合を定期定路線以外にも拡大すると同時に，一般乗用について，一般貸切と同様に限定的に乗合行為を解禁したという経緯です。このように一般乗用と一般貸切による乗合行為を限定的にしか認めていない理由は，「乗合類似行為を防止する観点から」であると説明されています[5]。

　この条項により，タクシー事業者などの一般乗用や貸切バス事業者などの一般貸切が乗合タクシーを行うためには，「一般乗合によることが困難な場合において，一時的な需要のために国土交通大臣の許可を受けて地域および期間を限定して行うとき」（上記②）として，許可を得る必要があります。上記②の例としては，イベント客の輸送，鉄道の工事運休に伴う代替バス，実証実験等短期間に限定して実施され，かつ，期間の延長が予定されない運行であり，一般乗合が当該運行をできない場合に，イベントの主催者，鉄道事業者，実証実験の主催者等の要請により行われる場合などが挙げられます[6]。実際，タクシー事業者が有償で行っている乗合タクシーの実証実験は，この例外を用いて運送法21条に基づく許可を得て行われています。当該許可の期間は，原則1年以内ですが，地方公共団体の要請がある場合には3年程度の期間を認めることとするとされています。

(iii)　一般乗合の許可

　一般乗合は，路線定期運行，路線不定期運行，区域運行の3種類に分類されます（運送法施行規則3条の3。**図表3−4−1**参照）。そして，一般乗用・一般貸切以外の事業者が乗合サービスを行おうとする場合は，一般乗合の許可のうち，その事業内容に合わせて，路線不定期運行または区域運行の許可を得る必要があります。

　しかし，乗合サービスをするために路線不定期運行および区域運行について許可を得るためには，地域公共交通会議または協議会で協議が調っていることが必要です[7]。この「地域公共交通会議」とは，地方公共団体，既存のバス事

図表3-4-1 〉　一般乗合の種類

種類	内容
路線定期運行	路線を定めて運行するものであって，設定する運行系統の起終点および停留所の時刻設定が定時である運行形態
路線不定期運行	路線を定めて運行するものであって，設定する運行系統の起点または終点に係る時刻の設定が不定である運行形態
区域運行	路線を定めず，旅客の需要に応じた乗合運送を行う運行形態

図表3-4-2 〉　地域公共交通会議の構成員

必要な構成員	①地域公共交通会議を主宰する市区町村長または都道府県知事その他の地方公共団体の長 ②一般乗合旅客自動車運送事業者その他の一般旅客自動車運送事業者およびその組織する団体 ③住民または旅客 ④地方運輸局長 ⑤一般旅客自動車運送事業者の事業用自動車の運転者が組織する団体 ⑥自家用有償旅客運送について協議を行う場合には，地域公共交通会議を主宰する市区町村長または都道府県知事の管轄する区域内において現に自家用有償旅客運送を行っているNPO法人等
任意の構成員	①路線を定めて行う一般乗合旅客自動車運送事業について協議を行う場合には，次に掲げる者 ⑴道路管理者 ⑵都道府県警察 ②学識経験を有する者その他の地域公共交通会議の運営上必要と認められる者

業者や住民など，**図表3-4-2**に掲げる者により構成される協議会組織です（運送法施行規則4条の2）。

　地域公共交通会議の議決は，出席委員の過半数とするものから，原則として全会一致を求めるものまで様々であり，それぞれの設置要綱において決議要件が定められています[8]。この地域公共交通会議での協議が調っていることは，運送法上は，運賃・料金の設定・変更について上限認可ではなく届出で足りるようにするための要件にすぎませんが（運送法9条4項），通達において，許可要件である事業の適切性（運送法6条2号）の一環として，路線不定期運行および区域運行の許可申請のための要件とされています。そして，地域公共交通

会議においては「路線定期運行との整合性」が重視されており，路線定期運行，いわゆる路線バスを中心とした地域交通ネットワークの構築が重要視されています。

(iv)　乗合サービスのために必要な許可と今後の展望

　このように，乗合サービスを行うためには，タクシー事業者等の一般乗用が運送法21条に基づく許可を取得するか，地域公共交通会議等の協議を調えて一般乗合の許可を取得することが必要となります。現在，乗合タクシーについて行われている実証実験では，（無償として許可を不要とする場合を除き）運送法21条に基づく許可により行われていることが多いようです。上記(1)(ii)で例に挙げた「mobi」の実証実験も，同条に基づく許可により2022年6月30日までの期間限定で行われました。

　これまで述べてきたように，乗合サービスを新たに行うためのハードルは高いものとなっています。そこで，政府は，成長戦略の一環として，タクシー相乗りの規制を緩和する方向で動き出し，2021年11月に新たに通達[9]を制定して相乗りタクシー制度を導入しました。

　相乗りタクシー制度の概要は**図表3-4-3**のとおりです。この通達で認められたのは，あくまで「乗合」ではなく「相乗り」です。「相乗り旅客の運送」とは，各旅客が，アプリ等により運送開始前に互いに同乗することを承諾し，一団の旅客として，費用負担，事故時の補償等について公正な条件を設定した運送契約をタクシー事業者との間で共同して締結し，これに基づき行われる運送をいいます。このような相乗り旅客の運送は，運送途中に不特定の旅客が乗車しないので，一般乗合の許可が必要な「乗合旅客」の運送には該当しないとされています。そのため，相乗り旅客の運送は，一般乗合の許可または運送法21条に基づく許可を受けずに，タクシー事業者（一般乗用）が行うことができるとされています。

　相乗り旅客の運送では，運賃は，トラブル防止の観点から事前確定運賃による運用が原則となっています。また，相乗り旅客間の費用負担は乗車距離に応じた按分が原則とされています。その他，相乗り旅客とのトラブル防止のために一定の措置を講じるべきことや，当該地域における一般乗合事業との整合性

図表3-4-3　相乗りタクシー制度の概要

相乗り旅客の運送とは	・各旅客が，アプリ等により運送開始前に互いに同乗することを承諾し，一団の旅客として，費用負担，事故時の補償等について公正な条件を設定した運送契約をタクシー事業者との間で共同して締結し，これに基づき行われる運送（運送開始後に不特定の者が乗車することは不可） ・配車アプリ事業者等が車両を時間制運賃により貸し切った上で，各旅客が配車アプリ事業者等との間で運送等サービス提供契約を締結する場合も含まれる
運賃	・タクシー事業者に認められる運賃であれば，定額運賃も含め，種類にかかわらず適用可能。ただし，相乗り旅客間のトラブルを防止する観点から，乗車前に運賃額が確定する運用が原則 ・事前確定運賃に限り，最大2割の割増運賃を設定可能（国土交通大臣の認可が必要） ・相乗り旅客間の費用分担は，乗車距離に応じた按分が原則
トラブルの防止措置等	・費用負担，事故時の補償等の条件その他相乗り旅客の運送によるトラブルを防止するために必要な内容（異性同士の相乗り旅客の同乗，使用する車両の種類等）を設定し，運送開始前に，相乗り旅客があらかじめ確認・承諾 ・目的地の設定によって，他の相乗り旅客に対して，自宅や勤務先等の所在地を知られるプライバシーのリスクがあることをあらかじめ注意喚起 ・誤乗車防止のために，乗車時に本人確認 ※　特段の注意を払わなかったことにより相乗り旅客の利便を阻害する事実がある場合，事業改善命令（運送法31条）の対象
留意事項	・当該地域における一般乗合旅客自動車運送事業（バス）との整合性に留意 ・当面の間，マスク着用，旅客同士が隣り合わない座席指定など，必要な感染対策を実施 ・実施状況を定期的にモニタリングし，バスとの整合性に留意しつつ，必要に応じて見直しを行う

に留意すべきこと等が示されています。

　この制度の活用により，タクシーによる割安な移動ができるようになり，利用者の利便性が向上するとともに，タクシー事業者にとっても，新たなタクシー需要が生まれることが期待されています。

(3)　相乗りマッチングサービス

　前述のように，旅客と運送事業者との契約が複数となる形態は，一般乗合に該当します。そのため，タクシー事業者が複数の旅客を相乗りさせることは，

運送法21条の許可を得ない限りできません。

もっとも，たとえば友人同士で相乗りをすることは，特に禁止されていません。これは，乗客がグループを作って1組の乗客として乗車をしており，代表者が運賃を支払うため，1個の契約であると考えられるためです（上記の相乗りタクシー制度もこの考え方に基づいて設計されています）。

そこで，あらかじめ知らない人同士をつないで，相乗りをすることとした上で，その代表者が支払を行うということにすれば，タクシーに相乗りすることができることに着目した，新たなサービスが登場しています。

たとえば，日本でも NearMe が提供していた「nearMe.TaxiShare」というサービスがあります。これは，アプリに登録した目的地の近いタクシー利用者同士をマッチングさせるサービスです。利用者は，自動算出されたルートと料金を確認後，メッセージや通話機能などで待ち合わせをしてタクシーに相乗りをすることができます。料金は最後の人が払い，途中下車の人はクレジットカード決済を行うことにより，料金の一部を負担します。

NearMe は，それ自身が旅客を運送するわけではありませんので，運送法の適用はありません。また，運送等のサービス提供者（つまりタクシー事業者）と旅客をつないでいるわけではなく，旅客同士をつないでいるだけですので，それだけでは旅行業にも該当しません。

他方，相乗りする利用者をつないだ上で，タクシー事業者とつないでしまうと，旅行業者やタクシー事業者による乗合類似行為の疑義が生じてきますので，留意が必要です。

(4) 「完全キャッシュレス」バス

最後に，乗合サービスの「完全キャッシュレス」（利用者からの運賃・料金の支払において現金支払を認めず，キャッシュレス決済のみに限定することをいいます）に関する法規制について簡単に触れます。

乗合サービスの「完全キャッシュレス」は，特に無人自動運転移動サービスにおいて活用が期待されているものですが，現金による利用を認めないという点で一般乗合における運送引受義務（運送法13条）に反しないかが問題となります。この点については，通達[10]により取扱いが明確化されています。

　具体的には，①運送法21条に基づく許可を受けた実証実験として実施する場合には，事前周知を行うこと等により利用者への配慮を十分に行うことが必要とされています。また，②一般乗合事業者による本格運行として実施する場合には，運送引受義務違反とならないよう「完全キャッシュレス」を定めた運送約款の認可（運送法11条1項）を受けることが必要とされ，当該認可にあたっては利用者への配慮がなされていることや，かかる配慮によって公衆の利便を阻害するおそれがないかという点が考慮されます。

＊　　　＊　　　＊

1　たとえば，国土交通省総合政策局「地域公共交通に関する新技術・システムの導入促進に関する調査業務　報告書」（2009年3月）。
2　なお，「mobi」は，2022年4月よりウィラーとKDDIの合弁会社であるCommunity Mobilityによって運営されている。
3　https://travel.willer.co.jp/maas/mobi/
4　「丸の内シャトル」ウェブサイト（https://www.hinomaru-bus.co.jp/free-shuttle/marunouchi/）。
5　国土交通省自動車交通局旅客課監修『Q&A　改正道路運送法の解説』（ぎょうせい，2006）56頁。
6　「一般貸切旅客自動車運送事業者及び一般乗用旅客自動車運送事業者による乗合旅客の運送の許可に関する審査基準について」（平成18年9月15日国自旅第140号。平成30年3月30日最終改正）。
7　「一般乗合旅客自動車運送事業の申請に対する処理方針」（平成13年8月29日国自旅第71号）。なお，例外は「交通空白地帯，交通空白時間又は過疎地であって路線定期運行によるものが不在である場合等明らかに路線定期運行との整合性を取る必要がない場合」に限られる。
8　「地域公共交通会議及び運営協議会に関する国土交通省としての考え方について」（平成18年9月15日国自旅第161号）。
9　「一般乗用旅客自動車運送事業における相乗り旅客の運送の取扱いについて」（令和3年10月29日国自旅第297号）。
10　「無人自動運転移動サービスの実用化に向けた「完全キャッシュレス」の取扱いについて」（令和3年4月28日国自旅第39号）。

5　電動キックボード・自動配送ロボット

⑴　概要と道路交通法改正の経緯

⒤　世界的な普及とこれまでの法制度

　近年，技術の進展等により，電動キックボードや自動配送ロボット等の新しいモビリティが登場しています。

　電動キックボードは，比較的簡単に操作ができる手軽さ，スリムで場所を取らないコンパクトさなどから，世界的に人気が高まっています。特にシェアリングサービスと併せて使うことで，スマホ1つでいつでもどこでも比較的安価に利用できる便利さから急速に普及しています。電動キックボードをはじめとするシェアリングマイクロモビリティを導入している都市は，2021年9月時点で，アメリカで129都市，ドイツで87都市に及んでいます[1]。電動キックボードは，比較的短距離のいわゆるラストワンマイルの移動手段として注目されており，海外ではLime, Birdといったスタートアップ企業が資金を集めています。

出所：「Luup」ウェブサイト

　また，自動配送ロボットは，比較的小型のロボットが，無人で配送を行うものです。昨今，消費者向けの電子商取引（いわゆるネットショッピング）の規

図表3-5-1〉　宅配便取扱個数の推移

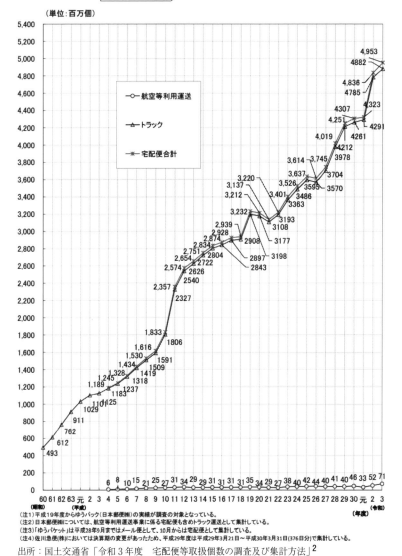

（注1）平成19年度からゆうパック（日本郵便㈱）の実績が調査の対象となっている。
（注2）日本郵便㈱については，航空等利用運送事業に係る宅配便も含めトラック運送として集計している。
（注3）「ゆうパケット」は平成28年9月まではメール便として，10月からは宅配便として集計している。
（注4）佐川急便㈱においては決算期の変更があったため，平成29年度は平成29年3月21日～平成30年3月31日（376日分）で集計している。

出所：国土交通省「令和3年度　宅配便等取扱個数の調査及び集計方法」[2]

模拡大に伴い，宅配便の取扱個数が増加する中，物流の担い手が不足しており，自動配送ロボットはこの物流業界が抱える課題の解決に資するとして期待されています。

出所：パナソニック ホールディングス株式会社2020年12月7日付プレスリリース [3]

しかし，これまで日本では，電動キックボードや自動配送ロボットは，道交法上，自転車や車椅子などと異なり「原動機付自転車」に該当したため，ヘルメットの着用が必要，自転車道や歩道を走れない，運転免許が必要など規制が多く，普及の妨げとなっていました。

(ii) 公道実証実験

政府も普及を進めようと，電動キックボードについて，2020年10月から，産業競争力強化法に基づく新事業特例制度を活用した実証実験が各地で行われるようになりました。2021年4月からは，一定の要件を満たす電動キックボードを道交法上の小型特殊自動車と位置づけるとともに，最高速度が時速15km に制限される一方，自転車道等を通行できる，ヘルメットの着用を任意とする，自転車道の走行を認めるなどの緩和措置がとられました。他方，運転には普通免許等が必要になります。日本でも都市部を中心に Luup や mobby ride など

を見かけるようになってきていました。

　また，自動配送ロボットについても，2020年以降，個別に道路使用許可および保安基準の基準緩和認定を受けて，公道実証実験が実施されています。2021年6月には，警察庁より，より簡便な手続で長期の公道実証実験が可能となる「特定自動配送ロボット等の公道実証実験に係る道路使用許可基準」[4]が策定されています。たとえば，パナソニック ホールディングス株式会社は，2022年5月から，神奈川県藤沢市において，自動配送ロボットの公道走行についての道路使用許可を取得した上で，自動配送ロボットを用いた住宅街向けの配送サービスの実証実験を行っています[5]。

(iii)　道路交通法の改正

　政府においては，さらに普及を進めるべく，「成長戦略実行計画」（2021年6月18日閣議決定）において新しいモビリティに関する制度整備の必要性が示されるとともに，警察庁の有識者検討会における検討[6]を経て，2022年4月19日に，新しいモビリティに関する改正道交法が成立しました。

　電動キックボードに関する規定は2023年7月1日に，自動配送ロボットに関する規定は2023年4月1日にそれぞれ施行されています。

(2)　電動キックボードに関する新たな法制度

(i)　交通ルール

(a)　概　　要

　改正道交法では，車体の大きさと最高速度によって，新しいモビリティの車両区分を定め，それに応じた交通方法が定められています。

　新しいモビリティの車両区分の概要は次頁の表のとおりです。

図表3-5-2 モビリティの車両区分

	車体の大きさ	最高速度	通行場所
移動用小型車（一部の搭乗型移動支援ロボット） 遠隔操作型小型車（自動配送ロボット，自動走行する電動車椅子）	電動車椅子相当の大きさ	時速6km	歩道，路側帯 （歩行者扱い）
特定小型原動機付自転車（電動キックボード，一部の搭乗型移動支援ロボット）	普通自転車相当の大きさ	時速20km	車道，普通自転車専用通行帯，自転車道，路側帯 歩道は不可
既存の原動機付自転車等	―	時速20km	車道のみ

改正道交法では，電動キックボード等について，原動機付自転車のうち車体の大きさおよび構造その他の基準を満たすものを「特定小型原動機付自転車」と位置づけています（道交法2条1項10号ロ，17条3項）。そして，特定小型原動機付自転車は，一般的な原動機付自転車と異なり，普通自転車に類似の交通ルールを適用するとしています。

具体的には，特定小型原動機付自転車は，最高速度は時速20km以下，車体の大きさは普通自転車相当（長さ190cm×幅60cm），定格出力が0.60キロワット以下となります（道交法施行規則1条の2の2）。

(b) 運 転 者

特定小型原動機付自転車は，一般原動機付自転車（従前の原動機付自転車）と異なり，運転免許がなくとも運転できます（道交法64条，84条1項参照）。ただし，一般原動機付自転車と同様，16歳未満の運転は禁止されています（道交法64条の2第1項）。また，一般原動機付自転車と異なり，ヘルメットの着用は義務づけられておらず，ただ自転車と同様に着用の努力義務があります（道交法71条の4第2項・3項）。

さらに，特定小型原動機付自転車の販売・シェアリング事業者は，購入者または利用者に対し，安全な運転を確保するために必要な交通安全教育を行う努力義務があります（道交法108条の32の4）。なお，必要な交通安全教育の在り方については，警察庁に設置されたパーソナルモビリティ安全利用官民協議

会[7]により「特定小型原動機付自転車の安全な利用を促進するための関係事業者ガイドライン」が策定・公表されています[8,9]。

(c)　通行場所・通行方法

特定小型原動機付自転車は，車道のほか，普通自転車通行帯および自転車道を通行することが可能であり（道交法17条1項，20条2項，17条3項），歩道を通行することはできません。

もっとも，特定小型原動機付自転車のうち，性能上の最高速度が時速6km に制限され，一般の特定小型原動機付自転車とは異なる周期で緑色の灯火を点滅する最高速度表示灯を備えていること等の要件を満たすものは，「特例特定小型原動機付自転車」として，例外的に歩道等を通行することができます（道交法17条の2第1項，17条の3第1項，道交法施行規則5条の6の2，保安基準66条の17，保安基準告示299条の2）。

道路を通行する際には，左側端に寄って通行する必要があり（道交法18条1項），右折時にはいわゆる二段階右折をする必要があります（道交法34条3項）。酒気帯び運転や2人乗りも禁止されています（道交法65条1項，57条1項，道交法施行令23条1号）。

(d)　法令違反に対する措置等

特定小型原動機付自転車に関する義務に違反する場合は，罰則の適用があるとともに，交通反則通告制度（道交法125条2項1号等）および放置違反金制度（道交法51条の4）の対象とされています。さらに，公安委員会は，悪質・危険な違反行為を繰り返す者には講習の受講を命令できます（道交法108条の3の5第1項）。

(ii)　保安基準・その他

特定小型原動機付自転車の保安基準（車体の安全基準）については，国土交通省に設置された新たなモビリティ安全対策ワーキンググループにおいて検討が進められ，その内容が2022年10月に取りまとめられています。この検討の結果を踏まえ，特定小型原動機付自転車の保安基準が定められ，2022年12月23日に施行されました（特定小型原動機付自転車については2023年7月1日に施行）。

特定小型原動機付自転車の保安基準の項目等の概要は下表のとおりです。

図表3-5-3 > 特定小型原動機付自転車の保安基準

保安基準	基準の概要
接地部および接地圧	接地部および接地圧は，道路を破損するおそれのないものであること。
制動装置	2個の独立した操作装置を有し，確実かつ安全に減速および停止を行うことができること。また，2系統以上のうち1系統は，平坦な舗装路面等で確実に特定小型原動機付自転車を停止状態に保持できること。
車体	車体は堅牢で運行に十分耐えるものであること。
前照灯	夜間前方15mの距離の障害物を確認できること。
尾灯	夜間後方300mから点灯を確認できること。
制動灯	昼間後方100mから点灯を確認できること。
後部反射器	夜間後方100mから走行用前照灯で照射した場合にその反射光を確認できること。
警音器	適当な音響を発する警音器であること（自転車に装着されるベル等でも可）。
方向指示器	車両中心線上の前方および後方30mの距離から指示部を見通すことができる位置に少なくとも左右1個ずつ取り付けられていること。
安定性	安定した走行を確保できるものとして「特定小型原動機付自転車の走行安定性の技術基準」に適合すること。
速度抑制装置	速度抑制装置の速度制御性能に関し「特定小型原動機付自転車の速度抑制装置の技術基準」に適合する速度抑制装置を備えること。 最高設定速度が2種類以上ある場合，最高設定速度が走行速度を下回る速度へ変更ができないこと。
電気装置	原動機用蓄電池は以下のいずれかの基準に適合していること。 国連規則，欧州規格，国連危険物輸送勧告，PSEマーク（電気用品安全法に基づく表示）
乗車装置	乗車人員が動揺，衝撃等により転落または転倒することなく安全な乗車を確保できる構造であること。
通行区分識別灯	昼間前方および後方25mから点灯を確認できること。 車道モード：緑色点灯，歩道モード：緑色点滅

また，特定小型原動機付自転車は，車両法上，原動機付自転車の一類型として位置づけられるため，自賠責保険への加入が必要になり，地方税法に規定さ

れる軽自動車税の課税標識としてナンバープレートが必要になります。

(3)　自動配送ロボットに関する新たな法制度

(i)　交通ルール
(a)　遠隔操作型小型車の定義

改正道交法では，自動配送ロボット等を「遠隔操作型小型車」と呼称し，歩行者と同様の交通ルールを適用しています。遠隔操作型小型車に該当するためには，①人または物の運送の用に供するための車で，②遠隔操作により通行させることができ，③最高速度時速6km以下，③車体の大きさは現行の電動車椅子相当（長さ120cm×幅70cm×高さ120cm），原動機として電動機を用い，歩行者に危害を及ぼすおそれがある鋭利な突出部がない大きさ・構造であることとなります（道交法2条1項11号の5，道交法施行規則1条の6）。

なお，遠隔操作型小型車には保安基準は適用されず，車体の安全性確保については，産業界における自主的な安全確保に向けた取組みに委ねられています。具体的には，一般社団法人ロボットデリバリー協会において，自主的な安全基準の制定と認証の仕組み作りが行われており，2022年3月30日に「自動配送ロボットの安全基準等の策定方針」[10]を策定しています。

(b)　届　出　制

遠隔操作により道路を通行する遠隔操作型小型車の使用者は，公安委員会等が違反行為があった場合に必要な措置を講じることができるよう，都道府県公安委員会に対して，使用者の氏名等，通行する場所，非常停止装置の位置等を事前に届け出ることが必要です（道交法15条の3，道交法施行規則5条の4）。

(c)　通行場所・通行方法

遠隔操作型小型車は，歩行者と同様に，歩道を通行することができます（道交法4条1項，10条1項）。そして，信号や道路標識等に従うこと等，歩行者相当の交通ルールに従って通行する必要があります（道交法5条から13条の2まで）。

また，歩行者の通行を妨げることになるときは，あらかじめ道路の端に寄って停車するなどして歩行者に進路を譲る必要があります（道交法14条の2）。そして，遠隔操作を行う者は，遠隔操作型小型車について遠隔操作のための装置

を確実に操作し，かつ，道路，交通および当該遠隔操作型小型車の状況に応じ，他人に危害を及ぼさないような速度と方法で通行する必要があります（道交法14条の3）。

(d)　法令違反に対する措置等

警察官等は，危険防止等のため，遠隔操作型小型車を停止または移動させることができます（道交法15条の2）。なお，歩行者等の私人は，改正道交法上，危険防止等のため，遠隔操作型小型車を停止または移動させることができる主体として規定されていません。そのため，歩行者等の私人は，危険等が生じた場合に，まずは警察に通報することが想定されています。ただ，刑法や民法上の正当防衛や緊急避難に該当する場合には必要な措置をとることが許容される場合はあると考えられます[11]。

また，都道府県公安委員会は，使用者またはその使用する者が法令に違反したときは，危険防止等のため，使用者に対して，必要な措置をとるべきことを指示することができます（道交法15条の6）。その他，遠隔操作型小型車の遠隔操作による通行についても，一定の罰則が用意されています（道交法121条1項2号）。

(ii)　保安基準・その他

前記(i)(c)のとおり，遠隔操作型小型車には保安基準は適用されません。そのため，自賠責保険に加入する必要もありません。

＊　　　＊　　　＊

1　令和3年度産業経済研究委託事業（国内外の電動キックボードに関する調査）報告書（2022年3月）。
2　https://www.mlit.go.jp/report/press/content/001494501.pdf
3　https://news.panasonic.com/jp/press/jn201207-2
4　https://www.meti.go.jp/shingikai/mono_info_service/jidosoko_robot/pdf/004_04_02.pdf
5　https://news.panasonic.com/jp/press/jn220415-2
6　「多様な交通主体の交通ルール等の在り方に関する有識者検討会　報告書」（2021年12月）。
7　https://www.npa.go.jp/bureau/traffic/council/index.html
8　「特定小型原動機付自転車の安全な利用を促進するための交通安全教育の推進について」（https://www.npa.go.jp/laws/notification/koutuu/kouki/anzentsutatsu.pdf）

9　「特定小型原動機付自転車の安全な利用を促進するための関係事業者ガイドライン」
（https://www.npa.go.jp/bureau/traffic/anzen/img/tokuteikogata/guideline.pdf）

10　https://robot-delivery.org/wp/wp-content/uploads/2022/03/%E8%87%AA%E5
%8B%95%E9%85%8D%E9%80%81%E3%83%AD%E3%83%9B%E3%82%99%E3%83
%83%E3%83%88%E3%81%AE%E5%AE%89%E5%85%A8%E5%9F%BA%E6%BA%
96%E7%AD%89%E3%81%AE%E7%AD%96%E5%AE%9A%E6%96%B9%E9%87%9D.
pdf

11　楠芳伸（警察庁交通局長）の発言。「第208回国会衆議院内閣委員会会議録第19号」（2022
年4月15日）11頁。

6　カーシェアリング

(1)　カーシェアリングとは

(i)　カーシェアリングの広がり

カーシェアリング（Car Sharing）は，自動車を複数の人で共同利用（シェア）するサービス全般を指す言葉です。

カーシェアリングは，自動車を誰が保有しているかによって，B2C型とC2C型に大きく分けることができます。B2C型は，企業が自動車を保有し，これを会員に対して貸与する形態をいい，従前のレンタカーの延長線上にあるといえます。これに対して，C2C型は，典型的には，個人が保有している自動車を，利用しないときに，プラットフォームを通じて他人に対して貸し渡す形態であり，プラットフォームを運営するのは企業ですが，自動車の貸し借りは個人間で行われることになります。

カーシェアリングは，個人間であらゆるモノを貸し借り・交換するシェアリングエコノミーの一環として，世界的な広がりを見せています。

Stellantisグループ傘下のSHARE NOWは，ヨーロッパ8カ国（全17都市）でカーシェアリングサービスを展開しています。2022年時点の会員数は370万人，車両数は約1万台となっており，2秒に1回の頻度でSHARE NOWを通じたカーシェアが行われています[1]。

日本では，B2C型のレンタカー型カーシェアリングが，国土交通省による2002年の通達改正により可能となってから，首都圏を中心に急速に広がっています。公益財団法人交通エコロジー・モビリティ財団によれば，2023年3月現在，日本におけるカーシェアリングの車両台数は5万6,178台，会員数は313万801人に上り，東京は世界最大のカーシェア市場ともいわれています。主な事業者としては，最大規模のタイムズ24によるタイムズカーシェア（3万8,224台，会員214万9,438人）をはじめ，三井不動産リアルティによるカレコ（careco）（6,371台，会員41万88人），オリックス自動車によるオリックスカーシェア（2,562台，会員38万7,974人）などがあります[2]。

　これに対して，C2C 型カーシェアリングとしては，DeNA SOMPO Mobility による Anyca[3]，IDOM による GO2GO などがあります。C2C 型については Anyca が2015年にサービスを開始し，2021年時点で会員50万人以上，登録台数２万台以上となるなど，急速に広がっています[4]。

⑩　カーシェアリングの種類

　カーシェアリングは，大きくラウンドトリップ方式とワンウェイ方式に分けることができます。ラウンドトリップ方式は，借りる場所と返す場所が同じ形態，ワンウェイ方式は，借りる場所と返す場所が異なる形態です。C2C 型は通常，ラウンドトリップ方式となりますが，B2C 型の場合，多くの自動車と駐車場所を活用することにより，ワンウェイ方式を実現することができます。

　ワンウェイ方式は，さらにあらかじめ駐車場所を事業者が用意するステーション型と，決められたエリア内であれば，道路上や公共駐車場など自由に乗り捨てることができるフリーフロート型に分けることができます。路上駐車が比較的一般的なヨーロッパなどの地域では，ワンウェイ方式・フリーフロート型のカーシェアリングサービスが発展してきています。

　日本では，後述のように，2014年に新たな通達[5]が出され，レンタカー型カーシェアリングでもステーション型のワンウェイ方式が可能となりました。もっとも，ステーション型のワンウェイ方式を実現しようとすると多くの駐車場を確保するためのコストがかかることなどから，未だ広くは普及していない状況です。また，日本ではフリーフロート型は認められていません。

⑪　カーシェアリングとレンタカーおよびカーリースの区別

　自動車を有償で借りることができるサービスとしては，カーシェアリングのほかに，レンタカーやカーリースといったサービスがあります。特に，B2C型カーシェアリング（レンタカー型カーシェアリング）とレンタカーは非常に近い存在です。

　カーリースは，借受人が，対象となる自動車の車検証における使用者となる場合をいいます。これに対して，レンタカーおよびカーシェアリングは，貸渡人が使用者となります。カーリースは，借受人が使用者となるため，運送法80

条のレンタカーに関する規制は適用されず，許可なく行うことができます。

　レンタカーと，B2C型カーシェアリング（レンタカー型カーシェアリング）は，貸渡人が車検証における使用者となるという点では同様です。しかし，通常のレンタカーが，有人の営業所を配置事務所および車両登録における使用の本拠の位置（車両法7条1項5号）とするのに対して，レンタカー型カーシェアリングでは，これらを無人の駐車場とする点で異なります。また，レンタカー型カーシェアリングは，会員制により特定の借受人に対して貸し渡すことを要するなど，通達で認められている形態をとる必要があります。

図表3-6-1　カーリースとレンタカーの違い

	カーリース	レンタカー	レンタカー型 カーシェアリング
車検証における使用者	借受人	貸渡人	
配置事務所等	－	有人の営業所	無人の駐車場

(2)　カーシェアリングに関する法的問題

(i)　レンタカーの規制

　レンタカーは，運送法80条という，1つの条文のみで規制されています。その条文は次のとおりです。

【運送法80条】

1　自家用自動車は，国土交通大臣の許可を受けなければ，業として有償で貸し渡してはならない。ただし，その借受人が当該自家用自動車の使用者である場合は，この限りでない。
2　国土交通大臣は，自家用自動車の貸渡しの態様が自動車運送事業の経営に類似していると認める場合を除くほか，前項の許可をしなければならない。

　まず，第1項は，「業として有償で」貸し渡すには，国土交通大臣の許可が必要であると定めています。レンタカーは，業として有償で自家用自動車を貸し渡すことになりますので，この許可が必要となります。レンタカー型カーシェアリングも同様です。

　一方，第1項但書は，「その借受人が当該自家用自動車の使用者である場合」
は許可は不要であると定めています。ここでいう「使用者」とは，車検証上の
使用者をいい，借受人が車検証上の使用者である場合，具体的にはいわゆる
カーリースの場合には，許可を不要としているものです。レンタカーが規制さ
れているのは，自動車運送事業の規制を潜脱するのを防止するためですが，
カーリースについては潜脱のリスクが少ないために，2006年に許可制が廃止さ
れています。

(ii)　レンタカー型カーシェアリングの規制

　前述のとおり，レンタカー型カーシェアリングは，2002年の通達改正によっ
て認められるようになりました。それまでは有人の事業所を配置事務所とする
ことが必要でしたが，無人の路外駐車場を配置事務所とすることができるよう
になりました。

　レンタカー型カーシェアリングが認められるためには，通達[6]上，①会員制
により特定の借受人に対して自家用自動車を業として貸し渡すこと，②配置事
務所以外の本社等においてIT等の活用により車両の貸渡し状況，整備状況等
車両の状況を適確に把握することが可能であると認められることが必要とされ
ています。

　また，2014年に新たな通達[7]が出され，ワンウェイ方式・ステーション型の
レンタカー型カーシェアリングが認められるようになりました。ただ，一般駐
車場とレンタカー型カーシェアリング用のステーションの併用が認められてお
らず，乗捨専用駐車場を常に確保しなければならないことや，台数以上の専用
駐車場の確保が求められるため，駐車場維持コストの負担が大きいことが課題
となり，事業からの撤退が相次いでいる状況です。

　また，日本では，長時間駐車可能な道路スペースがほとんど存在しないため，
ドイツのようなフリーフロート型が成立しにくい状況にあります。

(iii)　C2C型カーシェアリングの規制

　個人が主体となって自動車を貸し出すC2C型カーシェアリングも，レンタ
カーの規制の適用の有無が問題となります。レンタカーの規制は，上記のとお

り「業として有償で」貸し渡す場合に適用され，貸し渡す者が個人であるか法人であるかは問いません。ここで，「業として」とは，反復継続の意思をもって行うことをいうとされています[8]。つまり，レンタカーを店舗で貸し出すような場合でなくとも，個人が自家用自動車を反復継続の意思をもって有償で貸し渡す場合には，レンタカーの規制が適用され，貸し渡す個人が許可を取得しなければならないことになります。

そして，レンタカーの許可を得る場合，貸渡簿の作成・保存義務等が課されるほか，定期点検および車検証の更新期間が通常の自家用自動車の半分に短縮されてしまいます（車両法48条1項，61条1項・2項，車両法施行規則37条1項3号）。C2C型は，マイカーの貸出しにより個人が「手軽に」副収入を得られることが魅力ですので，C2C型の貸出人である個人がこのような許可を得ることは現実的ではないでしょう。

現在，日本でC2C型カーシェアリングを行っている事業者は，貸渡人に許可が必要とならないようにするために，自家用自動車の共同使用として整理しています。

Anycaもその1つです。「共同使用」は，過去には許可が必要とされていたものの，2006年の運送法改正により許可が不要となったものです。「共同使用」とは，同一の自動車を2以上の者のそれぞれが，自己の欲求充足のために主体的な立場において使用することをいいます[9]。つまり，自家用自動車を所有する会員と，それに乗車する会員の間で，当該自動車を共同で使用することを合意したと考え，乗車した会員が自動車を所有する会員に自動車の共同使用料を支払うことになります。「主体的な立場において使用」といえるためには，所有者と使用者それぞれが当該自動車の使用および管理（日常点検・定期点検等）に関する実質的な権限と責任を有することが必要です。また，共同使用料の金額は，自動車の維持費が所有者と使用者の間で按分される範囲内で設定されなければなりません[10]。

なお，C2C型カーシェアリングのプラットフォームを運営する企業は，自ら自動車の貸渡しをするわけではありませんので，レンタカーの規制は適用されません。

C2C型カーシェアリングサービスは，このように有償で貸渡しを行うわけ

ではないとの整理により自動車保有者へのレンタカー規制の適用を回避していますが，その解釈にあいまいな部分が残ることは否めず，今後明確化されていくことが期待されます。

⒤ カーシェアリングにおける事故の責任

カーシェアリング中の自動車が事故を起こした場合，誰に責任が生じるでしょうか。

自動車による人身事故の責任については，自賠法において，「自己のために自動車を運行の用に供する者」（運行供用者）が実質的な無過失責任を負うとされています（詳細な説明は，自動運転の事故に関する第2章5⑵⒤を参照）。

運行供用者については，様々な裁判例がありますが，一般に，自動車の運行についての支配権とそれによる利益が自己に帰属する者をいうと解されています。そして，通常は，自動車の所有者や，正当な権限をもって自動車を使用する者がこれにあたります。

これをカーシェアリングに当てはめて考えてみます。まず，B2C型カーシェアリング（レンタカー型カーシェアリング）については，レンタカーに関する多くの裁判例が参考になります。レンタカーについては，判例で，自動車を借りて運転している者だけではなく，レンタカーを貸し出しているレンタカー業者も運行供用者に該当するとされています[11]。その理由としては，レンタカー業者は，契約時に運転者の運転免許を確認し，安全運転や返却期限・場所の遵守を義務づけていることや（支配性），利用料金という運行利益を得ていること（運行利益性）が挙げられます。

B2C型カーシェアリングも，基本的にはレンタカーと同様と考えられます。すなわち，レンタカーを借り受ける会員だけではなく，レンタカーを貸し出す側も運行供用者として責任を負うことになります。

C2C型カーシェアリングの場合，日本では自動車の有償の貸渡しではないという整理がされています。しかし，自動車の所有者は，無償で貸借する場合も原則として運行供用者であり続けるとされています[12]。そして，C2C型カーシェアリングでも，自動車の所有者に支配性・運行利益性が認められ，運転者とともに運行供用者としての責任を負うことになると考えられます。他方，

C2C型カーシェアリングのプラットフォームを運営する企業は，自動車を所有・管理しているわけではないので，運行供用者にはあたらないこととなります。ただ，C2C型カーシェアリングは，個人が自動車を使用させることになるのですから，プラットフォームを運営する企業としては，当該自動車について十分な保険契約に加入されていることを確認することが必要となってくるでしょう。

* 　 * 　 *

1　https://share-now.assetbank-server.com/assetbank-share-now/action/viewAsset?id=14032&index=4&total=8&view=viewSearchItem
2　http://www.ecomo.or.jp/environment/carshare/carshare_graph2023.3.html
3　なお，Anycaでは，2021年10月より法人が所有する車両のカーシェアリングも開始されています（株式会社DeNA SOMPO Mobility2021年10月12日付プレスリリース）。
4　株式会社DeNA SOMPO Mobility2021年7月7日付プレスリリース。
5　「レンタカー型カーシェアリングにおける乗り捨て（ワンウェイ）方式の実施に係る取り扱いについて」（平成26年3月27日国自情第205号，国自旅第609号）。
6　「貸渡人を自動車の使用者として行う自家用自動車の貸渡し（レンタカー）の取扱いについて」（平成7年6月13日自旅第138号）。
7　前掲注（5）。
8　最判昭35・11・16刑集135号771頁など。
9　「自家用自動車を使用して行なう法律違反の取締並びにこれに関する道路運送法の解釈及び運用について」（昭和34年7月10日自旅第1529号，自貨第256号）。
10　法令適用事前確認手続における平成26年12月19日付国土交通省自動車局旅客課長回答（https://www.mlit.go.jp/common/001262677.pdf）および令和4年10月26日付同課長回答（https://www.mlit.go.jp/jidosha/content/001572223.pdf）。
11　最判昭46・11・9民集25巻8号1160頁，最判昭50・5・29集民115号33頁（いずれもレンタカーの事例）。
12　最判昭46・1・26民集25巻1号102頁，最判昭46・11・9民集25巻8号1209頁。

7　物流サービス

　eコマースの拡大等に伴って，物流需要は増大し続ける中で，トラック運転者の長時間労働化などを背景に，トラック労働者の有効求人倍率は高止まり，運転者不足の問題が顕在化するとともに，トラック運転者の高齢化が進んでいます。こうした物流の担い手不足の問題の解消方法としては，第2章で見てきた自動運転や第3章5の自動配送ロボット以外にも，既存の運送サービスの効率化や，旅客サービスの余力の利用（貨客混載）などの取組みが進められています。以下ではこれらの取組みの詳細を見ていきます。

(1)　貨客混載

(i)　概　要

　貨客混載とは，バスやタクシーが空きスペースを利用して貨物を運搬し，またはトラックが旅客を乗せるなど，貨物と旅客の運送を同時に行うことをいいます。人口減少が進む過疎地域等においては，利用客の低迷により公共交通事業者が廃線を余儀なくされており，また，高齢化等を原因として，物流の担い手となるドライバーが減少していること等から，地域公共交通と地域物流は現在，大きな課題を抱えています。貨客混載は，空きスペースを有効活用して荷物を運ぶことにより，路線の維持や輸送の効率化に資する取組みとして近年注目されています[1]。

　しかし，法制度上は，旅客運送と貨物運送は，明確に区別されており，原則として，バス，タクシー等の旅客運送事業者がバス・タクシー等を用いて貨物運送を行うことや，トラック等の貨物自動車運送事業者がトラック等を用いて旅客運送を行うことは認められていませんでした。

　このような中，国土交通省は，過疎地域等における人流・物流サービスの持続可能性を確保するため，2017年8月7日付で通達[2]を出し，同年9月以後は，乗合バスについては全国で，貸切バス，タクシーまたはトラックについては過疎地域において一定の条件のもとで貨客混載が認められました。

　貨客混載の取組みとしては，たとえば**図表3-7-1**のケースがあります。

図表3-7-1　貨客混載の事例

種類	企業および区間	概要
路線バス	ヤマト運輸と十勝バス 北海道足寄町～陸別町の間	ヤマト運輸が陸別町向け専用ボックスに入った宅急便の荷物を足寄町のバス停にて十勝バスの路線バスの座席に積み込み，その後路線バスにて陸別町の駐車場まで輸送し，当該駐車場にて宅急便の荷物がヤマト運輸に引き渡される。
高速バス	茨城交通 茨城県常陸太田市	「道の駅ひたちおおた」に集められた東京都中野区のスーパー・商店（個人客）向けの地元農産品等を茨城交通の高速バスに積み込み，高速バスにて中野区役所前のロータリーまで輸送され，スーパー，商店等に引き渡される。
タクシー	佐川急便と山城ヤサカ交通 京都府相楽郡笠置町	山城ヤサカ交通の乗用タクシーの荷室に佐川急便の宅配荷物を積み込み，旅客事業を行う以外の時間帯に荷物の配達を行う。

(ii)　貨客混載の条件

　旅客自動車運送事業者が，貨物自動車運送事業を行うためには，貨物自動車運送事業の許可を得る必要がありますが（運送法46条，貨物自動車運送事業法3条および35条参照），貨客混載通達が制定される前は，旅客運送用の自動車で貨物運送を行うことはできず，貨物自動車運送事業の許可を得るための条件として，貨物運送用の自動車で最低車両台数を満たす必要があること，旅客自動車運送事業と貨物自動車運送事業で別々に運行管理者を選任しなければならないこと等[3]の問題がありました。なお，乗合バス（一般乗合旅客自動車運送事業）に限っては，特段の手続なく，350kg未満の貨物の範囲で貨物運送が認められていますが（運送法82条1項），貨客混載通達の前は350kg以上の貨物の運送は認められていませんでした。また，貨物運送事業者が旅客自動車運送事業を行う場合も上記と同様の問題がありました[4]。

　2017年9月に施行された貨客混載通達は，貨客混載を認めるとともに許可の条件を緩和しており，たとえば，旅客運送事業者が貨物運送事業の許可を取得する場合，最低車両台数は旅客運送用の自動車で満たすことができ，また，貨物の運行管理者と旅客の運行管理者の兼務が可能となります。また，貨物運送事業者が貨客混載を行うためには，旅客自動車運送事業の許可を取得すること

が必要となりますが，この場合も同様に許可の条件が緩和されています。

なお，留意すべき点として，貸切バス（一般貸切旅客自動車運送事業）とタクシー（一般乗用旅客自動車運送事業）については，過疎地域[5]に限って，貨客混載を行うことが認められており，これに対し，乗合バス（一般乗合旅客自動車運送事業）については，過疎地域に限らず地域の限定なく貨客混載を行うことが可能です。また，乗合バスについては，350kg 未満の貨物であれば特段の手続なく有償運送が可能です（これに対し，350kg 以上の貨物を運ぶ場合には一般貨物自動車運送事業の許可が必要）（運送法82条）。

また，トラック等の貨物運送事業者については，一般旅客自動車運送事業の許可を受けた場合に，過疎地域に限って貨客混載が認められています。

貨客混載を行う際には，輸送の安全確保等の観点から，運送できる荷量，乗客の人数，最低車両台数，運行管理者の選任等について，一定の制限が設けられています。かかる制限の詳細については**図表 3 - 7 - 2** をご参照ください。

図表 3 - 7 - 2　貨客混載の条件

分類	旅客自動車運送事業者			貨物自動車運送事業者
	乗合バス	貸切バス	タクシー	トラック
運送法または貨物自動車運送事業法上の分類	一般乗合旅客自動車運送事業	一般貸切旅客自動車運送事業	一般乗用旅客自動車運送事業	貨物自動車運送事業
貨客混載の条件	①350kg 未満の貨物であれば，特段の手続なく有償運送が可能 ②350kg 以上の貨物については，一般貨物自動車運送事業の許可（貨物自動車運送事業法 3 条）を受けた場合には，有償運送が可能（過疎地域内に限らない）	一般貨物自動車運送事業の許可（貨物自動車運送事業法 3 条）を受けた場合には，過疎地域において貨物の有償運送が可能。ただし，輸送の安全確保の観点から，運送できる荷量について，以下のとおり一定の制限を設ける。		乗合事業の許可を受けた場合には，過疎地域において旅客の有償運送が可能。

	ただし，輸送の安全確保の観点から，運送できる荷量について，一定の制限を設ける。		
荷量および人数	旅客が乗車する場所に積載できる貨物の重量は，「（車両乗車定員数－乗車人数）×55kg」。ただし，①車両改造（座席数の減）により積載スペースを確保する場合は，減らした座席数×55kg が増加（ただし，車両の性質を失わないものとする。）②旅客の手荷物を積載するスペースを使って積載する場合，20kg×乗車定員が増加。		車両の定員を上限とする。
最低車両台数	一般貨物自動車運送事業の用に供する乗合車両（乗合バスの場合），貸切バス車両（貸切バスの場合），またはタクシー車両（タクシーの場合）を含めて，一般乗合旅客自動車運送事業，一般貸切旅客自動車運送事業または一般乗用旅客自動車運送事業の許可に係る最低車両台数を満たせば足りる。		乗合事業の用に供するトラック車両を含めて，貨物自動車運送事業の許可に係る最低車両台数を満たせば足りる。
運行管理者	350kg 未満の場合は貨物の運行管理者の選任は不要。350kg 以上の場合は貨物の運行管理者の選任が必要（旅客の運行管理者と兼務可能）。	貨物の運行管理者の選任が必要（旅客の運行管理者と兼務可能）。	旅客の運行管理者の選任が必要（貨物の運行管理者と兼務可能）。

　なお，2020年11月27日に施行された改正地域公共交通活性化・再生法では，貨客混載に係る手続の円滑化を目的とする改正がなされています。当該改正においては，貨客混載を実施しようとする事業者が，貨客運送効率化事業[6]を実施するための計画について国土交通大臣の認定を受けた場合には，一般乗合旅客自動車運送事業，一般貨物自動車運送事業等に関する許可もしくは認可を受け，または届出をしたものとみなすこととされており，手続の簡素化が図られました（地域公共交通の活性化及び再生に関する法律27条の9，27条の12，および27条の13参照）。

(2)　タクシーによるフードデリバリー

　タクシーによるフードデリバリーとは，タクシー事業者がタクシーを用いて有償で貨物を運送することをいいます。

　上記(1)のとおり，タクシー事業者がタクシーを用いて貨物運送を行うことは原則として認められていませんが，国土交通省は，2020年4月，新型コロナウイルス感染拡大に伴うタクシー事業者の売上の大幅な減少，およびフードデリバリー需要の拡大を理由に，タクシー事業者が一定の条件のもとタクシーを使用したフードデリバリーを行うことを許可する運用を特例的に開始しました[7]。当初は，旅客需要減少下においても従業員の雇用維持に努力し事業継続に取り組んでいるタクシー事業者に対し，タクシー業務の合間等に本来業務を妨げない範囲内において，一定の期間に限ってのみ認められるものでした。

　時限的に認められたタクシーによるフードデリバリーですが，その後，フードデリバリーのニーズの増加等に鑑み，国土交通省は，2020年9月11日，特例措置の期限後もタクシーによるフードデリバリーを可能としました[8]。この制度の下では，フードデリバリーを行うタクシー事業者は，貨物運送の原則どおり，貨物自動車運送事業法に基づく許可を取得することに加え，貨物運送に必要な安全管理等に係る体制整備を図ることが必要とされています。また，運送できる品目を食料・飲料に限定する一方，できる限り必要最小限の基準となるよう，資金計画や運行管理等について，その形態等を踏まえた柔軟な対応を採ることとされています。なお，旅客と貨物を同時に運送することは認められていません。

　新制度の運用にあたっては，3カ月ごとに運送の状況についてモニタリングを行い，措置の運用状況について検証を実施するとともに，事業者による許可条件の違反が発覚した場合には，許可の取消し等の措置をとることがあるとされています。現状特に大きな問題はなく運用されており，フードデリバリーサービスはタクシー事業者の新規ビジネスとして定着していくことが期待されます。

⑶　運送マッチング

⑴　概　　要

　トラック運転手の不足が問題となっている運送事業において，空き時間を有効活用できる運送マッチングサービスが注目されています。運送マッチングサービスは，安価で荷物を送りたい荷主と空き時間が生じた運送事業者を自動でマッチングするサービスであり，たとえば，荷主は，ウェブの注文フォームに集荷配送の場所，荷物の種類等を入力して予約すると，運送業者へ情報が送信され，運送業者は予約内容を確認した上で荷物を受け取って配送し，その後荷主はドライバーの評価を行うといった流れで運送マッチングが行われます。

　近年，日本においても，運送マッチングサービスを提供する事業者が徐々に増加しており，たとえば，①ラクスルの「ハコベルカーゴ」「ハコベルコネクト」，②CB Cloud の「Pick Go」，③ Hacobu の「MOVO」は，運送マッチングサービスを提供しています。

図表3-7-3　運送マッチングの一例

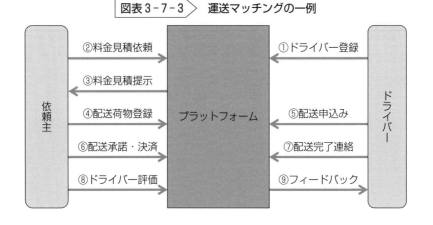

⑵　貨物自動車運送事業法上の課題

　運送マッチングサービスは，トラック運転手の空き時間を有効活用する取組みです。しかし，貨物自動車運送事業法においては，貨物運送事業の許可または届出を行った者のみが貨物自動車運送事業を行うことが認められており，一

般ドライバーは行うことはできないため，運送マッチングサービスをトラック運転手の不足やEC市場の拡大による宅配便等の取扱個数の増加といった近年の課題を一般ドライバーの活用により解決するには，一定の制約があります。

　自動車による貨物運送事業は，「他人の需要に応じ，有償で，自動車を使用して貨物を運送する事業」（貨物自動車運送事業法2条参照）であり，自動車の規格等に応じて許可または届出が必要となります。そのため，三輪以上の軽自動車および二輪の自動車を使用する場合には，貨物軽自動車運送事業の届出が必要となり，これに対し，この規格を超える自動車を使用する場合には，一般貨物自動車運送事業または特定貨物自動車運送事業の許可が必要となります。

　このように，運送マッチングサービスに登録できるドライバーは，貨物自動車運送事業法の許可の取得や届出を行った者である必要があるため，一般ドライバーは運送マッチングサービスに登録することはできません。この点，一般に黒ナンバーといわれる貨物軽自動車運送事業の届出は，各都道府県の運輸支局において，貨物軽自動車運送事業経営届出書，車検証等の一定の書類を提出すれば，1台から事業を開始することが可能であるため，手続は比較的容易であると言えます。なお，黒ナンバーを取得する自動車は貨物車である必要がありましたが，2022年10月からは，軽乗用車も可能になっています[9]。

　他方，自転車または原動機付自転車は「自動車」には該当しないため（車両法2条2項），自転車や原動機付自転車で貨物を運送する場合には，貨物軽自動車運送事業の届出や許可は不要となります。米国のUber Technologies が運営しているウーバーイーツ（食事を顧客に運びたいレストランと一般の配達員をマッチングするサービス）の配達員の多くが，自転車または125cc以下の原動機付自転車を利用しているのは，このためです。

(iii)　プラットフォームワーカーの労働者性

　運送マッチングのようにインターネット上のプラットフォームを介して労務を提供する場合に，当該労務提供者を労働者として取り扱い，労働法上の保護を及ぼすべきかが議論となっています。

　運送マッチングサービスにおいては，トラック運転手は個人事業主として顧客との間で請負契約を締結しており，プラットフォーム提供者とトラック運転

手の間には，契約の形式上は，雇用関係はありません。しかし，労働法上の労働者か否かは，請負や業務委託の契約形式にかかわらず，両者の間に使用従属関係があるかどうかで判断されるため，プラットフォーム提供者とトラック運転手の間に通常の労使関係と同程度の使用従属関係が認められるかどうかは，個別のケースごとに判断していく必要があります。

　実際にフランスでは，2020年3月，最高裁判所にあたる破毀院においてUberのドライバーに労働者性を認め，イギリスでは，2021年2月，最高裁において，Uberのドライバーが「Worker」[10]に該当すると判断されています。また，米国カリフォルニア州では，2020年11月にUberの運転手などを従業員として扱わないとする州法が住民投票により成立しましたが，2021年8月，カリフォルニア州アラメダ郡の高等裁判所は，当該規定は，立法府の将来の権限を制限するものであるとして，州憲法に違反するとの判決が出され，今後の動向が注目されます[11]。

　日本では，プラットフォームワーカーの労働者性について海外ほど活発に議論されている状況ではありませんでしたが，2019年10月には，ウーバーイーツの配達員がウーバーイーツユニオンという労働組合を結成し，ウーバーに団体交渉を申し入れており，日本においてもプラットフォームワーカーの保護を求める動きが始まっています。ウーバーイーツユニオンは，ウーバー側が労働者に該当しないとして団体交渉を拒否しているのに対し，2020年3月16日には，団体交渉拒否は不当労働行為に該当するとして東京都労働委員会に救済の申立てを行いました。2022年11月25日に同申立てに対する判断がなされ，東京都労働委員会はウーバーイーツの配達員が労働組合法上の労働者であることを前提に団交拒否が不当労働行為に該当するとして，ウーバー側に団体交渉に応じるよう命じました[12]。

　もっとも，労働組合法上の労働者は，労働基準法上の労働者とは異なり，より広い範囲の者をカバーします。そのため，ウーバーイーツの配達員が労働組合法上の労働者であると解されたからといって，労働時間規制，賃金支払の確保，残業代の支払等の保護を受けられる労働基準法上の労働者に該当するわけではありません。

　一方，配達員が労働基準法上の労働者ではないとしても，別途，フリーラン

スの保護が図られています。政府は「特定受託事業者に係る取引の適正化等に関する法律案」（フリーランス・事業者間取引適正化等法案）を2023年2月24日に国会に提出し，同法案は2023年4月28日に成立しています。この法律において，特定受託事業者（従業員を使用しない個人など）に対する業務委託については，給付内容の明示，60日以内の報酬支払，その他不当な取引の禁止などが定められており，公布から1年6カ月以内に施行される予定です。

＊　　　＊　　　＊

1　日本政策投資銀行「地域公共交通における新たな動き～貨客混載を中心に～」（2018年6月）2頁参照（https://www.dbj.jp/topics/region/industry/files/0000030511_file2.pdf）。

2　「旅客自動車運送事業者が旅客自動車運送事業の用に供する事業用自動車を用いて貨物自動車運送事業を行う場合及び貨物自動車運送事業者が貨物自動車運送事業の用に供する事業用自動車を用いて旅客自動車運送事業を行う場合における許可の取扱い及び運行管理者の選任について」（平成29年8月7日国自安第97号，国自旅第128号，国自貨第64号。以下「貨客混載通達」といいます）。なお，貨客混載通達は，過疎地域の定義を変更するため，2020年9月10日付で一部改正されています（令和2年9月10日国自安第80号，国自旅第202号，国自貨第38号）。

3　「一般貨物自動車運送事業及び特定貨物自動車運送事業の許可及び事業計画変更認可申請等の処理について」（平成15年2月14日国自貨第77号），「貨物自動車運送事業輸送安全規則の解釈及び運用について」（平成15年3月10日国自総第510号，国自貨第118号，国自整第211号）参照。

4　「一般乗合旅客自動車運送事業の申請に対する処理方針」（平成13年8月29日国自旅第71号），「旅客自動車運送事業運輸規則の解釈及び運用について」（平成14年1月30日国自総第446号，国自旅第161号，国自整第149号）参照。

5　過疎地域自立促進特別措置法（平成12年法律第15号）2条1項に規定する過疎地域もしくは同法33条の規定により過疎地域とみなされた区域であって人口3万人に満たないもの，または同法2条1項に規定する過疎地域もしくは同法33条の規定により過疎地域とみなされた区域であって人口が3万人以上の市町村において，市町村の合併前に過疎地域であった人口3万人未満の区域が含まれる場合における当該区域をいいます。

6　「貨客運送効率化事業」とは，旅客陸上運送事業および貨物陸上運送事業について，同一の車両または自動車を用いて旅客および貨物の運送を併せて行うことその他の方法により，これらの事業に係る車両，自動車，施設その他の経営資源を共有し，運送の効率化その他の経営の効率化を図るための事業であって，当該旅客陸上運送事業の経営の安定に資するものをいいます（改正後の地域公共交通の活性化及び再生に関する法律2条12号参照）。

7　国土交通省「新型コロナウイルス感染拡大の影響を踏まえたタクシー事業者による有償貨物運送について」（https://www.mlit.go.jp/common/001350430.pdf）。

8　国土交通省公式ウェブサイト（https://www.mlit.go.jp/report/press/jidosha04_hh_000220.html）。

9　国土交通省公式ウェブサイト（https://www.mlit.go.jp/report/press/jidosha04_hh_000260.html）。

10　「Worker」は「Employee」ほどではないが一定の労働関係法令の保護を受けることができます。

11　日本経済新聞「ギグワーカー規制緩和は『違憲』　米加州裁判所が判決」（https://www.nikkei.com/article/DGXZQOGN211AA0R20C21A8000000/）。

12　日本経済新聞「ウーバー配達員は労働者　都労委初の判断，団交権認める」（https://www.nikkei.com/article/DGKKZO66315500W2A121C2EA1000/）。

8　駐車スペース

(1)　駐車場に関する規制

　自動車にとって駐車場はなくてはならないものです。自動車の保管や移動先での滞在に際して，駐車場は必要不可欠です。他方で，土地の所有者にとっては，駐車場は空き地を活用するための有効な手段となっています。

　駐車場の営業については「駐車場法」という法律が規定しています。駐車場法は，路外駐車場のうち，自動車の駐車の用に供する部分の面積500平方メートル以上のものを規制しています。まず「路外駐車場」は，道路の路面外に設置される自動車の駐車のための施設であって，一般公共の用に供されるものと定義されています（駐車場法2条2号）。つまり，不特定多数が用いるコインパーキングが対象で，月極駐車場は対象ではありません。また，駐車面積が500平方メートル以上と，かなり大きな駐車場のみが規制対象となっています。

　このような大規模な駐車場については，まず駐車場法11条および駐車場法施行令7条以下で，自動車の出入口，車路，高さや各種装置について，細かく基準が定められています。また，都市計画区域（都市計画法4条2項）内では，都道府県知事などに届出を行う必要があります（駐車場法12条，13条）。

　他方で，このような大規模ではない駐車場の営業については，届出やその他の許認可は必要ありません。

(2)　車庫法と車庫証明

　自動車の保有者は，自動車の保管場所の確保等に関する法律（以下「車庫法」といいます）のもと，自動車の保管場所を確保する必要があります。

　車庫法は，安全かつ円滑な道路交通の妨げとなる路上駐車を防止するために，自動車の保有者に自動車の保管場所を確保するよう求める法律です。「自動車の保管場所」といえるためには，**図表3-8-1**のような要件に該当する場所を確保する必要があります（車庫法3条，同法施行令1条）。

　まず，要件①については，自動車の保管場所は「道路」上以外の場所である

図表3-8-1 〉　「自動車の保管場所」の要件

要件①	道路上の場所以外の場所であること（車庫法3条）
要件②	自動車の使用の本拠の位置との間の距離その他の事項について以下の要件を備えること（車庫法3条） (a)自動車の使用の本拠との距離が2kmを超えないこと（車庫法施行令1条1号） (b)自動車が支障なく出入できる適当な広さの場所であること（同条2号） (c)保有者が当該保管場所の使用権原を有すること（同条3号）

必要があります。「道路」とは，道路法2条1項に規定する道路および一般交通の用に供するその他の場所をいいます（車庫法2条4号）。この「一般交通の用に供するその他の場所」は，道交法2条1号や運送法2条7項などと同様の規定であり，私有地であっても私道のように一般交通の用に供していれば「道路」に該当し，自動車の保管場所とすることができない点に留意が必要です（「道路」の解釈につき第2章7(2)参照）。

　要件②(a)は，「自動車の使用の本拠」との距離が2kmを超えないことを求めています。「自動車の使用の本拠」とは，特に法令に定義はされていませんが，原則として，自動車の保有者その他自動車の管理責任者の所在地をいうと解されています。つまり，保有者が自然人の場合は，その住所または居所をいい，法人の場合は，その事務所の所在地をいうことになります[1]。また，要件②(c)では，自動車の保有者が当該保管場所の使用権原，具体的には土地・建物の所有権，賃借権等の権利を有していることが求められています。

　また，自動車の登録等にあたって，保管場所標章の交付を受け，自動車に表示しなければならず（車庫法6条1項・2項），また，保管場所を変更した場合には，15日以内に変更後の保管場所の位置等を警察署長に届け出る必要があります（同法7条1項）。

(3)　駐車場サービス

(i)　多様化する駐車場サービス

　違法駐車の取締り強化に伴い，時間貸し駐車場のビジネスが伸長してきました。最大手のパーク24の子会社であるタイムズ24のタイムズパーキングの総運

営台数は，2023年7月31日現在で75万台を超えています[2]。

　また，時間貸し駐車場は通常，空きスペースを時間貸し駐車場用のパークロックやゲートを設置した上で駐車場として運営することになりますが，akippaや特Pは，契約されていない月極駐車場や個人宅の車庫・空き地・商業施設などの空きスペースに，ユーザーがネットで予約をして駐車することができるサービスで，誰でも簡単に駐車場をシェアすることができます。これにより，空いているスペースを貸したい時だけ貸すことで，有効活用することが可能となります。

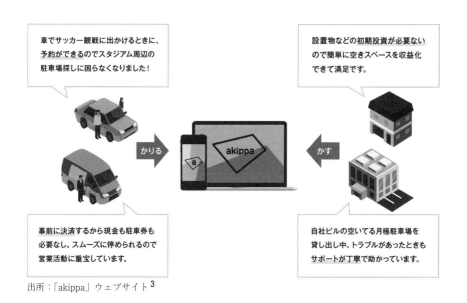

出所：「akippa」ウェブサイト[3]

(ii)　車庫法との関係

　上記(2)のとおり，自動車の保有者が，駐車場を車庫法上の「自動車の保管場所」として用いる場合，自動車の保有者が当該保管場所の使用権原，具体的には土地・建物の所有権，賃借権等の権利を有していることが必要とされています。

　この点，自動車の保有者が月極駐車場を借りている場合は，当該駐車場について賃借権を有しており，当該月極駐車場を自動車の保管場所とすることが可

能です。この場合，駐車場の所有者または管理委託者から，保管場所使用承諾証明書を取得することが必要です。他方，時間貸しやakippa，特Pのような一時的な権原では，当該駐車場について使用権原を有しているとはいえないでしょう。

　また，保管場所とは異なる場所に15日以上駐車する場合に，保管場所の位置を変更したとして，変更後の保管場所の位置等の届出が必要となる可能性がある点も留意が必要です（車庫法7条1項参照）。

＊　　　＊　　　＊

1　警察庁交通局交通規制課監修『自動車の保管場所の確保等に関する法律の解説』（ぎょうせい，1992）33頁。
2　パーク24株式会社2023年10月期第3四半期報告書。
3　https://akippa.co.jp/works/

第4章

コネクテッドカーとデータ

1　自動車とデータ・通信

(1)　コネクテッドカー

(i)　コネクテッドカー（Connected Car）とは？

　変革の時代を迎えている自動車産業の動向を「CASE」というキーワードが象徴していること，昨今の目覚ましいIT技術の発達により，移動手段をサービスとして提供し，その統合・高度化などを目指す「MaaS」という概念が生まれたことは，第1章1および2で述べたとおりです。

　コネクテッドカーは，「CASE」のうち「C」＝接続性（詳細は第1章1(2)(i)参照）にあたるものであり，自動運転（「CASE」の「A」）やカーシェアリング（「CASE」の「S」）などの新しいサービスの実現に必要不可欠な存在です。また，外部と常時通信することのできるコネクテッドカーの普及は，移動手段をサービスとして統合・高度化する「MaaS」を実現するためにも必要不可欠といえます。

　「コネクテッドカー（Connected Car）」という言葉から人がイメージするものは様々ですが，Connected Car社会の実現に向けた研究会「Connected Car社会の実現に向けて」（2017年7月13日）では，コネクテッドカーを「「双方向性」を有する通信手段を持つ車」と定義し，具体的にはETC2.0[1]やITS Connect[2]，モバイルネットワークを搭載した車をいうとされています。つまり，コネクテッドカーとは，通信機を搭載して外部と常時通信することができる（外部とつながることができる）車といえます。

　コネクテッドカーの通信としては，**図表4-1-1**のとおり，車と他の車間（V2V：Vehicle to Vehicle），車と道路設備間（V2I：Vehicle to Infrastructure），車と歩行者間（V2P：Vehicle to Pedestrian），車とネットワーク間（V2N：Vehicle to Network）の4つがあります。

図表 4-1-1 ＞ コネクテッドカーの通信

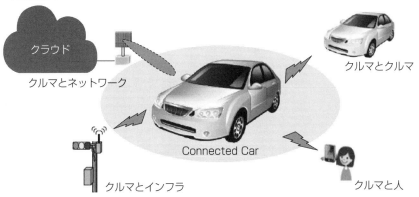

出所：Connected Car 社会の実現に向けた研究会「Connected Car 社会の実現に向けて」（2017年7月
13日）図3

(ii) コネクテッドカーで可能になること

　今後，モバイルネットワークのさらなる高速・大容量化，低遅延化，ビッグ
データ技術や AI 技術のさらなる発展が想定される中で，車がネットワークに
つながることにより，観光，エンターテインメントなどの多岐にわたる新たな
サービスやビジネスの創出，公共交通のドライバー不足といった各地方などが
抱える様々な社会課題の解決，それらに伴う様々な関係者との新たな「つなが
り」の拡大などが期待されています。

　特に，コネクテッドカーの普及・発展を実現する重要な目的としては，自動
運転などによる交通事故のない安全な社会の実現といった「社会課題の解決」
や，異業種連携による新サービス創出や耐災害性の強化といった「便利で快適
な生活の実現」があります。

　また，このようなコネクテッドカーによる「社会課題の解決」や「便利で快
適な生活の実現」を達成するためには，コネクテッドカーが外部の様々な情報

につながることが必要不可欠です。車が「コネクテッド」するデータの種類としては，周辺の道路交通環境（車両，インフラなど）を由来とするデータ（インフラ・車両由来データ活用型）と，サーバーなどの外部のリソースから入手するデータ（外部リソース型）の2つに分類することが考えられます。

　このようなコネクテッドカーの普及・発展を実現する目的，および，その目的を達成するために必要なデータの種類に着目すると，コネクテッドカーの普及により生まれるサービスについては，**図表4-1-2**のとおり，①セーフティ分野（運転サポートサービス群），②カーライフサポート分野（データ駆動型サービス群），③インフォテインメント分野（エンタメ的サービス群），④エージェント分野（ドライバーサポートサービス群）の4つに類型化できます。

　主なコネクテッドカーのサービスを上記の4つの類型にマッピングすると，**図表4-1-3**のようになります。たとえば，コネクテッドカーの代表的なサービスである eCall（緊急通報）システムは図表4-1-3の④-1，テレマティクス保険および車両診断・故障診断は②-1，安全運転支援は①-1にそれぞれ分類することができます。これらのサービスの具体的な内容については，下記2において説明します。

図表4-1-2　コネクテッドカーの普及により生まれるサービスの分類①

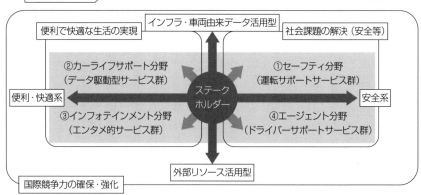

出所：Connected Car 社会の実現に向けた研究会「Connected Car 社会の実現に向けて」（2017年7月13日）図25

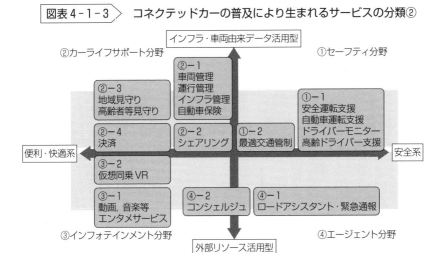

図表4-1-3　コネクテッドカーの普及により生まれるサービスの分類②

出所：Connected Car 社会の実現に向けた研究会「Connected Car 社会の実現に向けて」（2017年7月13日）図26

(2)　データと自動車

　上記(1)(ii)のとおり，今後，コネクテッドカーの普及・発展により，車およびその利用者は，外部の様々なデータにアクセスし，利用することができるようになりますが，他方で，車およびその利用者の様々なデータは自動車メーカーや各種サービスプロバイダなどによって収集，分析された上で，自動車向けのサービスを含めた様々なサービスなどにフィードバックされていくことが考えられます。たとえば，車およびその利用者から収集されるデータとしては，**図表4-1-4**のようなものが考えられます。

　Connected Car 社会の実現に向けた研究会「Connected Car 社会の実現に向けて」（2017年7月13日）では，コネクテッドカー社会を実現するための課題として，データの相互利活用可能なプラットフォームの構築や，データ相互利活用モデルを作り，データの相互利活用を促進する環境を整備することの必要性が指摘されています。このような車およびその利用者などに関連するデータの収集，分析および利用や，通信技術の開発および研究などは，コネクテッドカーのみならず，上記(1)の CASE や MaaS を実現する上での大きな課題でも

図表4-1-4　車およびその利用者から収集されるデータの例

	取得元	具体的な取得データ
顧客データ	自動車メーカー,カーディーラー	氏名,住所,電話番号,メールアドレスなど
	各種サービスプロバイダ	氏名,住所,電話番号,メールアドレス,クレジットカードIDおよびパスワード,購買・利用履歴など
車両データ	カーナビ	位置情報,移動情報
	車載電子制御装置	故障状況,作動・制御状況
	HMI[3]デバイス	画像,音声
外部データ	センサ,車載カメラ	気候,障害物,他車の状況（位置,速度,故障状況,運転手の状態など）

あり，国内自動車メーカーなどにより，**図表4-1-5**のような様々な取組みが行われています。

　海外では，ドイツの自動車メーカーであるBMW，ダイムラー，アウディの3社が，2016年9月，通信機器メーカーなど（エリクソン，ファーウェイ，インテル，ノキア，クアルコム）と5Gを使ったコネクテッドカー関連のサービス開発で提携して5GAA（5G Automobile Association）を設立し，2023年現在では100社以上の自動車メーカーや通信会社等がメンバーとなっています。

　このようなデータの収集，分析および利用などについては，プライバシーを保護しつつ，セキュリティを確保することが必要不可欠です。これらの問題については，下記3および5において説明します。

図表4-1-5	国内自動車メーカーによる取組み

日付	当事者	取組み
2016年4月	トヨタ自動車 マイクロソフト	車両から得られるデータの集約や解析，および，その結果の商品開発への反映を目的として「Toyota Connected, Inc.」を米国テキサス州プレイノに設立。
2016年6月	トヨタ自動車 KDDI	世界で使えるグローバル通信プラットフォームを構築し，コネクテッドカーを日米で本格展開することを発表。
2016年10月	トヨタ自動車	トヨタ自動車のコネクテッドカーから収集される車両ビッグデータを，ライドシェアやカーシェア，レンタカー，タクシーなどのモビリティサービス事業者との間で連携するためのプラットフォームとして「モビリティサービス・プラットフォーム」（以下「MSPF」という）の構築・推進を発表。
2017年11月	本田技研工業 ソフトバンク	5G を活用したコネクテッドカー技術の共同開発を開始したことを発表。
2018年1月	日産 NTT ドコモなど	コンチネンタル，エリクソン，日産，ドコモ，OKI，クアルコムは車両とあらゆるものをつなぐ通信技術（セルラーV2X）のトライアルを2018年から開始すると発表し，同年12月にはトライアルが完了。
2019年2月	トヨタ自動車 ソフトバンク	トヨタ自動車のMSPFと，ソフトバンクの「IoT プラットフォーム」を連携させ，車や人の移動などに関する様々なデータを活用して MaaS 事業を行うことを目的とする MONET Technologies（以下「MONET」という）に出資。
2019年3月	本田技研工業 日野自動車	MONET と本田技研工業および日野自動車との間の資本・業務提携を発表。
	MONET	モビリティイノベーションの実現に向けた企業間の連携を推進する「MONET コンソーシアム」を設立。2020年4月12日時点でコカ・コーラボトラーズジャパン，サントリーホールディングスなど計534社が参加。
2020年4月	トヨタコネクティッド NTT データ	トヨタ自動車がグローバルで展開する MSPF のさらなる機能・サービスの拡張，コネクティッドカー展開国拡大に向け，より一層のソフトウェア開発力および，運用体制の拡充を目的として業務提携を開始

2020年5月	Hacobu 日野自動車	オープンな物流情報プラットフォームの構築に向けた協業の第一弾として，Hacobu のデジタル物流情報プラットフォームと日野の商業物流・人流プラットフォームの連携を開始し，Hacobu の物流管理ソリューション「MOVO」に日野のトラック車載 GPS の位置情報を接続させることを発表。その上で，2020年10月より，Hacobu が提供する「MOVO Fleet」において日野のトラック車載 GPS の位置情報を活用したサービスを開始した。
2020年8月	トヨタ自動車 Amazon Web Services, Inc. (AWS) (Amazon.com 社傘下)	トヨタの MSPF の強化に向け，AWS の幅広いサービスポートフォリオを活用することを目的に，グローバルでの業務提携を拡大することを発表。
2021年9月	本田技研工業 Google LLC（以下，Google）	Google の車載向けコネクテッドサービスで協力し，Honda の2022年後半に北米で発売する新型車において搭載を開始し，その後，順次グローバルに展開していくことを発表。
2022年3月	三菱自動車工業 ディー・エヌ・エー	物流車両，営業車，自治体の公用車，カーシェア・レンタカーなど商用電気自動車（EV）分野におけるコネクテッドカーの協業モデルの検討を開始したと発表。

＊　　　＊　　　＊

1　ETC の通信機能を大幅に向上し，高速道路などに設置されたアンテナと双方向通信を実施し，広範囲の渋滞情報の受信や自動車の速度・位置情報や走行した経路などの情報の送信が可能となるシステム。

2　700MHz 帯の電波を活用した安全運転支援のための無線通信システム。車と車，道路と車をつなげることで，事故防止などに貢献するシステム。

3　Human Machine Interface。

2 コネクテッドカーとサービス

上記 1 (1)(ii)のとおり，コネクテッドカーにより可能になるサービスは様々考えられますが，コネクテッドカーの代表的なサービスとしては，eCall（緊急通報）システム，テレマティクス保険，車両診断・故障診断，安全運転支援などが挙げられます。以下では，これらのサービスの具体的な内容について説明します。

(1) eCall（緊急通報）システム

「eCall（緊急通報）システム」とは，自動車事故発生時に自動で警察や消防などの緊急対応機関に緊急通報を行うシステムをいいます。欧州におけるeCall のシステムの概念図は**図表 4 - 2 - 1** のとおりです。

EU では，2018年 3 月31日から販売される新型車に eCall を搭載することが義務化されており，ロシアでは，2017年 1 月から販売される全ての新型車にeCall と類似した緊急通報システム「ERA-GLONASS」を搭載することが義務化されています。

日本では，1999年に日本緊急通報サービスが設立され，2000年以降，車載機による HELPNET 緊急通報サービスなどが開始されましたが，eCall（緊急通報）システムの自動車への搭載は義務化されていません。

他方で，2017年11月に WP.29において「事故自動緊急通報装置に係る協定規則（第144号）」などの策定が採択されたことを踏まえ，日本においても，2018年 7 月，この国際基準が導入され，道路運送車両の保安基準などの改正が行われました。これにより，新型車は2020年 1 月 1 日，継続生産車は2021年 7 月 1 日から，乗員定員 9 人以下かつ車両総重量3.5t 以下の乗用車および車両総重量3.5t 以下の貨物自動車で，事故自動緊急通報装置を備える自動車については，①自動通報と手動通報の両方の機能を備えることおよび音声通話ができること，②事故発生の位置情報，車両の情報（車両種別・車台番号・向き），事故発生時刻および自動通報されたものか手動通報されたものかの識別情報などを発報すること，③前面・側面衝突試験時に適切に送信情報が発報されること

図表 4-2-1 〉 eCall のシステム概念

① 緊急通報（Emergency Call）
　エアバッグ等のセンサーが事故発生を検知した場合や車両の緊急通報ボタンが押下された場合，その直後に欧州圏内の緊急電話番号 "112" に発信する。
② 位置特定（Positioning）
　事故発生位置（GPS 座標）とともに，車両の進行方向や車種等の車両情報を最寄りの緊急通報センターに送信する。
③ 緊急通報センター（Emergency Call Centre）
　オペレータが事故の場所等をモニターで確認した後，事故車両の乗員と会話により事故情報を取得する。なお，乗員から全く反応が無い場合は，即座に救急サービスを派遣する。
④ 迅速な救助（Quicker help）
　自動通知により，救急車両は従前よりも迅速に事故現場に到達することができ，生命の安全確保につながる。
出所：総務省「社会問題解決のための新たな ICT サービス・技術への人々の意識に関する調査研究」
　　　110頁

などが必要になりました。

　現在，日本における eCall（緊急通報）システムとしては，上記の日本緊急通報サービスの HELPNET があり，トヨタ自動車，本田技研工業，日産自動車，マツダ，SUBARU，三菱自動車工業，スズキの自動車においてこのサービスを利用することができます。たとえば，マツダは運転者が急病などで運転の継続が困難になった場合に，車両を減速・停止させることで，衝突事故やその被害の軽減に寄与する「ドライバー異常時対応システム」を2022年に販売開始した CX-60に搭載していますが，このシステムは車両を停止させた後に日本緊

急通報サービスのサービスを利用して緊急通報を自動で行います。さらに日本緊急通報サービスは，2015年11月からは，トヨタ自動車，本田技術研究所，HEM-Net との4社共同で，HELPNET の事故自動通報システムを利用して，消防と病院で連携し，ドクターヘリを利用して現地に医師を派遣する，救急自動通報システム（D-Call Net）の試験運用も開始しており，2018年4月からは消防本部に対し死亡重症確率を送信する本格運用を開始し，2019年11月から警察本部への死亡重症確率の送信も開始しています。また，損保ジャパンが提供するスマイリングロードというサービスは，安全運転を支援するとともに，緊急時に損保ジャパン事故サポートセンターから安否確認を行います。このほか，ボッシュは，eCall（緊急通報）サービスをどの自動車でも装備させることができるように，ドイツ，北米，中国などで自動車に事後的に取り付けることができるデバイス「テレマティクス eCall デバイス（TEP: Telematics eCall Plug）」の販売を開始しています。

⑵　テレマティクス保険

「テレマティクス保険」とは，テレマティクス（自動車などの移動体に通信システムを組み合わせて，リアルタイムに情報サービスを提供すること）を利用して，走行距離や運転特性といった運転者ごとの運転情報を取得・分析し，その情報をもとに保険料を算定する自動車保険をいいます。

欧米においては，**図表4-2-2**のように，①契約者の運転情報などのデータを M2M（Machine to Machine）プロバイダにおいて収集・分析を行った後，②保険会社において M2M プロバイダから提供される情報に基づき料率算定などを行い，③契約者は②で算定された料率などに基づいて保険料を支払うという形が，一般的なビジネスモデルとなっています。たとえば，テスラは米国の一部の州で，テスラの一部の車種について，運転状況を分析してセイフティ・スコアを算出し，その他の情報とあわせて料率算定を行うテスラ保険というサービスを開始しています。

テレマティクス保険には，走行距離連動型（PAYD: Pay As You Drive）と運転行動連動型（PHYD: Pay How You Drive）があります。走行距離連動型では，保険料算定において，走行距離が長いほど保険料が増加し，短いほど保

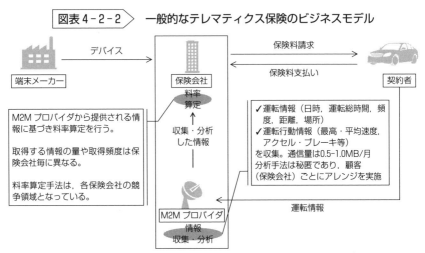

図表4-2-2 一般的なテレマティクス保険のビジネスモデル

出所：国土交通省「自動車関連情報の利活用に関する将来ビジョン検討会（テーマⅠ）」第9回資料2 -1 4頁

　険料が減少するのに対し，運転行動連動型では，運転特性（運転速度，急ブレーキ，急アクセル，ハンドリングなど）から，危険運転の場合には保険料が増加し，安全運転の場合には保険料が減少します。

　保険会社がテレマティクス保険として新商品の創設もしくは既存商品の改定を行おうとする場合，基本的に新商品の創設もしくは既存商品の改定に係る認可を取得する必要があります（保険業法123条1項）。当該申請については，保険商品の審査基準（保険業法5条1項3号および4号ならびに保険業法施行規則11条および12条）に基づき審査が行われます。自動車の運行に係る保険における保険料率算出で危険要因を用いる場合，保険業法施行規則で定める要因（①年齢，②性別，③運転歴，④営業用，自家用その他自動車の使用目的，⑤年間走行距離その他自動車の使用状況，⑥地域，⑦自動車の種別，⑧自動車の安全装置の有無，⑨自動車の所有台数）のいずれかによらなければいけませんので（保険業法施行規則12条3項），上記保険料の変動に関しては，必ずこれらの要因を使用または併用する必要があります。

　現在，日本では，走行距離連動型のテレマティクス保険として，たとえば，あいおいニッセイ同和損害保険が2015年2月から募集を開始している「つなが

る自動車保険」があります。この保険商品は，あいおいニッセイ同和損害保険が，トヨタ自動車と連携し，車載テレマティクス端末（T-Connect ナビ[1]）からスマートフォンまたは DCM[2] を通じて取得した車両運行情報をもとに，走行距離に連動して，実際の走行距離が1km単位で保険料に反映されるというものです。

　運転行動連動型のテレマティクス保険としては，たとえば，ソニー損害保険の提供するスマートフォンアプリ「GOOD DRIVE アプリ」を活用したテレマティクス保険があります。同アプリを活用した，ソニー損害保険の自動車保険「安全運転でキャッシュバックプラン」を契約した場合，その運転履歴に基づき算出された割引スコアに応じて最大30%の保険料の減額を受けることができます。このほか，あいおいニッセイ同和損害保険によるドラレコ型装置を利用した運転行動型のテレマティクス保険として「タフ，見守るクルマの保険プラス」があります。

(3)　車両診断・故障診断

　コネクテッドカーでは，車載の診断装置を利用して，車のエンジンやブレーキの状態を外部から監視し，ドライバーが気付く前に故障を検知するという「車両診断」や「故障診断」というサービスも期待されています。

　たとえば，トヨタ自動車のコネクテッドサービスである「My TOYOTA for T-Connect」の「eケアヘルスチェックレポート」という機能では，利用者は，出かける前にエンジンオイル，電子キーの電池状況，警告灯の点灯状態などをスマートフォンでチェックすることができるため，家や外出先でも万が一のトラブルを未然に防ぐことができます。

　また，GMO クラウドが2017年9月に提供開始した「LINK Drive」は，車載コネクタを通じて，オイルの汚れ，バッテリーの劣化，タイヤの消耗などの車両コンディションの自動解析および自動車の遠隔診断を行うことができます（2022年12月以降はリバイス合同会社が運営しています）。

　この他，日野自動車では，IoT データを活用して，ディーゼル排気微粒子フィルター（DPF：Diesel Particle Filter）の状況と不具合の関係をデータ分析で予測し，事前にメンテナンスのタイミングを提示できるようにするための取組

みも行っています。

(4)　安全運転支援

　コネクテッドカーでは，セーフティ分野のサービスとして，道路状況や交通状況などを車両やドライバーに伝達し，必要に応じて警告を発したりすることなどにより，安全運転を支援するサービスも期待されています。このサービスには，過去の走行実績をもとにしたものと，リアルタイムで道路・交通状況を伝達するものがあります。

　過去の走行実績をもとにしたサービスとしては，たとえば，本田技研工業の「安全運転コーチング」があります。このサービスは，実際に走行している自動車から得られたデータを活用して検出された急減速が多発している信号機のない交差点（危険性のある交差点）に接近すると，その旨をドライバーに事前に知らせ，安全確認を促すことなどにより，ドライバーの安全運転を支援します。

　また，リアルタイムで道路・交通状況を伝達するサービスとしては，たとえば，トヨタ自動車の「ITS Connect」があります。これは，ITS（Intelligent Transport System：高度道路交通システム）専用周波数による路車間・車車間通信を活用した運転支援システムで，2015年に自動車への世界初の搭載が開始されました。自動車に搭載したセンサでは捉えきれない見通し外の自動車や人の存在，信号の情報を，道路と自動車，あるいは自動車同士が直接通信することで取得し，ドライバーに知らせることで安全運転を支援します。このシステムは，道路に専用システムが設置された交差点，またはこのシステムが搭載された自動車との間のみで機能することから，今後，これらのシステムの普及により安全運転への貢献度が高まることが期待されます。

　最近では，ディー・エヌ・エー（現在は，GO）が，2019年6月4日，商用車向けのサービスとして，設置した車内外を写す専用車載器の映像，加速度センサやGPSにより取得した情報をLTE回線による通信機能でクラウドに送信し，AI（画像認識技術）を用いて解析することで危険運転状況を可視化し，運転特性をドライバー自身だけでなく管理者と共に把握・改善することができるサービスである「DRIVE CHART」のサービス提供を開始しました。これ

により，運転状況の振り返りや，運転特性に応じた指導を行うことで，交通事故の削減の効果が期待されます。

　今後は，国内において，専用システムが設置された交差点やこのシステムを搭載した自動車を増加させることにより，現状の路車間・車車間通信を活用した安全運転支援サービスの効果を向上させるというだけでなく，日本がITS無線システムの国際標準においてイニシアティブをとり，日本のシステムがITSシステムの国際基準に準拠しているものとして，各国で採用されるといった国際展開も期待されます。

(5)　ダイナミックマップ

(i)　ダイナミックマップとは

　ダイナミックマップについては，ロードマップ2019において，「時間とともに変化する動的データ（動的情報，準動的情報，準静的情報）を高精度3次元地図（自動走行用地図）に紐づけしたもの」と定義されています。ダイナミックマップは，自己位置推定，走行経路特定のための補完情報などを提供するものとして，自動運転の実現のために必要不可欠なものです。

(ii)　国内における動き

　ダイナミックマップの基盤となる高精度3次元地図データなどの構築には，多大なコストを要します。そのため，国内では，仕様や地図の整備などについて企業が連携して進めていくべく，2016年6月，三菱電機，ゼンリンや各自動車メーカーなどの共同出資によりダイナミックマップ基盤企画（現・ダイナミックマッププラットフォーム）が設立されました。同社は，国内の自動車専用道路全線の高精度3次元地図の整備を既に完了し，2019年3月から商用化を開始しています。

　このほか，トヨタ自動車の子会社であるウーブン・アルファは，運転支援や自動運転の車両が安全に走行できるための地理空間情報を提供する技術「ジオ」を開発し，運転支援技術の実装を進めています。自動運転車は，車両側の様々なセンサ情報を自動地図生成による地図データ群により補完することで，効果的で効率的な位置推定，地物の認識，走行のプランニングを実現することがで

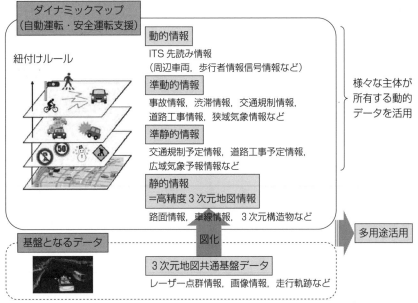

図表4-2-3　ダイナミックマップの概念

高精度3次元地図情報と，様々な主体が所有し時間とともに変化する位置特定可能な動的データ（動的情報，準動的情報，準静的情報）との紐付けルールを定めることにより，整合的に活用する，という概念。

ダイナミックマップ
（自動運転・安全運転支援）

紐付けルール

動的情報
ITS 先読み情報
（周辺車両，歩行者情報信号情報など）

準動的情報
事故情報，渋滞情報，交通規制情報，
道路工事情報，狭域気象情報など

準静的情報
交通規制予定情報，道路工事予定情報，
広域気象予報情報など

静的情報
＝高精度3次元地図情報
路面情報，車線情報，3次元構造物など

様々な主体が
所有する動的
データを活用

多用途活用

基盤となるデータ

図化

3次元地図共通基盤データ
レーザー点群情報，画像情報，走行軌跡など

出所：内閣府「SIP 自動走行システム推進委員会」第30回配布資料30-2-1-1項　2頁

きます。2021年1月に，TRI-AD は，持株会社であるウーブン・プラネット・ホールディングス株式会社，事業会社であるウーブン・コア株式会社およびウーブン・アルファ株式会社の新体制に移行し，同年6月には，ウーブン・アルファが三菱ふそうと自動地図作成プラットフォームの先進運転支援技術への活用に向けた共同研究を開始したことが発表されています。

また，同月，ウーブン・アルファ株式会社，いすゞ自動車株式会社および日野自動車株式会社は，ウーブン・アルファが開発する自動地図生成プラットフォーム（Automated Mapping Platform，以下「AMP」）の活用に向けた検討を進めていくことで合意したほか，2021年7月には，ウーブン・プラネット・ホールディングス株式会社が，自動運転モビリティのための高精度地図を中心とした次世代道路情報解析に強みを持つ CARMERA, Inc. の買収を完了し

たことが発表されています。

⒤　海外における動き

　アメリカでは，傘下に Google と Waymo を持つ Alphabet が自動運転車両向けの地図で先頭を走っており，既にオランダのフィアット・クライスラー・オートモービルズなどが Google と提携しています。ドイツでは，2015年，ダイムラー，BMW，アウディの自動車大手３社が，オランダの地図大手ヒアを共同で買収し，自動運転向けのマップ開発を一体で進めています。また，中国では，百度（バイドゥ），アリババ集団傘下の高徳地図およびテンセントが出資する北京四維図新科技の３社が地図データ基盤の整備を進めています。

＊　　　＊　　　＊

1　トヨタ自動車のコネクテッドサービス「T-Connect」対応のカーナビ。
2　Data Communication Module の略。音声通話や高速データ通信などを可能にする通信モジュール。

3　コネクテッドカーと個人情報，プライバシー

　自動車がビッグデータ，AI技術とつながり，様々なサービスが提供されるようになると，同時に多種多様な情報が取得，利用されるようになります。たとえば，自動車の位置情報やセンサ情報，ドライブレコーダー情報，ドライバーの運転挙動に関する情報等，車内・車外を問わず取得された様々な情報が利用されます。その利用目的も，車両診断・故障診断から，安全運転支援，エンタメサービスの提供に至るまで，多種多様な領域に広がりつつあります。

　このように，コネクテッドカーやそれに関連するサービスにより，様々なデータが利用されることが想定され，個人情報の取扱いやプライバシー保護の観点からの配慮が必要となります。それでは，具体的にはどのようなことが問題となるのでしょう。

(1)　個人情報保護法による規制

　個人情報保護法（個情法）は，個人に関する情報を「個人情報」，「個人データ」，「保有個人データ」という複数の用語を用いて定義しており，概念ごとに，事業者に適用される規制の内容が異なります。

(i)　「個人情報」とは何か

　コネクテッドカーが取得する情報には様々なものがあります。詳細は上記1(2)において説明したとおりですが，サービスを利用する顧客に関するデータや，サービスの提供対象となる車両に関する情報，車両に備え付けられたセンサや車載カメラが取得する情報等がありえ，その中には個人に関する情報も含まれるでしょう。

　しかし，法律上，個人に関する情報の全てが保護されるわけではありません。「個人情報」（個情法2条1項）とは，概要，以下の2つのものをいいます。

> ①　生存する個人に関する情報のうち，特定の個人を識別することができるもの（同項1号）（他の情報と容易に照合することができ，それにより特定の個人を

> 　識別することができるものを含む）。
> ②　「個人識別符号」が含まれるもの（同項２号）。

　たとえば，個人の氏名は，法律上保護される「個人情報」に該当します。しかし，住所は，それだけで特定の個人を必ずしも識別することができるとはいえないので，他の情報と容易に照合して特定の個人を識別できない場合であれば，住所単体では直ちに「個人情報」には該当しません。

(ii)　「個人データ」，「保有個人データ」

　さらに，個情法は，「個人情報」のうちに，「個人データ」，「保有個人データ」という類型も設けています。

　「個人データ」（個情法16条３項）とは，「個人情報データベース等」を構成する１つひとつの情報をいいます。ここで，「個人情報データベース等」（同条１項）とは，個人情報をデータベース化したり，検索可能な状態にしたものをいいます。

　そして，個人データのうち，事業者に開示訂正，削除等の権限があるものを「保有個人データ」（16条４項）といいます。

　以上の「個人情報」，「個人データ」，「保有個人データ」の関係性をまとめると，概要は**図表4-3-1**のとおりです。

(iii)　個人情報取扱事業者に課せられる義務

　個情法は，「個人情報データベース等」を事業の用に供している者である「個人情報取扱事業者」（個情法16条２項）に対しては，「個人情報」，「個人データ」，「保有個人データ」の取扱いに関し，各情報の類型に応じて**図表4-3-2**の規制を課しています。

図表4-3-1 　個人情報取扱事業者の義務の概要

個人情報
生存する個人に関する情報であって,
(1)　氏名, 生年月日, 住所等により特定の個人を識別することができるもの（他の情報と容易に照合でき, それにより特定の個人を識別することができるものを含む）
　　例：データベース化されていない書面・写真・音声等に記録されているもの
(2)　個人識別符号（①又は②）が含まれるもの
　　①　特定の個人の身体の一部の特徴を電子計算機のために変換した符号
　　　　例：顔認識データ, 指紋認識データ等
　　②　対象者ごとに異なるものとなるように役務の利用, 商品の購入又は書類に付される符号
　　　　例：旅券番号, 免許証番号等

　個人データ
　個人情報データベース等[※]を構成する個人情報　　例：委託を受けて, 入力, 編集, 加工等のみを行っているもの
　（※）　名簿, 連絡帳のように, 個人情報を含む情報の集合物であって, 電子媒体・紙媒体を問わず, 特定の個人情報を検索することができるように体系的に構成したもの。

　　保有個人データ
　　個人情報取扱事業者が開示, 訂正, 削除等の権限を有する個人データ
　　例：自社の事業活動に用いている顧客情報, 従業員等の人事管理情報

出所：個人情報保護委員会「個人情報の利活用と保護に関するハンドブック」をもとに法改正に対応した修正を施した。

図表 4-3-2 個人情報取扱者に課せられる義務の概要

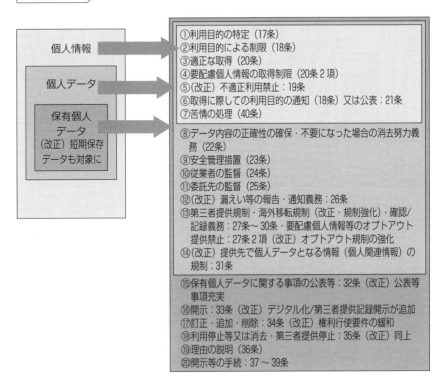

また，図表4-3-2の個人情報取扱事業者に課せられる義務について，2020年に改正された個情法においては，保有個人データの利用停止等の請求権の要件緩和（図表4-3-2⑱），保有個人データの開示方法を電磁的記録の提供を含め本人が指示できるようにすること（図表4-3-2⑯），個人データの第三者提供に関する記録を本人による開示請求の対象とすること（図表4-3-2⑯），オプトアウトの提供禁止の範囲の拡大（図表4-3-2⑬）等，データ主体である個人の権利を強化する内容を含む様々な改正が行われ，2022年4月から施行されています。

⑵　個人に関する情報の利用に伴う，その他の規制等（プライバシー権侵害等）

　コネクテッドカーに関連して，通信に係るデータを収集・活用する場合には，個情法とは別に「通信の秘密」の保護（憲法21条2項，電気通信事業法4条1項）にも留意する必要があります（この点の詳細は，下記5⑴(iv)参照）。

　また，個人に関するデータの活用にあたっては，個情法や電気通信事業法などの行政法規の問題とは別に，個人のプライバシー権侵害にも留意する必要があります。先述のとおり，「個人情報」とは特定の個人を識別することができる情報と定義されているのに対し，「プライバシー」とは法律上明文で規定された概念ではなく，裁判例上「私生活をみだりに公開されない自由」と定義づけられています[1]。このように個人情報とプライバシーの観点から考慮すべき情報の範囲は異なり，大要，**図表4-3-3**のような関係にあります。

　プライバシーへの配慮の必要性に加え，ある情報が「個人情報」に該当するかという特定個人の識別性の論点については，匿名化の程度などをめぐって，専門家の間でも解釈に幅が生じることは珍しくないことに照らせば，新たな技術を用いたビッグデータの利活用に際しては，法律の定めを最低限遵守することにとどまらず，利用者に不安を与えることのないよう，事前に十分な説明や周知を行うことが一層求められているといえるでしょう。

図表4-3-3　個人情報とプライバシーの関係の概要

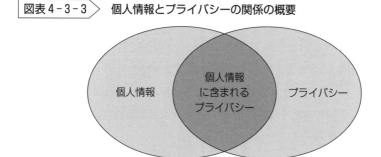

　以下では，コネクテッドカーに関するいくつかの具体例を通じて，個人情報
やプライバシーがどのような局面で問題となるのか，さらに検討します。

(3)　プローブデータ，位置情報

　プローブデータとは，自動車の車載器やカーナビといった後付け車載機から
送信された位置情報，車速等の情報を用いて生成された情報をいいます。コネ
クテッドカーに提供されるサービスは，様々な局面でプローブデータおよびこれ
に含まれる位置情報を利用します。このようなプローブデータおよびこれに
含まれる位置情報は，たとえば，従来からカーナビゲーションシステム等で利
用されてきたように，最適な運転経路を導き出すためにも利用されますし，安
全運転のため，当該車両が車道上のどこを走っているか明らかにするためにも
利用されます。

　プローブデータ，位置情報特有の問題として，どのようなものがあるので
しょうか。

(i)　位置情報は「個人情報」に該当するか

　「個人情報」とは，生存する個人に関する情報のうち，特定の個人を識別す
ることができるものをいい，その情報単体で個人を識別できなくても，他の情
報と容易に照合することができ，それにより特定の個人を識別することができ
るものも個人情報に該当します。プローブデータおよびこれに含まれる位置情
報は，これ単体ではある時点における自動車の位置（緯度・経度）を示すもの
にすぎず，日本法の下では原則として「個人情報」に該当しないものと整理す
ることも可能でしょう。

　しかし，詳細な位置情報と時間から個人が特定される可能性や，とりわけ連
続的に位置情報が蓄積される場合など，特徴的な位置情報の履歴から生活圏や
行動パターンがわかり，個人が特定される可能性もあります[2]。したがって，
位置情報の蓄積の状況によっては，個人情報に該当する可能性も生じるほか，
プライバシーの懸念もあります。

　また，上記にかかわらず，位置情報を取得する際，当該位置情報の主体とな
る個人の氏名等の情報と紐づけているような場合には，他の情報と容易に照合

することにより特定の個人を識別することができるものとして，個人情報に該当しますので注意が必要です。

　なお，欧州などの諸外国では，日本法上の個人情報に該当しないデータであっても，広く個人データとして取り扱われる例が少なくありません。特に位置情報の収集への懸念は強く，たとえば，2017年10月にフランスのデータ保護監督機関であるCNILが公表した「Compliance Package – Connected Vehicles and Personal Data」（コネクテッドカーと個人データに関するコンプライアンスパッケージ，25頁）においても，位置情報はデータ主体の生活習性を示す情報として，たとえば自宅や職場の位置のほか，趣味や宗教，性的指向といった運転者の興味関心を推知させることもあるため，特に慎重な取扱いが必要である旨の注意喚起がされています。

　さらに，欧州データ保護会議（EDPB）により2021年3月に採択された「Guidelines 1/2020 on processing personal data in the context of connected vehicles and mobility related applications（ver2.0）」（コネクテッドカー及びモビリティ関連アプリケーションにおける個人データの収集に関するガイドライン）においても，同様の理由により，位置情報の取得が必要不可欠な場合を除き，その収集を控えるよう特に注意しなければならないとされています（同ガイドライン2.1.1参照）。

　したがって，いずれにせよ事業者としては，コネクテッドカーを通じて収集する位置情報につき，プライバシーに最大限配慮した取扱いが求められているといえます。

(ii)　位置情報の取得，利用に伴う留意点

　位置情報が「個人情報」に該当する場合には，個人情報取扱事業者としてはその利用目的をできるだけ特定しなければならず（個人情報法17条1項），取得に際して利用目的を本人に通知または公表した上で（個情法21条1項），利用目的の達成に必要な範囲内でのみ利用することが求められます（個情法18条1項）。また，個人情報の第三者提供に際しては，一定の例外事由にあたらない限り，本人の同意が必要となります（個情法27条1項）。位置情報が「個人情報」に該当しない場合であっても，これに準じた配慮が必要となる場合があることは上述

のとおりです。

(iii) 位置情報の取得，利用等が問題となった事案

2018年10月に，日本交通系列の配車アプリ提供会社である JapanTaxi が，ユーザーに第三者の広告利用を目的とした位置情報等の取得について，利用者に対する説明および同意取得のプロセスが不十分であったとして，広告利用を停止したという事例がありました[3]。

また，位置情報の事例ではありませんが，同社においてはタクシーの車内カメラでユーザーの性別を認識し，車内の映像端末で流す広告の種類をユーザーに合わせて変えていたところ，車内カメラによる性別推定機能について，カメラの存在および利用目的の通知公表が不十分であるとして，個人情報保護委員会から行政指導を受けたことも公表されました[4]。

この事案は配車アプリにおける位置情報の利用やカメラによる性別推定機能の利用が問題となったケースですが，コネクテッドカーに提供されるサービスにおいても，位置情報やカメラ情報をどのような目的で利用するか，第三者であるサービス提供者に提供することがあるのか，といった観点を中心に，細心の注意を払う必要があります。

(4) 走行映像データ

(i) 走行映像データとは

走行映像データとは，車両に設置されたカメラにより収集される周辺環境（道路状況や歩行者等）の映像データです。自動運転技術の開発にあたっては，AI の能力強化のため，多数の走行シーンを AI に学習させ，周辺環境認識技術を発展させる必要があり[5]，走行データの収集は自動運転技術の開発に必要不可欠です。これを受け，国内においては，内閣府戦略的イノベーション創造プログラム（SIP）により2014年度から走行映像データベースに関する研究開発が進められ，日本自動車研究所（JARI）が事業実施主体となって走行映像データの収集を行っています[6]。またコネクテッドカーを通じて収集された走行映像データが，車線情報等の情報と組み合わされてダイナミックマップを生成することなどが期待されています。将来的には，交通事故が起きた際に，衝

図表4-3-4　走行データの取得イメージ

全体像が見えない状態での判断が必要

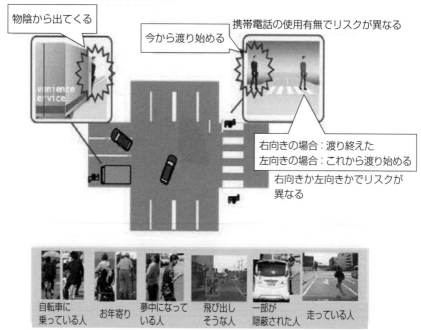

出所：JARI「SIP自動走行システム「走行映像データベース」の構築技術の開発及び実証の研究開発概要」2頁

突前後の走行画像データを事故車両から消防，保険会社，警察等の機関に送信するといった緊急通報サービスでの利用や，無人走行車による地域の見守りサービスへの活用も期待されています。

(ii)　走行映像データと個人情報，プライバシー

　走行映像データには，周辺の道路状況のほか，歩行者の顔，周辺を走行する車両のナンバープレート等が映り込む可能性があります。個人の顔の画像は個人情報に該当するものの，特定の個人情報を検索できるように体系的に構成されていない状態であれば，「個人データ」には該当しないことになります。他方で，車両ナンバープレート情報はそれ単体が特定個人を識別するに足りないものである場合には，「個人情報」には該当しないため，他の情報と容易に照

合できない限りにおいては，直ちに個情法上の問題は生じません。

　走行映像データに個人情報が含まれる場合，上記(1)(ⅲ)のとおり，取得，利用について一定の規制を受ける可能性があります。

　また，周辺環境が映り込むことにより，個人のプライバシーとの関係で問題が生じる可能性があります。

　周辺環境の撮影および公表により，プライバシーの侵害が問題となった事例として，Google の提供する「ストリートビュー」の事例があります[7]。

　この事例では，ストリートビューにおいて，居住していたベランダに干していた洗濯物を撮影および公表されたとする原告がプライバシーを侵害されたとして，Google の日本法人を被告として損害賠償請求を求めました。判決においては，居室のベランダが画像に占める割合が小さく，画像からは映り込んでいる物が何であるか判然としないことが重視され，撮影・公表行為に違法性は認められないと判断されました。走行映像データを収集する場合にも，周辺環境の中に歩行者の容貌・姿態以外の私的事項や個人の自宅等，私的領域が映り込む可能性があることから，一定の注意が必要となるでしょう。

　このように，走行画像データには個人情報が含まれる可能性があり，また，プライバシーの観点から一定の配慮が必要となりますが，具体的にどのような対応をとるべきかについては，明確な基準はありません。

　走行画像データの取得とプライバシーについては，ドライブレコーダーによる車外映像の取得・利用におけるプライバシーへの配慮が参考になるでしょう。画像の利活用において，利活用のケースごとに事業者が考慮すべき事項について取りまとめた「カメラ画像利活用ガイドブック ver3.0（令和 4 年 3 月）」においては，カメラ画像による個人情報につながりうる情報の取得，管理について**図表 4-3-5** のようなことが指摘されています。ただし，あくまで当該ガイドブックの以下の事例では，人物特定に至らない解像度で運用し，個人情報を生成，蓄積しないケースが想定されていることに留意する必要があります。

　図表 4-3-5 のような観点からすれば，走行画像データに周辺を走行するナンバープレート等の情報が映り込んだ場合には，当該個人が映る領域を加工するなど一定の配慮をすることが望ましいでしょう。上記(ⅰ)において述べた

図表4-3-5　車外情報の取得・管理における配慮の例

	配慮事項	配慮事項に基づき，実施する対応例
取得時の配慮	通知の実施	・カメラにより生活者自らの画像が取得され，利用されていることについて，生活者が容易に認識可能となるよう，車両内外の見やすい位置にシールを掲示している。 ・車内に取組みのパンフレットを配置している。 ・自社ウェブサイト上へ掲載している。
	通知内容	・車両における掲示物について，車外を撮影していることが明確にわかるような表示とした。 ・車両における掲示物について，自社ウェブサイトへの誘導方法を明記した。 ・「当社の車両が，通常業務の中で撮影しているドライブレコーダーの映像を，特定の個人を識別しないように加工し，地図会社XXへ提供することで，よりリアルタイムに近い地図データの更新および地図情報の配信に貢献するために利用します。」という目的を特定して自社ウェブサイト上に記載した。 ・データ提供先として，地図会社を自社ウェブサイト上に明記した。 ・対象車両台数，主要な走行範囲を自社ウェブサイト上に記載した。 ・撮影データの保存期間を明記した。 ・加工後のデータは特定の個人の識別にはつながらないことを明記した。 ・一元的な問合せ先等，配慮事項に記載された項目を記載した。
管理時の配慮	適切な安全管理対策	・取得時に，個人が特定できないレベルまで解像度を落として撮影している。 ・その上で人物領域のアイコン化処理を実施している。 ・カメラ等データを取り扱う機器や電子媒体の盗難等を防止するための措置を講じるとともに，不正なアクセスまたは不正なソフトウェアから保護する仕組みを導入。
	利用範囲・アクセス権	・地図会社へ，特定の個人を識別できない形に処理したデータを提供することを，通知内容に明記している。 ・自社内のデータ管理者を1名任命し，利用企業への提供まで適切な安全管理対策をもって管理している。
	第三者提供時の適切な契約締結	・地図データ作成目的以外に利用しない契約を締結している。

出所：IoT推進コンソーシアム，経済産業省および総務省「カメラ画像利活用ガイドブックver3.0」82～84頁の表をもとに作成

JARI の走行映像データ収集の取組みにおいても，収集した走行映像データに含まれる個人情報と結びつき得る情報は，特定ができないようフィルタリング処理を行うものとしています[8]。

(5)　第三者提供の制限

(i)　事　　例

上記(1)(iii)のとおり，個人データを第三者へ提供する場合には，原則として本人の同意を得る必要があります。しかし，コネクテッドカーの利用のされ方によっては，この同意取得に関して様々な問題が生じ得ます。

ここでは，テレマティクス保険（上記2(2)参照）の事例を例にとって考えてみましょう。典型的なテレマティクス保険のビジネスモデルにおいては，①契約者の運転情報，車両情報等のデータをテレマティクス・サービスプロバイダが取得，②プロバイダが保険会社に取得した運転情報，車両情報等を提供，③保険会社が提供を受けた情報をもとに保険料の算定を行う，というフローを経ることが想定されます。

まず，①においてプロバイダが取得する情報が，特定の個人を識別するに足りるものである場合，当該情報は「個人情報」に該当します。そして，取得した個人情報を体系的に整理して個人情報データベース等を構築している場合，これを構成する個人データを第三者に提供するためには，あらかじめ本人の同意を得る必要があるのが原則です。

(ii)　同意取得の方法

①　契約者が個人の場合

まず，テレマティクス保険の契約者が個人であり，かつ，契約者自身が運転を行っている場合には，取得される情報は当該個人を特定するものであると考えられることから，情報を第三者に提供するには，契約者からの同意を得ることが必要となると考えられます。第三者提供に関する同意取得の方法については，そもそも個人情報を本人から書面で取得する場合には，あらかじめその利用目的を明示しなければならないとされています（個情法21条2項）。そのため，保険契約を締結する時点で，個人データの第三者提供を利用目的とすることを

明示し，取得に際して第三者提供について包括的な同意を取得することが一般的と考えられます[9]。

　他方で，契約者がその友人や家族に自動車を運転させていた場合には，誰からどのように同意を取得するかが問題となります。一概には言えませんが，たとえば情報を取得するサービスプロバイダから見て，運転者が誰であるかを把握することができず，運転者個人を識別することができない場合には，少なくともテレマティクス保険の契約者の自動車に関する情報を取得するものであることを考慮して，取得される情報は契約者の情報であるという考え方もあり得るでしょう[10]。

②　契約者が法人の場合

　契約者が法人であり，自動車を従業員に運転させているような場合には，取得される情報は法人そのものの情報ではなく，運転を行う従業員の情報といえます。そして，契約者である法人が，当該自動車をどの従業員が運転しているかを把握している場合には，契約者が従業員のデータを取得し，これをプロバイダに提供していると考えることができます。そのため，契約者は，プロバイダに対して従業員の運転情報等を提供するに先立ち，原則として従業員等からあらかじめ第三者提供に関する同意を取得しておく必要があると考えられます。

　このように，普遍的な正解があるわけではないものの，事業者の立場からすれば，当該事業者として識別できるのはどの個人であるかという観点から，対応する必要があるでしょう。この点，EDPBの前記「コネクテッドカー及びモビリティ関連アプリケーションにおける個人データの収集に関するガイドライン（ver2.0）」においても，データを収集する者は，車の所有者・使用者から適切に同意を得る必要があり，同意取得は自動車の購入・リース等に関する契約から独立して取得される必要があることや，同意の前提として，データ主体に対してデータ収集を行うことについて十分な情報を与える必要があること等の指摘がなされています（同ガイドライン1.5.2参照）。今後は，データ主体が容易に設定のオン/オフを選択できるようなユーザーインターフェースを確保する等の工夫が，これまで以上に求められることになるでしょう。

(6)　匿名加工情報[11]

近年，複数の交通モーダルを統合し，一元的に検索・予約・決済が可能なマルチモーダルサービスや，デマンド交通サービス，カーシェア，相乗りサービス等が拡大しており，これに伴い，ロードマップ2019においては，日本においてもこのようなサービスの実現のためにデータ連携基盤を構築することが目標とされています。このようなデータ連携基盤においては，企業が，保有する個人データから特定の個人識別性を低減した情報であるビッグデータを利活用することが必要となります。

しかし，ビッグデータとして個人識別性を低減した場合であっても，具体的にどこまで加工すれば個情法の適用対象外として整理できるのかは，専門家によっても解釈に幅があり，その利活用が問題視されることもあります。たとえば，東日本旅客鉄道（JR 東日本）は，2013年6月に，同社の提供する Suica 利用者の駅利用情報や移動，決済等の状況を分析するため，利用者の氏名や電話番号を削除し，生年月日を生年月に変換した乗降履歴に関するデータを作成し，これを第三者へ提供したところ[12]，Suica 利用者から個人情報，プライバシーの保護を不安視する声が寄せられ，そのことがマスメディアにも報道される[13]という事態が発生しました。

このように，ビッグデータの利活用に関するニーズが増す反面，個人情報の範囲や匿名加工の方法の解釈にグレーゾーンが存在し，プライバシーに関する社会意識が拡大する状況の中，2017年5月に施行された改正個情法において，匿名加工情報の制度が新設されるに至りました。

ロードマップ2019では，連携するデータを「匿名加工情報」の利用に限定することが言及されており，コネクテッドカーサービスにおいても匿名加工情報の利活用が期待されています[14]。たとえば，日産自動車は，ユーザーの車両から取得した車両の位置情報を道路ごとの情報に変換するなど，特定の個人を識別できないよう匿名加工処理を行った上で，渋滞や交通規制などの道路交通情報を FM 多重放送やビーコンを使ってリアルタイムにカーナビに届けるシステムを提供する「VICS（ビックス）」に提供しています[15]。

実際，2019年3月時点で匿名加工情報の作成等を公表している事業者は約

380社（小売業，医療・保険福祉業，サービス業，情報通信業等）だったのに対し，2022年3月時点では，卸売，小売業，医療・福祉業，学術研究・専門技術，サービス業，情報通信業，金融業，保険業，製造業等幅広い分野で664社[16]が匿名加工情報の作成等を公表しており，3年間で1.7倍の伸びになっています。そこで，匿名加工情報の定義，作成および取扱いの留意点等について簡単に述べておきます。

(i)　匿名加工情報とは

　匿名加工情報とは，特定の個人を識別することができないように個人情報を加工し，当該個人情報を復元できないようにした情報のことをいいます（個情法2条6項）。この定義から明らかなように，匿名加工情報は，特定個人識別性を持たない情報であるため，「個人情報」には該当しません。その結果，匿名加工情報は，上記(1)(iii)で述べた個人情報の取得，利用に関する規制が適用されないため，たとえば本人の同意を得ることなく第三者提供ができるほか，本人の同意なくその利用目的を変更することが可能というメリットがあります。

　もっとも，そもそも「個人情報」に該当しなければ，情報の利活用に対する規制は存在しないのに対し，匿名加工情報に該当する場合には下記(ii)，(iii)に記載した規制が適用されます。また，どの程度の加工を施せば匿名加工情報として取り扱われるのかにつき判断が困難なケースも少なくないという課題も残っているのが実状です。

(ii)　匿名加工情報の作成者の義務

　匿名加工情報を作成する事業者に対しては，主に**図表4-3-6**の4つの義務が課されます。

　匿名加工情報作成者の義務

義務（条文）	内容
適切な加工 （個情法43条 1 項，規則34条）	• 規則で定める方法により，適切に匿名加工を行う。
安全管理措置 （個情法43条 2 項および 6 項）	• 加工の際に削除した情報や加工方法の漏えい防止のために安全防止措置を講じる。
公表義務 （個情法43条 3 項および 4 項）	• 作成に際し，匿名加工情報に含まれる個人に関する情報の項目を公表する（ 3 項）。 • 第三者提供に際し，匿名加工情報に含まれる個人に関する情報の項目と提供の方法を公表し，提供先に匿名加工情報であることを明示する（ 4 項）。
識別行為の禁止 （個情法43条 5 項）	• 本人識別のために匿名加工情報を他の情報と照合することは禁止される。

①　適切な加工（個情法43条 1 項，同規則34条）

　匿名加工情報を作成する事業者は，個人情報を適切に加工する必要があります。また，法令上要求される全ての措置を行う必要がある点に注意が必要です。たとえば，個人データをマスキングしただけでは匿名加工情報にはなりません。また，特定の個人を識別できるリスクは情報の性質により異なるため，加工方法も対象となる情報により異なるものといえます。たとえば，位置情報であれば，夜間や昼間の滞在地点から自宅や勤務先等が推定される，といったリスクがあり得ることから，自宅や勤務先地点等の推定につながる始点・終点を削除する，といった加工の方法が考えられます[17]。

②　安全管理措置（個情法43条 2 項および 6 項）

　匿名加工情報を作成する事業者は，以下の 2 つの安全管理措置を行わなければなりません。

- 匿名加工情報の加工方法等情報の漏えい防止
- 匿名加工情報に関する苦情の処理・適正な取扱い措置と公表

③　公表義務（個情法43条 3 項および 4 項）

　以下のいずれかに当てはまる場合は，事業者に公表義務が課されます。

- 匿名加工情報を作成したとき

　　　匿名加工情報を作成した事業者は，匿名加工情報の作成後遅滞なく，ホーム
　ページ等を利用し，当該匿名加工情報に含まれる個人に関する情報の項目を公
　表しなければなりません。
・匿名加工情報を第三者に提供するとき
　　　匿名加工情報を第三者に提供するときは，あらかじめホームページ等で第三
　者に提供する匿名加工情報に含まれる項目及び匿名加工情報の提供の方法を公
　表しなければなりません。

④　識別行為の禁止（個情法43条5項）

　匿名加工情報を取り扱う場合は，作成元となった個人情報の本人を識別する
目的で，自らが作成した匿名加工情報を，本人を識別するために他の情報と照
合することは禁止されています。

(iii)　匿名加工情報の取扱いにおける義務（作成者以外の義務）

　匿名加工情報の作成者以外の「匿名加工情報取扱事業者」に対しては，大要
図表4-3-7の義務が課されています。

図表4-3-7　**匿名加工情報の取扱いにおける義務の概要**

義務（条文）	内容
提供時の公表・明示 （個情法44条）	・匿名加工情報に含まれる個人に関する情報の項目と提供の方法を公表し，提供先に匿名加工情報であることを明示する。
識別行為の禁止 （個情法45条）	・本人識別のために匿名加工情報を他の情報と照合することは禁止される。 ・匿名加工のために削除した記述や匿名加工の方法に関する情報等を取得してはならない。
安全管理措置等の努力義務 （個情法46条）	・①安全管理措置，②苦情処理その他の適正な取扱いを確保するための措置，③その内容の公表について，努力義務を負う。

(7)　仮名加工情報

　個人情報保護委員会が発表した個情法の改正大綱[18]によれば，事業者の中に
は，組織内部で個人情報を利用する際の安全管理措置の一環として，特定の個

人を直接識別できる記述を他の記述に置き換えるまたは削除することで，加工後のデータ単体からは特定個人を識別できないようにするといった，いわゆる「仮名化」と呼ばれる加工を施した上で利活用を行っている例も存在し，仮名化された情報を事業者内部で利活用するニーズが存在すること，他方で，仮名化された情報については，特定個人識別性が低下し，個人の権利利益を侵害するおそれが相当程度低下すると考えられること等から，2022年4月に施行された個情法改正において，「仮名加工情報」制度が新設されました。

(i)　仮名加工情報とは

　仮名加工情報制度は，当初の利用目的には該当しない目的や該当するか判断が難しい新たな目的での内部分析，および利用目的を達した個人情報について，将来的に統計分析に利用する可能性があるため，仮名加工情報に加工して保有する場合等を想定して創設された制度です。

　そもそも，仮名加工情報とは，一定の措置を講じて他の情報と照合しない限り特定の個人を識別することができないように個人情報を加工して得られる個人に関する情報と定義されています（個情法2条5項）。

　匿名加工情報は，「当該個人情報を復元することができないようにしたもの」という要件が課されているのに対して，仮名加工情報ではかかる要件は課されていないため，復元可能性があっても，仮名加工情報になり得ます。一方，仮名加工情報に関する規制も，匿名加工情報と同様，仮名加工情報として取り扱われるものとして作成する意図を有する者にのみかかることとされているので，たとえば，安全管理措置の一環として氏名等の一部の個人情報を削除（または他の記述等に置き換え）した上で引き続き個人情報として取り扱う場合，あるいは匿名加工情報または統計情報を作成するために個人情報を加工する場合等については，仮名加工情報を「作成するとき」には該当しないことになります。

　上記の定義から，仮名加工情報については，「個人情報である仮名加工情報」と「個人情報でない仮名加工情報」という2つの仮名加工情報が存在することとなります。「個人情報である仮名加工情報」とは，仮名加工情報の加工前の元データである個人情報を事業者が保持し続けている場合に，加工された仮名加工情報がこれに該当することになります。この場合，仮名加工情報は，元

データとの容易照合性が認められるためです。一方,「個人情報でない仮名加工情報」は,たとえば,事業者が,仮名加工情報作成後に元データを削除したような場合にこれに該当することになるほか,委託先に仮名加工情報が提供された場合[19]に,委託先にとっては,個人情報ではない仮名加工情報になるというような場合も考えられます。

(ii)　仮名加工情報の加工基準

仮名加工情報の加工基準としては,①氏名等の特定の個人を識別できる記述等,②個人識別符号,③財産的被害が生じるおそれのある記述等を削除・置換することが要求されています(個情法施行規則31条)。

想定される加工の典型例としては,会員ID,氏名,年齢,性別,サービス利用履歴が含まれる個人情報を加工する場合に氏名を削除することが挙げられます。また,上記③との関係では,たとえば,元データにクレジットカード番号が含まれている場合にはこれを削除することが必要になります。

(iii)　仮名加工情報に関する義務

仮名加工情報(個人情報であるもの)を作成したときは,作成の元となった個人情報に関して個情法17条1項の規定により特定された利用目的が,当該仮名加工情報の利用目的として引き継がれますが,当初の利用目的と関連性を有しない範囲であっても自由に利用目的の変更が可能となります(個情法41条9項)。利用目的を変更した場合には,変更後の利用目的を公表する必要があります(個情法17条1項,41条4項において読み替えて適用される21条3項)。

このように,利用目的を自由に変更して事業者内部でデータ分析等ができることは仮名加工情報の重要なメリットの1つといえますが,他方で,仮名加工情報の第三者提供は禁止されるほか,識別行為の禁止や本人への連絡の禁止などの一定の行為規制が設けられています。これらの詳細や,匿名加工情報における行為規制との比較については,次頁の表のとおり整理できます。

図表 4 - 3 - 8　　仮名加工情報の概要

	個人情報である仮名加工情報	個人情報でない仮名加工情報	匿名加工情報
容易照合性	○	×	×
適正加工義務	○ 法41条1項，規則31条	○ 法41条1項，規則31条	○ 法43条1項，規則34条各号
作成時の公表義務	利用目的の公表（法41条4項）※作成に用いた個人情報の利用目的とは異なる目的で利用する場合のみ	なし	個人に関する情報の項目の公表義務（法43条3項）
利用目的の公表	必要	不要	不要
利用目的の変更	規制なし（法41条9項）	規制なし	規制なし
安全管理措置	仮名加工情報については，法23条，削除情報については，法41条2項により法的義務	仮名加工情報については，法42条3項・法23条，削除情報については，法41条2項により法的義務	匿名加工情報は努力義務（法43条6項・46条）加工方法等情報は法的義務（法43条2項）
消去義務	努力義務（法41条5項）	規制なし	規制なし
第三者提供	不可（法41条6項）	不可（法42条1項）	可能（法43条4項，44条）
識別行為	禁止（法41条7項）	識別行為に加え削除情報等の取得も禁止（法42条3項）	識別行為に加え加工方法等情報の取得も禁止（法43条5項，法45条）
漏えい時の報告・本人通知	不要（法41条9項）	不要	不要
本人からの開示等請求対応	不要（法41条9項）	不要	不要
その他の利用に関する規律	本人への連絡の禁止（41条8項）利用目的達成時の消去（努力義務。41条5項）苦情処理（努力義務。40条）	本人への連絡の禁止（42条3項）苦情処理（努力義務。42条3項）	苦情処理（努力義務。43条6項）

　このような制約もあり，仮名加工情報制度はまだ必ずしも広く利用されているとまではいえない現状にありますが，今後の利活用事例の集積が期待されます。

(8)　個人関連情報

(i)　個人関連情報とは

　改正個情法では，個人関連情報に関する規制も導入されています。具体的には，個人関連情報取扱事業者が，「個人関連情報」を第三者に提供しようとする場合において，第三者が個人データとして個人関連情報を取得することが想定されるときは，あらかじめ，個人情報保護委員会規則に定めるところにより，本人の同意を得られていること等を確認する義務を負うこととされています（個情法31条1項各号）。

　個人関連情報に該当する事例としては，①Cookie 等の端末識別子を通じて収集された，ある個人のウェブサイトの閲覧履歴，②メールアドレスに結び付いた，ある個人の年齢・性別・家族構成等，③ある個人の商品購買履歴・サービス利用履歴，④ある個人の位置情報（一般的に，ある個人の位置情報それ自体のみでは個人情報には該当しないものではあるが，個人に関する位置情報が連続的に蓄積される等して特定の個人を識別することができる場合には，個人情報に該当し，個人関連情報には該当しないことになることに注意が必要），⑤ある個人の興味・関心を示す情報が挙げられています。

　上記条文の規定のうち，「個人データとして取得する」とは，提供先の第三者において，個人データに個人関連情報を付加する等，個人データとして利用しようとする場合をいうとされており，提供先の第三者が，提供を受けた個人関連情報を，ID 等を介して提供先が保有する他の個人データに付加する場合には，「個人データとして取得する」場合に該当します。一方で，提供先の第三者が，提供を受けた個人関連情報を直接個人データに紐づけて利用しない場合は，別途，提供先の第三者が保有する個人データとの容易照合性が排除しきれないとしても，ここでいう「個人データとして取得する」場合には直ちに該当しないとされています。

(ii) 規制への対応

　上記を前提にすると，提供元の事業者および提供先の第三者間の契約等において，提供先の第三者が提供を受けた個人関連情報を個人データとして利用しない旨が定められている場合には，通常，「個人データとして取得する」ことが想定されず，個情法31条は適用されないこととなります。この場合，提供元の事業者は，提供先の第三者における個人関連情報の取扱いの確認まで行わなくとも，原則として，「個人データとして取得する」ことが想定されないこととなります。

　これに対し，たとえば，提供先の第三者が，契約等の定めに反して，個人関連情報を個人データとして利用する可能性があることを示す証跡が確認された場合（たとえば，契約に基づき個人関連情報を継続的に提供している場合において，提供先の第三者が契約の定めに反して個人関連情報を個人データとして利用したことが明らかになった場合）には，提供先に問い合わせる等，提供先における個人関連情報の取扱いを確認した上で，「個人データとして取得する」ことが想定されるかどうかを判断する必要があるとされています。

＊　　　＊　　　＊

1　東京地判昭39・9・28判時385号12頁。
2　総務省・緊急時における位置情報の取扱いに関する検討会「位置情報プライバシーレポート〜位置情報に関するプライバシーの適切な保護と社会的利活用の両立に向けて〜」。
3　JapanTaxi 2018年10月30日付プレスリリース「『JapanTaxi』アプリ　位置情報データ取り扱いについて」。
4　JapanTaxi2019年3月24日付プレスリリース「当社に関する一部報道について」。
5　JARI「SIP自動走行システム「走行映像データベース」の構築技術の開発及び実証の研究開発概要」1頁。
6　前掲注（5）1〜2頁。
7　福岡高判平24・7・13判時2234号44頁。
8　一般財団法人日本自動車研究所（JARI）ウェブサイト（http://www.jari.jp/tabid/76/Default.aspx?itemid=254）。
9　2019年12月経済産業省「AI・データの利用に関する契約ガイドライン ver.1.1−データ編−」別添2・25頁。
10　前掲注（9）別添2・25頁注5参照。
11　個人情報保護委員会ウェブサイト「匿名加工情報制度について」。
12　Suicaに関するデータの社外への提供についての有識者会議「Suicaに関するデータの社外への提供について　中間とりまとめ」（https://www.jreast.co.jp/chukantorima

tome/20140320.pdf）。

13　日本経済新聞2013年7月26日付朝刊「JR東，Suicaデータの外部提供について説明」。

14　ロードマップ2019・76頁。

15　https://www.nissan.co.jp/CONNECT/MEMBER/RULES/privacy.html

16　2021年度個人情報保護委員会年次報告。

17　個人情報保護委員会「個人情報の保護に関する法律についてのガイドライン（匿名加工情報編）」（2017年3月）14～15頁。なお，位置情報に関する具体的な加工手法については，個人情報保護委員会「個人情報保護委員会事務局レポート：匿名加工情報　パーソナルデータの利活用促進と消費者の信頼性確保の両立に向けて」（2017年2月）33～35頁を参照。

18　個人情報保護委員会「個人情報保護法いわゆる3年ごと見直し制度改正大綱」（2019年12月13日）21頁以下。

19　仮名加工情報は第三者提供が禁止されるものの，仮名加工情報を委託先に提供することは許容されています。

4 ビッグデータ

　近年の社会の急速な情報化により，取引に関するデータの量は加速度的に増加しており，この流れは今後も続くと想定されます。このようなデータの中には，単体では特段の価値を有していないものの，他のデータと組み合わさることによって大きな価値を創造するものが多くあります。

　データの利用方法に着目してみると，自らが取得したデータのみを活用するということもあれば，他者が集めたデータとの相乗効果を狙って，データを他者と共有するという方法もあります。たとえば，テレマティクスサービス提供事業者であるX社が，コネクテッドカー用のセンサをYに販売・設置するとともに，Yとの間でテレマティクスサービス利用契約を締結し，Yの契約者情報および車両情報等はX社が管理・運用するサーバーに蓄積されるというスキームがある場合，X社は，Yの契約者情報・車両情報等，また，当該自動車のセンサが取得した交通情報，車両操作情報，車両挙動情報等を自らが管理するサーバーにて管理することになりますが，X社が，これをYに提供するだけでなく，自動車会社に提供し，自動車会社においてこれを利用することができれば，自動車会社が保管する技術データ等との相乗効果により，自動運転等の進化につなげることも可能です。

　もっとも，データの性質として，容易に複製が可能であり，適切な管理体制がなければ不正アクセスにより外部に流出され得るものであることから，データの内容次第では，営業秘密やノウハウが社外に流出するほか，プライバシーに関する個人の権利が侵害されるおそれがあることは否めません。

　そこで，以下では，加速度的に増加する膨大なデータ（ビッグデータ）に関する法的問題点等について，法律による保護の側面と契約による保護の側面から検討します。

(1) データと法律による保護

(i) 伝統的な知的財産法による保護とその限界
　前提として，現行法上，データに所有権等の物権的な権利（誰に対してでも

主張することのできる権利）を観念することはできません。なぜなら，データは，現行法上，無体物として扱われるため，民法上の所有権や占有権の対象にならないからです。もっとも，データに大きな価値があることは上述のとおりであり，当該データに関する権利の所在を明らかにすることには意味があります。

　伝統的な議論としては，データに関する権利は著作権，特許権，不正競争防止法（以下「不競法」といいます）の「営業秘密」（不競法2条6項）や個人情報として，限定的な範囲でのみ保護されるものと理解されてきました。

　著作権は著作権法により規定されており，同法は「著作物」を保護対象としています。「著作物」とは，思想または感情を創作的に表現したもの（著作権法2条1項1号）とされているため，データが著作権による保護を受けるためには，当該データに創作性がなくてはなりません。たとえば，自動的に行われる撮影により作成されたデータ等は，創作性に欠けるため，著作権による保護を受けないものと考えられます。また，個々のデータに限らず，情報の選択または体系的な構成によって創作性を有するデータベースは著作物として保護されます（同法12条の2第1項）が，たとえば，センサ等を通じて取得した車両情報等を特段の工夫なくありふれた項目に機械的に分類しただけでは，データベースの著作物として必要な創作性を認めることは困難でしょう。

　次に，特許権は特許法により規定されており，同法は「発明」を保護対象としています。「発明」とは，自然法則を利用した技術的思想の創作のうち高度のもの（特許法2条1項）とされているため，データが特許権による保護を受ける場面は非常に限定的であると言わざるを得ません。

　さらに，不競法の「営業秘密」による保護を受けるためには，当該データが①秘密管理性，②有用性，③非公知性を満たすものでなくてはなりません。このうち，特に①秘密管理性の要件を満たすためにはデータを適切に管理していることを示せる必要があります。たとえば，複数の事業者間でデータを共同して利活用するような場合には，営業秘密としての要件を満たすことには困難を伴うケースが多いといえます。

　これらの概要を表にすると，**図表4-4-1**のようになります。

図表4-4-1　データの保護に関する知的財産権等の概要

権利の種別	権利の性格	データの保護についての利用の可否
著作権	思想または感情を創作的に表現したものであって，文芸，学術または音楽の範囲に属するものであることが必要（著作権法2条1項1号）。	機械的に創出されるデータに創作性が認められる場合は限定的。
特許権	自然法則を利用した技術的思想の創作のうち高度のもので，産業上利用ができるものについて，特許権の設定登録がされることで発生する。新規性および進歩性が認められないものについては特許査定を受けることができない（特許法2条1項，29条1項，66条1項）。	データの加工・分析方法は別として，データ自体が自然法則を利用した技術的思想の創作のうち高度のものであると認められる場合は限定的。
営業秘密	①秘密管理性，②有用性，③非公知性の要件を満たすものを営業秘密といい，不正の手段により営業秘密を取得する行為等の法定の類型の行為（不正競争）がなされた場合に，差止請求および損害賠償請求または刑事罰が認められる（不正競争防止法2条6項，同条1項4号ないし10号，3条，4条，21条，22条）。	左記①から③の要件を満たす場合には，法的保護が認められる。

出所：経済産業省「AI・データの利用に関する契約ガイドライン―データ編―」（2018年6月）。なお，下記の不競法改正を踏まえた改訂後のガイドライン（2019年12月）も参照されたい。

(ii)　不正競争防止法改正による限定提供データの保護

　上述のとおり，知的財産法や不競法の「営業秘密」等で保護されるデータは限定的ですので，これらによって保護されないデータについて，事業者の通常の正当な事業活動を阻害しないように配慮しつつ，一定の範囲で法律上の保護を及ぼすべきという問題意識が生じていました。そこで，不競法の2018（平成30）年改正（2019年7月1日施行）により，悪質性の高いデータの不正取得・使用等に関して新たに一定の救済措置が導入されることになりました。

　具体的には，ID・パスワード等により管理しつつ，相手方を限定して提供するデータ（「限定提供データ」）を不正に取得・使用・提供する行為を，新たに「不正競争」に位置づけ，これに対する民事上の救済措置が設けられました（改正不競法2条1項11号ないし16号，2条7項，19条1項8号）。

　改正不競法における限定提供データに係る不正競争の内容を要約すると，**図表4-4-2**のとおりです。

図表4-4-2 改正不競法における限定提供データに係る不正競争の範囲の概要

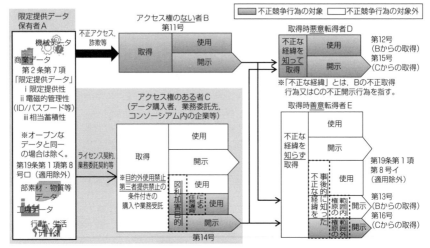

出所：経済産業省知的財産政策室「不正競争防止法平成30年改正の概要」

(iii) データ・オーナーシップ

　利害関係者間のデータの帰属について，データ・オーナーシップという言葉が用いられることがありますが，この言葉には注意が必要です。

　データ・オーナーシップという言葉をそのまま捉えると，あたかもデータに関する所有権のようなものを想定してしまいますが，データが物権的に保護されない点については上述のとおりです。また，データが知的財産権等により直接保護される場面は，依然として限定的といえます。したがって，データ・オーナーシップといっても，一般には，データに適法にアクセスし，その利用をコントロールできる事実上の地位，または契約によってデータの利用権限を取り決めた場合には，そのような債権的な地位を指しているにすぎないと評価されることが多いでしょう[1]。

　データ契約をめぐる交渉では，データがどちらに帰属するかが争点となって，議論が膠着してしまうこともあります。しかし，以上のようなデータの法的性質を正しく理解すれば，物権的な発想に基づく硬直した議論ではなく，当事者間の契約によって，データの生成，収集，蓄積，分析における各関係者の寄与度等を勘案し，利用権限についての柔軟な利害調整を図ることが重要であると

いうことができます。

(2)　データ契約

　データ契約とは，データの利用，加工，譲渡その他取扱いに関する契約[2]とされています。

　上述のとおり，データに関する法律上の保護は不十分であり，法律上の保護を受けないデータは契約上保護する必要があります。また，データが法律上保護される場合であっても，個別の取引の文脈において個々の当事者の権利義務をきめ細かく取り決めることの重要性が失われることはありません。したがって，データ契約によって適切な取決めを合意することは重要となります。

(i)　AI・データ契約ガイドラインの位置づけと概要

　「AI・データの利用に関する契約ガイドライン」[3]（以下「契約ガイドライン」といいます）とは，2018年6月，経済産業省によって公表されたガイドライン（2019年12月に一部改訂）で，データ編とAI編に分かれています。本項との関係では，データ編が主に関係することになりますので，以下ではデータ編を念頭に置いて話を進めます。

　経済産業省では，2015年10月に「データに関する取引の推進を目的とした契約ガイドライン」[4]，2017年5月に「データの利用権限に関する契約ガイドライン ver1.0」を策定していましたが，これらのガイドラインに引き続いて，契約段階ではその価値がはっきりしないことが多いデータの流通や利用を対象とする契約について，具体的な事案に基づく専門家の議論を踏まえた上でデータ契約の各当事者の立場を検討し，一般的に契約で定めておくべき事項を改めて類型別に整理した上で列挙するとともに，その契約条項例や条項作成時の考慮要素等を提供する目的で，2018年に新たに契約ガイドラインが作成されました。

　契約ガイドラインでは，データの法的性質，データ流出や不正利用を防止する各種手段，適正な対価・利益の分配について，具体的な事例も交えつつ説明され，後述するデータ契約の諸類型ごとに，構造・主な法的論点・適切な契約の取決め方法等の説明もなされています。また，主な契約条項例や産業分野別のデータ利活用例等も記載されており，契約におけるデータの利用を俯瞰する

ことができます。なお，2020年3月30日には，契約ガイドラインには掲載されていなかったデータ共用型（プラットフォーム型）の利用に関するモデル利用規約案を検討した「データ共用型（プラットフォーム型）契約モデル規約に関する報告書」[5]が公表されています。

(ii)　データ契約の諸類型

　契約ガイドラインにおいて示されているデータ契約の類型としては，①データ提供型契約，②データ創出型契約，③データ共用型（プラットフォーム型）契約があります。

　それぞれの概要等は，**図表4-4-3**のとおりです。もっとも，この3類型は，あくまで議論の便宜のために設けられたものにすぎず，実際の取引においては，複数の類型の要素を含む複合的な取引である場合が珍しくないことに留意すべきです。

図表4-4-3　データ契約の類型

	概要	具体例
①　データ提供型契約	一方当事者から他方当事者へのデータの提供に関する契約	自動車会社A社が自社実証実験により取得したデータを他社に提供する場合
②　データ創出型契約	複数当事者が関与して創出されるデータの取扱いに関する契約	自動車会社A社がレンタカー会社B社にデータ記録機能付の自動車を提供し，レンタカーB社が当該自動車を顧客に貸すことで自動車走行等に関するデータを取得する場合
③　データ共用型（プラットフォーム型）契約	プラットフォームを利用したデータの共有に関する契約	自動車会社A社，自動車会社C社，自動車会社D社の各社が自社実証実験により取得したデータを，プラットフォーム提供会社E社の提供するプラットフォームに提供し，当該プラットフォームを通じて複数の会社で当該データを共同して活用する場合

＊　　　＊　　　＊

1　経済産業省「AI・データの利用に関する契約ガイドライン ver.1.1」（2019年12月）14頁。

2　経済産業省「AI・データの利用に関する契約ガイドライン ver.1.1」1頁。

3　https://www.meti.go.jp/press/2019/12/20191209001/20191209001-1.pdf

4　https://www.meti.go.jp/shingikai/sankoshin/shomu_ryutsu/joho_keizai/
pdf/006_s02_00.pdf

5　https://www.meti.go.jp/press/2019/03/20200330001/20200330001-1.pdf

5　電気通信・電波

(1)　コネクテッドカーに関する通信サービスと電気通信事業

　上記1(1)(i)のとおり，コネクテッドカーは通信機を搭載して外部と常時通信することができる（外部とつながることができる）車なので，通信機能を伴います。電気通信事業法は「電気通信」を「有線，無線その他の電磁的方式により，符号，音響又は影像を送り，伝え，又は受けること」と定義しており（電気通信事業法2条1号），たとえば，コネクテッドカーに設置されたカメラで撮影した車内外の画像や運転者や周辺道路の状況などのデータを車内搭載の電子機器から電波を用いて伝送することは，無線による影像等の伝送として電気通信に該当することになります。

　このような電気通信の機能をサービスとして提供することが，電気通信事業法に定める電気通信事業に該当する場合，事前に登録または届出を行う必要があります（電気通信事業法9条または16条）（一定の例外があります。下記(iii)参照）。

(i)　登録または届出を要するか

　電気通信事業法は，電気通信事業を次のとおり定義しています（電気通信事業法2条4号）。

> 電気通信事業：電気通信役務を他人の需要に応ずるために提供する事業（放送法118条1項に規定する放送局設備供給役務に係る事業を除く。）

　したがって，電気通信事業法上の届出等を要する電気通信事業かどうかについては，まず，提供しようとするサービスが「電気通信役務」に該当するかを確認する必要があります。

　「電気通信役務」は，電気通信設備を用いて他人の通信を媒介し，その他電気通信設備を他人の通信の用に供することをいいます（電気通信事業法2条3号）。「電気通信設備」とは電気通信を行うための一切の物的手段としての機械，

器具，線路その他の電気的設備を意味し（同法2条2号），携帯電話，スマートフォンその他各種の端末機器，出入力装置，無線通信設備もこれに含まれます。また，「他人の通信」とは，自己（電気通信設備の設置者）の通信以外の通信を指し，他人と他人との間の通信のほか，自己と他人との間の通信を含みます。ただし，「他人の通信を媒介する」というときは，他人と他人との間の通信に限ります。「媒介」とは，他人の依頼を受けて，符号，音響または影像をその内容を変更することなく伝送・交換し，隔地者間の通信を取次ぎ，または仲介してそれを完成させることをいうため，他人間に介在することを前提としているのに対し，自己と他人との間の通信には，他人間に介在するという要素がないからです。

　それでは，どのような場合に「電気通信役務」を提供していることになるのでしょうか。たとえば，自動車に搭載された電子機器（たとえばカーナビ）を想定してみましょう。このカーナビがデータ伝送を行う機能を有しているならば電気通信設備にあたります。それでは，カーナビが取得した運転状況に関するデータが，運転者のスマートフォンを通じて伝送される場合，運転者自身は電気通信役務を提供しているのでしょうか。この場合，運転者は，スマートフォンでカーナビから発信されたデータを受け取っていますが，これは他人の通信を媒介するものではなく，また，電気通信設備を自ら用いているのみであって他人の通信の用に供していませんので，運転者自身は電気通信役務を提供していません。スマートフォンがカーナビから受領したデータは，スマートフォンを通じてデータを蓄積するサーバーまでさらに伝送されるでしょうが，当該データ伝送は，携帯電話サービスを提供する電気通信事業者（NTTドコモ，KDDI，ソフトバンク，楽天モバイル等）によって提供されますので，ここでも運転者自身による電気通信役務の提供はありません。

　これに対して，**図表4-5-1**のようなサービスは電気通信役務に該当する可能性があります。
　ここでは，運送に用いるトラックの運行状況や，従業員による運転特性等を管理・把握したい運送事業者のために，携帯電話と同じようにSIMカードを装着した電子機器を運送事業者に提供し，その機器でデータを取得し，伝送す

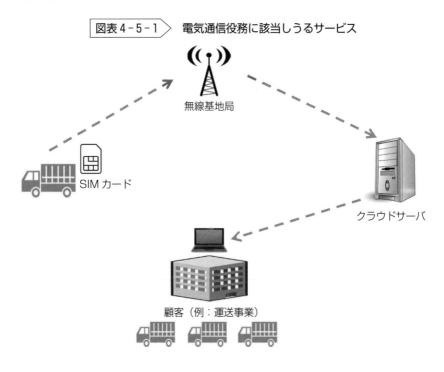

図表4-5-1　電気通信役務に該当しうるサービス

無線基地局

SIMカード

クラウドサーバ

顧客（例：運送事業）

るサービスを想定しています。データは，電子機器から直接（運転者のスマートフォンを経由せず）近くの無線基地局へ伝送され，さらにデータを保管・蓄積するためのサーバーまで伝送された後，当該データそのもの（運行記録）または分析結果（運転中に急ブレーキを何度踏んだか等の情報）を運送事業者に対して提供するといったサービスです。このようなサービスは，電気通信設備（トラックに搭載した電子機器）を他人（トラック事業者）の通信の用に供しており，原則として，電気通信役務に該当することになります（なお，コネクテッドカーそのものの例ではありませんが，自動車メーカーが通信モジュールやSIMカードによる通信サービスにより，渋滞情報等の配信サービスを自らが提供主体となって行う場合には，他人の通信を媒介する電気通信役務に該当するとされています）[1]。

(ii) 登録・届出

電気通信役務を他人の需要に応ずるために提供する場合，電気通信事業に該当し，原則として総務大臣の登録（電気通信事業法9条）または総務大臣への届出（同法16条）が必要となります。いずれも事業開始より前に取得する必要があります。

登録は，電気通信回線設備（光ファイバーケーブルや同軸ケーブルが典型的な例です）を設置する場合であって，その規模および設置区域の範囲が一定の基準を超える場合などに必要となります。たとえば光ファイバーケーブルを東京都23区のうち2つの区にまたがって設置して電気通信役務を提供する場合には，登録が必要となります。ただし，光ファイバーケーブル等の電気通信回線設備の設置には相応の費用を要するので，コネクテッドカーに関するサービスのために登録が必要となることは少ないと思われます。もし登録を要する場合には，電気通信主任技術者の確保や電気通信設備に係る管理規程の用意等が必要であるため，相当の準備期間（少なくとも数カ月程度）を要することに留意が必要です。

登録を受けるべき場合以外は，届出で足ります。届出の場合は，所定の書式（電気通信事業届出書，提供する電気通信役務のリスト，ネットワーク構成図）に，登記事項証明書（省略可能）および定款の写し（いずれも法人の場合）を添えて，受理通知書送付用の返信用封筒とともに総務省の所管局（東京であれば関東総合通信局）に提出する必要があります。実際に届出を行う場合には，事業開始前に十分な時間的余裕をもって，書式に不備がないか等について所管局に確認するほうがよいでしょう。

(iii) 電気通信事業法の適用除外

電気通信事業を行うには，上記のとおり，事前に登録または届出を行う必要があります。ただし，次の場合には，登録または届出は不要です（電気通信事業法164条1項1号〜3号ならびに同法施行規則59条および59条の2）。

①専ら一の者のみに電気通信役務（当該一の者が電気通信事業者であるときは，当該一の者の電気通信事業の用に供する電気通信役務を除く）を提供する電気

通信事業

②同一構内・建物内に設置した電気通信設備により電気通信役務を提供する場合
　または線路のこう長（ケーブルが外被に覆われた状態で測る長さ）の総延長が
　5km未満の電気通信設備により電気通信役務を提供する場合

③他人の通信を媒介しない電気通信役務（ドメイン名電気通信役務，検索情報電
　気通信役務及び媒介相当電気通信役務を除く）を電気通信回線設備を設置しな
　いで提供する場合

　上記①は，たとえば親会社のみに電気通信役務を提供する場合です。ただし，
脱法的行為を防止するため，電気通信役務の提供の相手方が電気通信事業者で
あって，その事業のために当該電気通信役務が用いられる場合は除かれていま
す。上記②は，小規模設備であって物理的・地域的に限定され，また利用者の
範囲も必然的に限られる場合です。広く一般にサービスを提供する場合，①お
よび②の例外には基本的に該当しないでしょう。

　上記③は，(i)他人の通信を媒介しないこと，(ii)電気通信回線設備を設置しな
いことを前提としています。③の例外にあたるサービスとしては，配信サー
バーのみを設置して，動画，音楽，ゲーム等のコンテンツを配信する事業など
があります。この③を図示すると**図表4-5-2**のようになります。

　上記のとおり，コネクテッドカーに関する電気通信事業のために，光ファイ
バーケーブル等の電気通信回線設備を自ら設置することまでは通常行わないと
思われるので，要件(ii)を充足する可能性があります。この場合，他人の通信を

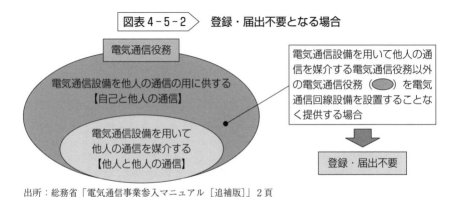

図表4-5-2　登録・届出不要となる場合

電気通信役務

電気通信設備を他人の通信の用に供する
【自己と他人の通信】

電気通信設備を用いて
他人の通信を媒介する
【他人と他人の通信】

電気通信設備を用いて他人の通
信を媒介する電気通信役務以外
の電気通信役務（　　）を電気
通信回線設備を設置することな
く提供する場合

登録・届出不要

出所：総務省「電気通信事業参入マニュアル［追補版］」2頁

媒介しない態様のサービス（要件(i)）であれば，③の例外にあたります。なお，「ドメイン名電気通信役務」は③の例外を利用できませんが，これはドメイン名に対応する IP アドレスを取得する，いわゆる名前解決を行うサービスですので，コネクテッドカーに関する電気通信事業には通常関係ありません。また，2022年6月17日公布・2023年6月16日施行の改正電気通信事業法（以下「2022年改正事業法」といいます）によって「検索情報電気通信役務」および「媒介相当電気通信役務」も③の例外を利用できないこととなりますが，これらもコネクテッドカーに関する電気通信事業には通常関係ありません。

　もっとも，上記①から③のいずれかに該当して登録や届出を要しない場合であっても，検閲の禁止（電気通信事業法3条）や通信の秘密の保護（同法4条）に関する規制は適用されることに注意が必要です（同法164条3項。なお，2022年改正事業法のもとでは，総務大臣による報告徴収や検査の対象には③により登録や届出を要しないものの，電気通信役務を提供する者も含まれる等，適用を受ける規制が拡大しています）。通信の秘密の保護を定める規定は次のとおりごく短いものですが（同法4条1項・2項），憲法21条2項を受けた規定であり，厳格な遵守を求めるのが通例的解釈です。

> - 電気通信事業者の取扱中に係る通信の秘密は，侵してはならない。
> - 電気通信事業に従事する者は，在職中電気通信事業者の取扱中に係る通信に関して知り得た他人の秘密を守らなければならない。その職を退いた後においても，同様とする。

(iv)　電気通信事業法に基づく行為規制等

　電気通信事業者は，検閲の禁止（電気通信事業法3条），通信の秘密の保護（同法4条），利用の公平（同法6条），提供条件の説明（同法26条）等の義務を負います。また，消費者に対するサービスの場合には，原則として提供条件の説明，サービス契約成立時の書面交付等の義務を負います（同法26条〜26条の3）。

　重大な事故が発生した場合には，当該事故の概要や発生状況等について総務省へ報告する必要があります（電気通信事業法28条）。重大な事故には，通信の秘密の漏えいのほか，一定時間以上電気通信役務の提供が停止してしまい，一

定数以上の利用者に影響が及ぶ場合が含まれます（電気通信役務の内容によって数値基準は異なりますが，たとえば2時間以上サービス提供が停止し，当該サービスの利用者が3万人以上である場合等）。また，電気通信事業者の業務の方法が不適切に行われた場合には，総務大臣が業務の方法などの改善等を命令することができる（同法29条）点にも留意が必要です。また，2022年改正事業法のもとでは，「特定利用者情報」（利用者に関する情報のうち，①通信の秘密に該当する情報，②契約締結者または利用登録によりアカウントを有する者の情報であってデータベース等を構成する情報）の漏えいが生じたときにも報告義務を負う場合がありますが，その義務を負うのは，告示によって個別に指定される大規模な電気通信事業者に限られるため，本書では立ち入りません。

　また，報告対象となる重大事故の「おそれ」があると認められる事態として総務省令（電気通信事業規則）で定める事由が生じた場合にも，報告が必要となります（2022年改正事業法28条2項）。電気通信事業法施行規則58条の2では，事業用電気通信設備（前年度末において3万以上の利用者に電気通信役務を提供する電気通信事業者が設置したものに限る）に関する事態や，衛星，海底ケーブルその他これに準ずる重要な電気通信設備に深刻な機能低下が発生し，または重大な損傷が生じた事態等を挙げています。

　コネクテッドカーによるサービスでは大量のデータの取得・利用が予定されていると思います。この観点から，「電気通信事業における個人情報保護に関するガイドライン」[2]にも留意が必要です。同ガイドラインは，電気通信事業が通信の秘密に直接かかわる点で高い公共性を有する事業であり，プライバシー保護を必要とする情報を取り扱うことから，電気通信事業者向けに定められたものです。上記のガイドラインは法律と同じ効力を持つものではありませんが，同ガイドラインが「しなければならない」「してはならない」と記述しているにもかかわらず，これに従わなかった場合は，電気通信事業法または個情法違反と判断される可能性があります。

　たとえば，通信履歴（利用者が電気通信を利用した日時，当該電気通信の相手方その他の利用者の電気通信に係る情報であって当該電気通信の内容以外のもの）の第三者提供について，同ガイドラインは，次のように規定しています

（同ガイドライン38条2項）。

> ● 電気通信事業者は，利用者の同意がある場合，裁判官の発付した令状に従う場合，正当防衛又は緊急避難に該当する場合その他の違法性阻却事由がある場合を除いては，通信履歴を他人に提供してはならない。

　通信履歴は，通信の秘密（通信内容だけではなく，通信の日時・場所等，通信の意味内容が推知されるような事項全てを含むと解されています）として保護され，第三者への提供は通信の秘密の侵害に該当し得るため，原則として禁止されます（なお，通信履歴の記録も原則禁止ですが，課金，料金請求等業務の遂行上必要な場合に限り，必要最小限度の記録は可能です（同ガイドライン38条1項）。また，通信の秘密に該当する情報の取扱いに係る利用者の同意は，原則として通信当事者の個別具体的かつ明確な同意が必要であり（同ガイドラインの解説31頁参照），一般的には契約約款による包括的同意では足りないとされていること[3]にも留意が必要です。

　また，車体の運行場所に関するデータはコネクテッドカーにより収集される情報に含まれることが多いですが，同ガイドラインは位置情報の取得・利用について次のように定めます（同ガイドライン41条1項・2項）。

> ● 電気通信事業者は，あらかじめ利用者の同意を得ている場合，電気通信役務の提供に係る正当業務行為その他の違法性阻却事由がある場合に限り，位置情報を取得することができる。
> ● 電気通信事業者は，あらかじめ利用者の同意がある場合，裁判官の発付した令状に従う場合その他の違法性阻却事由がある場合に限り，位置情報について，他人への提供その他の利用をすることができる。

　位置情報とは，移動体端末（スマートフォンのような移動電話端末のほか，広く電波等を用いて通信を行うために用いられる端末を意味します）を所持する者の位置を示す情報を意味しますので，コネクテッドカーに搭載された電子機器の位置を示す情報も該当し得ます（「位置情報」の詳細は同ガイドライン解説

205頁参照）。位置情報も原則として通信の秘密として保護されるため，取得や第三者提供は，原則禁止されていることに留意が必要です。ここでも，利用者の同意は通信当事者の個別具体的かつ明確な同意である必要があることは同様です。

　なお，電気通信回線設備に接続する端末機器は法令に定める技術基準への適合を求められ，登録認定機関による技術基準適合認定を受けることが必要であり，認定を受けた端末機器には，その旨の表示がなされます（電気通信事業法52条，53条等）。実際にサービスを提供する際には，端末機器が当該認定を受けていることを確認の上で利用する必要があります（特に端末機器を輸入する場合は留意が必要です）。

(2)　コネクテッドカー搭載の無線設備と電波法

　コネクテッドカーに搭載された電子機器から電波を用いて伝送する場合，当該電子機器が，電波法上の無線設備に該当し，その開設には無線局免許を要する場合があります。電波，無線設備，無線局は，以下のような意味を有します（電波法2条）。

「電波」：300万メガヘルツ以下の周波数の電磁波。

「無線設備」：無線電信，無線電話その他電波を送り，または受けるための電気的設備。

「無線局」：無線設備および無線設備の操作を行う者の総体。ただし，受信のみを目的とするもの（ラジオ受信機やテレビジョン受像機など）を含まない。

　「無線局」の開設（無線設備が電波を発射しうる状態で操作可能な状況にすること）には原則として免許が必要です（電波法4条）。電波は有限稀少な資源であり，その利用を各人の自由に委ねると混信により円滑な通信が確保できなくなる等の弊害が生じるため，「電波の公平かつ能率的な利用を確保することによって，公共の福祉を増進する」（同法1条）という観点から，免許制が定められています。たとえば，スマートフォンも無線設備ですが，通常，携帯電話サービス事業者が必要な無線局免許を取得しています。

　ただし，例外的に開設に免許が不要な無線局もあります（電波法4条1項但書，同法施行規則6条）。免許不要の無線局の主な類型としては，①発射する電波が著しく微弱な無線局（電波法4条1号，同法施行規則6条1項・2項），②小電力の特定の用途の無線局（電波法4条3号，同法施行規則6条4項）があります。たとえば，模型類の無線遠隔操縦を行うラジコン用発振器やワイヤレスマイクなどが①に該当し，コードレス電話などが②に該当します。ただし，②については，電波法に定める技術基準への適合証明を受け，その旨の表示がなされている無線設備（適合表示無線設備）である必要があります。

　免許不要となる無線局の要件は，電力，周波数帯等の技術的要件や用途によって細かく規定されていますので，実際に用いる電子機器の仕様に基づいて確認する必要があります。

　免許を取得する必要がある場合には，総務省に対して申請を行い，技術基準への適合性，周波数の割当てが可能であるか等の審査を受けることになります（電波法7条）。無線局を操作するための無線従事者の資格を要する者（資格は無線局の種類によって異なる）の選任も必要となります。コネクテッドカーのサービスについては，携帯電話サービス事業者などが既に取得済みの無線局免許に基づいて行う場合も多いと思われますが，サービス提供者自身が免許申請を行う必要がある場合には，事業開始前に十分な時間的余裕をもって，書式に不備がないか等について所管局に確認するほうがよいでしょう。なお，免許の有効期間は5年であり，再免許を受けることも可能です。

　図表4-5-3は，車とその運転に関する通信システムにおいて用いられている主な電波を示したものです。

図表4-5-3　既存のITSシステム

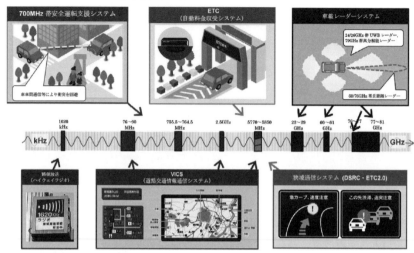

出所：総務省「自動運転の実現に向けた動向と総務省の取組」（2019年11月13日）

　図表4-5-3に記載されているシステムは，主に次のとおりです。

> **700MHz帯安全運転支援システム**：車両同士や，車両と路側機の間で，自車や周辺車両の位置，速度等の情報を送受信するシステム。
>
> **ETC（Electronic Toll Collection System）**：DSRC（Dedicated Short Range Communications；車両との無線通信に特化して設計された無線通信技術）により，有料道路の料金決済を一旦停車することなく電子的に行うことを可能にしたシステム。
>
> **VICS（Vehicle Information and Communication System）**：ビーコン（電波により通信を行う電波ビーコン・赤外線により通信を行う光ビーコン）やFM多重放送により渋滞や交通規制などの道路交通情報を車両に配信するシステム。
>
> **狭域通信システム（DSRC・ETC2.0）**：路側機から収集された車両のプローブ情報（実際に車両が走行した位置，時刻などのデータ）により生成した交通情報や，政府による災害情報を，特定のエリア内で配信するシステム。

　こうした既存のITS用周波数帯（760MHz帯等）に加えて，V2X（Vehicle to X；自動車と人やインフラ等との接続）用通信について，当該通信を5.9GHz

帯（国際的に検討が進められている周波数帯）に導入する場合の，具体的な周波数の利用方策等の検討が総務省「自動運転時代の"次世代の ITS 通信"研究会」で行われています。同研究会によれば，2023年夏以降速やかに5.9GHz 帯 V2X 通信向け割当方針案，導入ロードマップ案の具体化がなされ，向こう5年以内には5.9GHz 帯 V2X 通信システムに関する制度化に向けた検討等が予定されています[4]。

＊　　　＊　　　＊

1　総務省「電気通信事業参入マニュアル（追補版）ガイドブック」26頁。
2　令和4年3月31日個人情報保護委員会総務省告示第152号（最終改正令和5年5月18日個人情報保護委員会・総務省告示第5号）。
3　総務省「同意取得の在り方に関する参照文書」11頁，総務省「利用者視点を踏まえた ICT サービスに係る諸問題に関する研究会　第二次提言」56頁，総務省「電気通信事業におけるサイバー攻撃への適正な対処の在り方に関する研究会　第三次とりまとめ」10頁。
4　総務省「自動運転時代の"次世代の ITS 通信"研究会中間とりまとめ」35〜36頁。

索　引

294

〔編著者紹介〕

戸嶋　浩二（としま　こうじ）

1998年東京大学法学部卒業。2000年弁護士登録。2005年コロンビア大学ロースクール修了。2005～2006年 Sullivan & Cromwell 法律事務所（ニューヨークオフィス）で執務。2006～2007年株式会社東京証券取引所に出向（上場部企画担当）。2018年経済産業省「IoT や AI が可能とする新しいモビリティサービスに関する研究会」委員。現在，森・濱田松本法律事務所パートナー弁護士。

佐藤　典仁（さとう　のりひと）

2007年東京大学法学部卒業。2008年弁護士登録。2013年ノースウェスタン大学ケロッグ・スクール・オブ・マネジメント修了（Certificate in Business Administration），同大学ロースクール修了（LL.M.）。2013～2014年 Hengeler Mueller 法律事務所で執務。2014～2015年株式会社日立製作所に出向。2017～2019年国土交通省自動車局保障制度参事官室で執務し，自動運転，リコール等を担当（企画調整官）。現在，森・濱田松本法律事務所パートナー弁護士。

秋田　顕精（あきた　けんしょう）

2013年東京大学法学部卒業。2015年東京大学法科大学院修了。2016年弁護士登録。2019～2021年国土交通省自動車局保障制度参事官室・旅客課で執務し，自動運転，モビリティサービス等を担当（企画調整官）。現在，森・濱田松本法律事務所シニア・アソシエイト弁護士。

〔執筆者紹介〕

林　浩美（はやし　ひろみ）

1989年東京大学経済学部卒業。1989～1994年株式会社日本興業銀行で勤務。1997年東京大学法学部卒業。2001年弁護士登録。2006年ハーバード大学ロースクール修了。2006～2007年 Davis Polk & Wardwell 法律事務所で執務。2007年ニューヨーク州弁護士登録。現在，森・濱田松本法律事務所パートナー弁護士。

岡田　淳（おかだ　あつし）

2001年東京大学法学部卒業。2002年弁護士登録。2007年ハーバード大学ロースクール修了。2007～2008年 Weil, Gotshal & Manges 法律事務所（シリコンバレーオフィス）で執務。2017年経済産業省「AI・データ契約ガイドライン検討会」委員。2019年内閣府「スマートシティ分野アーキテクチャ検討会議」委員。2023年自由民主党「AI の進化と実装に関するプロジェクトチーム」ワーキンググループメンバー。2023年内閣府「AI 戦略会議」構成員。2023年東京都「文章生成 AI 利活用ガイドライン」有識者委員。現在，森・濱田松本法律事務所パートナー弁護士。

毛阪　大佑（もさか　だいすけ）

2013年京都大学法学部卒業。2015年京都大学法科大学院修了。2016年弁護士登録。2020〜2022年丸紅株式会社法務部に出向。2022年シンガポール外国法弁護士登録。現在，森・濱田松本法律事務所（シンガポールオフィス）シニア・アソシエイト弁護士。

片野　泰世（かたの　たいせい）

2017年東京大学法学部卒業。2018年弁護士登録。2020年12月〜2021年9月CrossOver法律事務所で執務。2023年7月より三菱商事株式会社に出向。

中山　優（なかやま　ゆう）

2015年慶應義塾大学法学部法律学科卒業。2017年早稲田大学大学院法務研究科修了。2018年弁護士登録。2023年7月より国土交通省自動車局（旅客課専門官・保障制度参事官室企画調整官・自動運転戦略室）で執務。

真下　敬太（ました　けいた）

2016年名古屋大学法学部政治・法律学科卒業。2018年弁護士登録。2019年〜2023年6月森・濱田松本法律事務所で執務。2021〜2023年国土交通省自動車局で執務し，自動運転，電動キックボード等を担当（旅客課専門官・保障制度参事官室企画調整官）。現在，法律事務所Zelo・外国法共同事業弁護士。

塩崎　耕平（しおざき　こうへい）

2018年東京大学法学部卒業。同年東京大学法科大学院中退。2019年弁護士登録。2023年森・濱田松本法律事務所北京オフィス一般代表就任。現在，森・濱田松本法律事務所アソシエイト弁護士。

阿南　光祐（あなん　こうすけ）

2017年東京大学法学部卒業。2019年東京大学法科大学院修了。2020年弁護士登録。現在，森・濱田松本法律事務所アソシエイト弁護士。

鈴木　彬史（すずき　あきふみ）

2017年東京大学法学部卒業。2019年東京大学法科大学院修了。2020年弁護士登録。2023年4月より金融庁企業開示課で執務（専門官）。

福澤　寛人（ふくざわ　ひろと）

2019年慶應義塾大学法学部法律学科卒業。2020年弁護士登録。現在，森・濱田松本法律事務

所アソシエイト弁護士。

古橋　悠（ふるはし　ゆう）

2018年東京大学法学部卒業。2020年弁護士登録。現在，森・濱田松本法律事務所アソシエイト弁護士。

松井　春樹（まつい　はるき）

2021年東京大学法学部卒業。2022年弁護士登録。2022年〜2023年6月森・濱田松本法律事務所。現在，日本維新の会衆議院京都4区支部長。日本デジタルノマド協会顧問。

■第1版執筆者

園田　観希央（そのだ　みきお）

2006年東京大学大学院法学政治学研究科修了。2007年弁護士登録。2010年東京証券取引所（上場部上場会社担当）で執務。2014年バージニア大学ロースクール修了。2014年 Hergüner Bilgen Özeke（Turkey）で執務。2015年 SyCip Salazar Hernandez & Gatmaitan（Philippines）で執務。2016年ニューヨーク州弁護士登録。現在，森・濱田松本法律事務所パートナー弁護士。

北　和尚（きた　かずひさ）

2005年京都大学法学部卒業。2008年神戸大学法科大学院修了。2010年弁護士登録。現在，森・濱田松本法律事務所パートナー弁護士。

清水池　徹（しみずいけ　とおる）

2009年同志社大学法学部卒業。2010年弁護士登録。2010年〜2023年6月森・濱田松本法律事務所で執務。現在，SMBC日興証券株式会社・弁護士。

村井　智顕（むらい　ともあき）

2006年東京大学法学部卒業。2009年早稲田大学法務研究科修了。2010年弁護士登録。2011〜2019年森・濱田松本法律事務所で執務。現在，株式会社プレイド・弁護士。

齋藤　悠輝（さいとう　ゆうき）

2016年一橋大学法学部卒業。2017年弁護士登録。現在，森・濱田松本法律事務所シニア・アソシエイト弁護士。

岡　　朋弘（おか　ともひろ）

2015年京都大学法学部卒業。2017年京都大学法科大学院修了。2018年弁護士登録。2021年4月～2022年6月三菱UFJモルガンスタンレー証券株式会社に出向。現在，森・濱田松本法律事務所アソシエイト弁護士。

岡田　宏樹（おかだ　ひろき）

2017年早稲田大学法学部卒業。2018年弁護士登録。2019～2022年森・濱田松本法律事務所で執務。現在，NEXAGE法律事務所弁護士。

澤　　和樹（さわ　かずき）

2018年慶應義塾大学法学部法律学科卒業。2018年弁護士登録。現在，森・濱田松本法律事務所アソシエイト弁護士。

牧野　則子（まきの　のりこ）

2015年早稲田大学法学部卒業。2017年早稲田大学大学院法務研究科修了。2018年弁護士登録。現在，森・濱田松本法律事務所アソシエイト弁護士。

芳川　雄磨（よしかわ　ゆうま）

2015年慶應義塾大学法学部法律学科卒業。2017年慶應義塾大学大学院法務研究科修了。2018年弁護士登録。2020年7月～2021年6月株式会社東京証券取引所に出向。現在，森・濱田松本法律事務所アソシエイト弁護士。

自動運転・MaaS ビジネスの法務（第2版）

2020年7月1日　第1版第1刷発行
2021年1月30日　第1版第3刷発行
2024年1月10日　第2版第1刷発行

	戸	嶋	浩	二
編著者	佐	藤	典	仁
	秋	田	顕	精
発行者	山	本		継

発行所　㈱中央経済社

発売元　㈱中央経済グループ
　　　　パブリッシング

〒101-0051　東京都千代田区神田神保町1-35
電話　03 (3293) 3371（編集代表）
　　　03 (3293) 3381（営業代表）
https://www.chuokeizai.co.jp
印刷／昭和情報プロセス㈱
製本／誠　製　本　㈱

©2024
Printed in Japan

過去の裁判例を基に，代表的な訴訟類型において
弁護士・企業の法務担当者が留意すべきポイントを解説！

企業訴訟
実務問題シリーズ

森・濱田松本法律事務所［編］

中央経済社